高校课程思政理论与实践探索

叶 琦 著

北方文艺出版社
·哈尔滨·

图书在版编目（CIP）数据

高校课程思政理论与实践探索 / 叶琦著． -- 哈尔滨：
北方文艺出版社，2022.9
ISBN 978-7-5317-5665-1

Ⅰ．①高… Ⅱ．①叶… Ⅲ．①高等学校－思想政治教
育－研究－中国 Ⅳ．① G641

中国版本图书馆 CIP 数据核字（2022）第 119116 号

高 校 课 程 思 政 理 论 与 实 践 探 索
GAOXIAO KECHENG SIZHENG LILUN YU SHIJIAN TANSUO

作　者/叶　琦

责任编辑/富翔强　　　　　　　　　　封面设计/文　亮

出版发行/北方文艺出版社　　　　　　邮　编/150008

发行电话/（0451）86825533　　　　　经　销/新华书店

地　址/哈尔滨市南岗区宣庆小区1号楼　网　址/www.bfwy.com

印　刷/廊坊市广阳区九洲印刷厂　　　　开　本/880mm×1230mm　1/16

字　数/230千　　　　　　　　　　　　印　张/10.25

版　次/2022年9月第1版　　　　　　　印　次/2022年9月第1次印刷

书　号/ISBN 978-7-5317-5665-1　　　定　价/68.00元

前　言

随着社会的不断进步，人们的物质生活水平有了很大的提高，对于精神方面的需求也更趋于多元化，人们的思想和传统思想产生了一定碰撞，更倾向于表达自我思想。对当代大学生来说，接受高等教育和外来新潮思想，他们的思想教育成为全社会都关注的焦点，对大学生进行思想政治教育刻不容缓，但是在思政课开展的过程中，想要使大学生树立健康正确的思想观念，还必须全社会共同来努力。

高校思想政治理论课承担着对大学生进行系统的马克思主义理论和思想政治教育的任务，是高校思想政治教育的主渠道和主阵地。加强实践教学、进一步强化实践育人是新时期高等学校教育教学改革的重点之一。思想政治理论课实践教学既是思政理论课的重要组成部分，也是实践育人的重要抓手，是进一步加强和改进高校思想政治理论课教学、提升教学吸引力和实效性的重要途径。

本书立足于高校思想政治理论与教学两个方面，首先介绍了高校思想政治教育理论、高校思想政治教育经验教训与创新，高校思想政治教育的主要内容、原则、目标和方法以及微媒体视野下高校思想政治教育的挑战和策略，然后分析了高校思想政治理论课教学体系的构建、高校思想政治理论课教学体系和组织管理，最后探讨了高校思想政治理论课教学的实施以及高校思想政治教育模式构建等问题。

另外，本书在写作的过程中参考了大量相关著作的理论与研究文献，在此向涉及的专家学者们表示衷心感谢。最后，限于作者水平有不足，加之时间仓促，本书难免存在疏漏和不足之处，在此，恳请同行专家和读者朋友批评指正！

前 言

目　录

第一章　高校思想政治教育理论

思想政治教育是社会主义精神文明建设的首要内容，在全面建设和谐社会的今天，思想政治教育有助于促进精神文明建设，能够使人们的思想更加积极、健康，改善社会风气，解决一些社会中表现突出的问题。对于大学生来说，作为国家未来的建设者和接班人，更要有较强的政治思想素养，加强高校的思想政治建设极为重要，在这个过程中，需要高校在科学分析把握思想政治教育的基础上，充分发挥思想政治教育的引领性，将思想政治教育融入日常生活的社会实践中，使大学生更容易接受和理解，也对自己的行为产生一定积极作用。

第一节　高校思想政治教育的概述

一、高校思想政治教育的内涵

高校思想政治教育的内涵和思政教育实践活动紧密相连，甚至成了一种属性。这种属性是相对稳定的，但是会受到思政教育环境和目标变化的影响，思政教育环境和目标改变了，思政教育的内涵自然也会发生变化。

为了对思想政治教育的内涵进行更好地研究，需要先明白它的概念。《现代汉语词典》对"内涵"一词做出了解释：从逻辑学角度上就是以概念来反映物质的本质属性。从中可以了解到思想政治教育的内涵就是能够反映思想政治教育的本质属性。在高校的思想政治教育过程中，思想政治教育工作者通过健康正确的思想观念和道德观念，对大学生的思想产生一定影响，从而改变大学生原有的行为方式，使他们的行为更符合社会主义建设所需。

在哲学中，事物的本质属性决定着事物的性质、面貌和发展变化。高校思想政治教育的本质属性也应该满足这个特性。高校思想政治教育的本质属性包括两个方面：一方面，在高校的政治思想教育活动中，本质属性是一种最根本、最普遍的属性，活动自始至终都会有所体现，并对其他属性产生一定影响；另一方面，本质属性会对高校思想政治教育的变化产生影响。从上面的分析中可以看出，高校思想政治教育的本质属性是科学性和政治性的一种有效统一。其中，政治性就是代表了高校思想政治的阶级所属，表达了阶级的意志，是统治阶级的一种引导标志。科学性是思想政治教育活动在实践中产生的，也是符合活动的一般规律，就是思想政治教育活动符合历史和事物的发展规律，代表了广大人民的利益，也代表着生产力所需。所以，想要更好地了解高校思想政治教育内涵，就需要将高校思政教育的科学性和政治性相结合，实现二者的有机统一，不会因为关注焦点在一方而忽略另一方面。如果过于关注科学性而忽略政治性，就会使高校的思想政治教育课变成普通的一门学科，没有产生思政课该有的目的和作用。如果过于关注政治性而忽视了科学性，就会使思政教育成为某个阶级的意志体现，只是为了热点和焦点进行空洞说教，而没有专业系统的科学理论进行指导。对高校思政教育政治性的掌握，就掌握了意识形态的主动权；对高校思政教育科学性的掌握，就促使思政教育课堂符合教育教学规律，也掌握了最前沿的学术理念。所以，想要不断提高思想政治教育建设水平，强化思想政治教育效果，就需要充分认识到高校思想政治教育的本质属性，也是迫切需要去解决的问题。

二、高校思想政治教育的作用

随着科技的不断进步，国际竞争也日益激烈。在国际竞争中，想要占据有利地位，归根结底是人才的竞争，企业是否能拥有专业水平高、综合素质强的全能型人才直接影响着企业的竞争力，拥有了专业能力强、综合素质高的人才就占有了竞争优势，能够抢占有利地位，提高产品竞争力，获得更大的经济效益与社会效益。所以，企业需要人才，也在大力培养人才。高校作为人才成长的摇篮，肩负着传授专业知识和创新型人才培养的重任，不仅需要为社会培育专业性强、能力高的人，更需要对人才加强思想政治教育，使优秀人才有过硬的思想政治观，能承接受住社会的考验，为国家培养社会主义事业的优秀建设者，为实现中华民族的伟大复兴而努力，也为增强我国的国际竞争力提供保障。总之，高校的思想政治教育活动有着非常重要的意义。下面，主要从如下五个方面展开：

第一个方面，在高校进行思想政治教育活动，是党中央在十八大和十九大报告中明确指出的历史任务，是社会主义发展道路中被明确提出的工作。对大学生思想政治教育是加强公民思想道德建设的一个重要方向，有助于改变社会上一些不良风气。在党的十八大和十九大报告中，对社会道德提升有着非常重要的关注，明确指出要加强社会文明建设，提高人们的思想道德水平。党中央对于公民思想道德建设的重视，也体现了对构建文明社会的决心，公民的道德水平不仅代表了民族的整体素质，而且反映了一个国家的文明程度。大学生是祖国未来事业的建设者和接班人，对他们进行思想政治教育，不仅有助于他们形成正确的价值观，使他们健康成长，而且还有利于实现民族的伟大复兴，在国际上形成更有利的竞争力量。

第二个方面，高校的思想政治教育活动，能够促进我国教育事业的不断发展。教育能够提高公民个人素养，而且还承担着建设国家的重任。一个国家、一个民族想要变得繁荣强盛，就需要依靠教育，甚至要将教育放在优先地位，大力发展教育事业，不断深化教育改革，使教育得到人们的满意。在教育的过程中，不仅要对人进行知识技能方面的教育，而且还要进行思想政治教育。大学生处于人生道路的分叉口，建立怎样的人生观和价值观对于他们未来人生的发展有着非常关键的影响。因此，对大学生开展思想政治教育活动就刻不容缓，高校需要以马克思列宁主义、毛泽东思想、邓小平理论、"三个代表"重要思想、科学发展观和习近平新时代中国特色社会主义思想为引领，全面落实党的教育方针，培养出专业能力强、思想素养高的创新型人才。通过不断地教育实践活动，改变传统教育方法，推动课程改革，使我国的教育事业得到进一步发展。

第三个方面，高校的思想政治教育活动对于大学生的全面发展有促进作用。现在，随着社会经济的不断发展，传统思想被多元化所取代，国外思潮也会渐渐渗透进来，对国内高校大学生产生一定的影响。在高校进行思想政治教育活动，不仅能够使大学生树立正确的人生观和价值观，为他们未来的人生发展指明了方向，而且还有助于他们克服自身面临的困难，在挑战面前迎头而上，逐渐成长为国家和社会所需要的人才。可以看出，高校的思想政治教育活动，才是实现大学生德智体美全面发展的一个重要途径，也是为国家培养有用人才的必要方法。

第四个方面，高校的思想政治教育活动能够促进全面小康的实现。高校思想政治教育的主要内容就是对人和社会、人和自然、人和自己三个矛盾的处理，建立社会主义小康社会的本质也是处理好这三个矛盾，思想政治教育和小康社会有着共同点。在缓解人和社会、人和自然、人和自己这三方面矛盾的过程中，人和自身友好相处才是一切的根本，若是一个人没有办法处理和自己的矛盾，就没有办法真正做到言行合一，也就不可能形成正确的人生观和价值观。在创建小康社会的过程中，需要所有人都能形成较强的思想道德意识，就要接受思想政治教育。大学生作为一个接受能力较强的群体，身上肩负着民族复兴和国家富强的历史使命，面临机遇的同时也需要积极挑战。他们要进入社会，面对人生的重大选择，要成为怎样的人，承担着学习、生活和就业的压力，在面对这些压力的时候，是否能够顺利缓解压力，成为每一个家庭和社会关注的重点。所以，对大学生进行思想政治教育，成为全面建成小康社会的必然要求，也能够促进社会和谐稳定。

第五个方面，高校的思想政治教育，能够促使中华民族伟大复兴的实现。对高校进行思想政治教育，是国家发展的必然需要。在实现中华民族伟大复兴的过程中，需要经济水平不断提高、医疗教育不断进步，社会文化更加和谐，民主制度不断完善，使社会呈现出一片繁荣的景象。想要提高国民整体道德素质，就需要将大学生作为切入点，只有大学生的思想道德素质提高了，整个民族的道德素质才会得到提高，也会呈现出一种良性循环。大学生对于新鲜事物和理念有较强的接受能力，他们道德水平的高低会对整个国家和民族产生直接影响。他们思想道德水平高的话，也会带动更多的人形成正确道德观念，能够提高整个国民的思想道德水平。所以，高校的思想政治教育，对于中华民族伟大复兴梦的实现有着非常重要的历史意义。

三、高校思想政治教育的任务

在社会的发展中，大学生的思想也发生了一些变化，他们的思想更加独立、多变和个性化，更乐于表达自我观点。对于大学生思想的这些特点，高校的思想政治教育也要有一些调整。如果还沿用过去的灌输思想，想让学生被动接受，那只会给学生带来更大的反感和抗拒，产生逆反心理，也没有办法起到思想政治教育的目的。因此，高校思想政治教育应该重视大学生的主体性和差异性，及时转变教育理念，探索出适合大学生特点的教育方式，使大学生乐于学习和接受。对大学生进行思想政治教育一方面是国家和社会的需求，另一方面能够为大学生树立正确的人生观和价值观，促进大学生的人际交往，促进大学生个性的健康发展，培养他们的竞争与合作意识，使他们更好地融入社会中。下面，将从几个方面来分析高校思想政治教育承担的任务。

有助于加强大学生的人际交往与团队教育。现在，随着不断追求个性化，大学生在人际交往方面表现出一些不足之处，有的学生为了追求个性和自我，就不会管别人的看法和态度，做出一意孤行、损人利己的行为，对大学生的人际交往和团队建设产生不良效果，也不利于大学生健康成长。在激烈的社会竞争压力下，以往的单打独斗已经没有办法适应时代需求，急需细化分工，充分发挥团队合作。在高校教育的过程中，会存在一些问题，比如会缩小班级学生数和寝室住宿数，倡导个性化教学。在这样的教育环境下，大学生的自我意识得到进一步增强，更注重个人体验感和自我追求，对团队观念就会淡薄，这对于大学生未来的发展非常不利，尤其在走入社会的工作岗位上，不能很好地融入团队中，就不利于个人的发展。因此，对大学生进行人际关系和团队教育非常重要，也是高校思想政治教育的主要内容。

在团队教育中，会注重团队的合作和配合，团队成员相互配合共同完成任务。高校里面的团队活动主要表现方式就是社团、学生会、班级和宿舍等。高校在团队活动中，可以通过一些物质奖励和精神奖励来调动学生的积极性，也可以通过评优树模的方式来鼓励团队之间竞争，使大学生产生强烈的集体荣誉感，促进高校的团队建设。

不断培养大学生的人文精神与科学素养。在近代社会发展的进程中，高等教育为科技的发展发挥了重要作用，促进了社会生产和技术革命。可以说，人类历史的发展有助于生产技术和科学技术的不断更迭，在这个过程中，一批又一批科学技术专家秉承着严谨的科学精神，用坚持真理和勇于探索的精神在各自领域内不断耕耘，最终创造出令人惊叹的伟大奇迹。科学精神下的求真务实、独立理性和探索求真的精神，都是现代大学生所需要的，在高校思想政治教育中需要不断加强的。人类文化的核心是人文精神，失去人文精神的人类像是行尸走肉一般。同样，失去人文精神的教育也就没有办法体现出教育的追求。顾名思义，人文精神就是在人的基础上进行展开的，是以人的发展和需求为最终目标的，在高校思想政治教育活动中，也需要将人文精神放在一个重要位置，充分发挥作用来加强大学生的行为素养。高校思想政治教育过程中，不仅需要加入科学精神和人文精神，而且需要将二者实现融合，相互促进。因为科学精神也是一种个人思想方面的追求，表现出人文精神的一面。反过来，人文精神也能够促进科学精神的培养。只有将科学精神与人文精神结合起来以后，才能使高校的思想政治活动充满力量，才能培养出高素质全面化人才。所以，高校在培育人文精神的时候，需要处理好人文和科技之间的关系，做到两者协同发展，使思想政治教育发挥最大作用。

第三，培养健康的个性发展。在教育理念中，认为个性是基于生理素质和心理素质之上，教学对象通过自己的认识与实践，产生了适合于自身独有的身心结构和表现。若是大学生能够很好地控制自身各方面系统之间的发展，使思想理念和行为方式都处于高度融合的状态，对自我控制能力比较强，自我矛盾出现较少，就是自我个性发展较好的状态。但是，现在的很多大学生，往往没有办法很好地控制自己，表现出思想和行为之间的矛盾，就影响了个性的发展，也不利于大学生的健康成长。在高校的思想政治教育活动中，要充分重视大学生的健康个性教育，根据大学生身心发展特点，制定出一套科学合理的健康教育规划，使他们形成健全的心理体系，促进未来健康成长，更好地融入社会工作中。

在高校思想政治教育过程中，弘扬社会主义道德与文化作为主旋律，这主要作用于大学生个性核心层次的主导方面，即个性倾向性中的理想、信念、价值观、人生观、世界观等方面。高校思想政治教育活动中注重思想的统一化，就不符合个性多元化发展，也不利于思想政治教育效果的实现。因此，高校的思想政治教育应该充分考虑到个体心理的多元化，支持大学生根据自身特点形成差异化的性格特点和个性方式。探究大学生个性差异化形成的原因，既有生理方面的不同原因，也有家庭环境和成长环境的影响，使得个性在大学生成长中逐渐形成，并伴随他们的一生。这种性格的差异化，是客观存在，不会受到人为影响而消失。高校的思想政治教育就是要实现对大学生多元化个性发展进行优化的目标，促使他们的个性更加健康。

有助于当代大学生得到全面发展。现在，我国还是发展中国家，社会各方面都需要不断加强建设，作为国家希望的大学生更要全面发展。党中央于 2004 年制定的《中共中央、国务院关于进一步加强和改进大学生思想政治教育的意见》中提出：要加强高校的思想政治教育，必须以大学生的全面发展为根本，有针对性、有目标地进行教育，这也为高校的思政教育提出了更高的要求。

目前，随着社会的不断发展，大学生在成长方面会受到各方面的诱惑，有物质方面的，也有精神方面的。高校在思政教育方面进行了大量的经济建设，硬件设施得到进一步完善，但是学生精神方面由于受到多方面影响，不利于思政教育活动的开展。现在大学生的思想主要受到两方面的影响，第一方面是受到社会的影响过于注重物质享乐而忽视精神的追求；第二个方面是受到社会影响，存在一些迷信、愚昧的落后思想，不能形成积极向上的精神面貌。这些都会严重影响大学生的思想健康，不利于大学生世界观和人生观的形成。因此，必须通过高校思想政治教育活动，来提高学生的思想道德水平，为大学生健康思想的形成保驾护航。

（5）使大学生形成较强的团队和竞争意识。现在，我国进入社会主义转型时期，社会主要矛盾发生了变化，各行业对人才的需求也随着市场不断变化。受到时代变迁和成长环境的影响，大学生的思想意识水平有不同差异。大学生想要更好地适应市场需求，在社会中取得更大进步，就需要尽早形成竞争和团队意识。"物竞天择，适者生存"，在象牙塔里面的学生想要在社会中生存，就需要学会竞争，在竞争中不断提高自己的能力，才能在行业中形成竞争优势。同样，这种竞争力的提高不仅需要个人的不断努力，还需要充分发挥团队力量。一个人的能力总是有限的，但是如果依靠团队的力量，就会产生难以想象的效果。通过思想政治教育活动，使学生形成较强的团队和竞争意识。

为了培养大学生的竞争意识和合作精神，高校应采用渗透性、强化性和优化性的教育方式。所谓渗透性，就是把思想政治教育所倡导的社会主义意识形态、正确的价值观和发展观潜移默化地渗透到竞争环境中去，将显性教育转为隐性教育，寓教于环境，起到"润物细无声"的作用。所谓强化性，就是在制定竞争原则和规范时，制定竞争的基本道德要求，明确公平正义的原则，强调遵纪、守法、诚信、重德的规范，从而使思想政治教育在竞争环境中起引领作用。所谓优化性，就是对竞争环境中的不健康、不道德的行为和风气加以克服和净化，将优秀的精神文化和良好的道德风尚融合到竞争环境中。通过这种教育方式，切实提高大学生的竞争意识和合作精神。

四、高校思想政治教育面临的社会环境

（一）加强和改进大学生思想政治教育的战略意义

当代大学生思想政治状况的主流是积极、稳定、健康、向上的。他们热爱国家，热爱共产党，热爱社会主义，坚决拥护党的路线、方针、政策，高度认同邓小平理论和"三个代表"重要思想。但我们也要清醒地看到，国际和国内形势正在发生深刻变化，大学生思想政治教育既具备有利条件，也面临着严峻挑战。加强和改进大学生思想政治教育是一项重大而紧迫的战略任务，具有重大而深远的战略意义。

1. 有利于全面实施科教兴国战略

科教兴国是指全面落实科学技术是第一生产力的思想，坚持教育为本，把科技和教育摆在社会经济发展的重要位置，增强国家的科技实力向现实生产力转化的能力，提高全国人民的科技文化素质，让经济建设转移到依靠科技进步和提高劳动者素质的轨道上来，加速实现国家的繁荣强盛。科教兴国战略的提出，对于我国适应激烈的国际竞争和缩短与发达国家之间的差距，并在国际竞争中处于有利地位，具有重大的理论创新意义和现实指导意义。

大学生是祖国和民族的未来，是建设中国特色社会主义事业的生力军，在改革、发展

的大局中起着至关重要的作用，是实施科教兴国的战略中最活跃、最重要的力量。因此，加强和改进大学生的思想政治教育，是关系到大学生成长、成人、成才极为关键的一环，有利于全面实施科教兴国战略。

2. 有利于实施人才强国战略

人才强国战略指的是：努力造就数以亿计的高素质劳动者、数以千万计的专门人才和一大批拔尖创新人才，建设规模宏大、结构合理、素质较高的人才队伍，充分发挥各类人才的积极性、主动性和创造性，开创人才辈出、人尽其才的新局面，大力提升国家核心竞争力和综合国力，为全面建设小康社会和实现中华民族的伟大复兴提供重要保证。人才强国战略的核心是人才兴国。

加强和改进大学生思想政治教育，是实施人才强国战略的迫切需要，是关系到党和国家前途命运的战略任务。当代大学生作为拥有较多科学文化知识、富有发展潜力和创新精神的青年群体，是国家人才资源的重要组成部分，是实施人才强国战略的重要力量。

3. 有利于确保我国在激烈的竞争中立于不败之地

人才工作在党和国家工作全局中具有十分重要的地位。中华人民共和国成立特别是改革开放以来，党中央制定和实施了一系列重大方针政策，为党和人民事业发展培养和集聚了庞大的人才队伍，我国已经从人才资源相对匮乏的国家发展成为人才资源大国。中华民族要始终屹立于世界先进民族之林，就必须培养一代又一代高素质的人才。

当代大学生的思想意识主流是积极向上的，他们求知成才的美好愿望也是非常强烈的。但是，目前社会各种文化思潮相互影响、相互激荡，改革正处于攻坚阶段的关键时期，社会情况发生着复杂而深刻的变化，大学生对前途既向往又迷茫，他们的世界观、人生观尚处在逐渐成熟阶段。因此，加强大学生的思想政治教育对于实现全面建设小康社会，实现现代化的宏伟目标，确保中国特色社会主义事业兴旺发达，实现中华民族伟大复兴的中国梦，确保我国在激烈的国际竞争中始终立于不败之地，具有重大而深远的战略意义。

（二）在当前国际国内形势下加强和改进大学生思想政治教育

国际、国内形势的深刻变化，使大学生思想政治教育既面临有利条件，也面临严峻挑战。

1. 文化形势

当前，随着信息技术的发展、政治多极化与经济全球化的进程加快，民族与民族、国家与国家、地域和地域之间的文化交往日益频繁，传统的两大阵营对峙和意识形态的冲突正在被以国家为代表的多元文化的冲突所取代。文化上的"西方中心主义"对我国民族文化的本土性和独特性构成的严重威胁也是前所未有的，需要我们加以重视。

多元文化背景下加强、改进大学生思想政治教育要把握的几个问题有：必须毫不动摇地坚持以德为先；要切实构筑全员育人的格局；既要反对道德理想主义，又要反对道德虚无主义。在多元文化背景下加强学生思想政治教育的途径是：加强理性教育与关注学生的非理性相结合;通过培育人文精神,加强学生思想政治教育;创造校园文化平台,强化主流意识;加强以就业为导向的思想政治教育。

2. 科技竞争

科技能力是基础竞争力,不但可以提供经济可持续增长的动力,而且对经济增长的贡献越来越明显。有关研究成果表明,在经济增长从主要由物质资本决定日益转向人力资本决定的情况下,投资于科技对提高经济增长率最为有效。因此,有效地提高科技竞争力,已成为能否提高区域竞争力的一个重要因素。

第二次世界大战后世界各国的发展表明,科技的发展是国家兴盛的基础。科技强,则经济强;科技兴,则国家兴。目前,世界上很多国家都认识到科技在经济发展中的作用非常重要,所以把高科技的发展放在最优先的战略地位。但是总体来说,我国科技和经济的实力还相对比较薄弱的情况,约束了我国提高科技水平,阻碍了经济的持续发展,最后将影响我国整体国力的提高。这充分说明,只有加强大学生科技意识教育,才能让他们认清我国目前所面临的科技形势,推动经济发展,增强综合国力,才能使我国在激烈的国际科技竞争中占据有利的地位。

3. 人才争夺

人才争夺是指各种组织(包括企业)对人才的激烈竞争。在西方社会,人才争夺已经成为企业赢得竞争优势的一个重要手段。目前,我国企业也越来越认识到人才争夺的重要性和必要性。可以毫不夸张地说,一场没有硝烟的人才争夺战已经在我国全面展开。在发达国家中,他们为了抢占科技发展的最高点,不惜利用雄厚的资金来加强人才的培养,还广泛招揽、争夺全世界的人才。我国经济相对来说比较落后,人才缺乏,科技人才和发达国家比较相差很大。所以,我们要想最大限度地发挥科技在经济发展中的作用,就一定要抓住培养大学生人才这个工程,多出人才,出好人才。

大学生背负着推动科技进步的伟大使命,要想充分发挥大学生在人才竞争中的作用,就要重点加强大学生的思想教育,改进大学生思想政治教育,才能不停地为国家提供思想素质优秀的科技人才,才能使我国在科技竞争中的人才优势逐步增强。

4. 全球化影响

进入 21 世纪,经济全球化已成为不可阻挡的时代潮流。经济全球化是世界经济和科学技术发展的必然产物。经济全球化的迅速推进,使得各国经济社会发展不仅取决于该国国内的具体环境和条件,而且日益明显受到国际大环境的影响和制约,积极参与经济全球化已成为一个国家提升综合国力和国际地位的重要条件。经过四十多年的对外开放,中国日益成为世界经济的重要组成部分,并为全世界的稳定和发展做出了重要贡献。

（三）加强和改进大学生思想政治教育的新要求

1. 三个文明协调发展提出的新要求

物质文明、政治文明和精神文明是人类文明的三个有机组成部分。在推动人类社会发展时，只有"三个文明"协调发展，才可以避免出现大的波折，才不会走向歧途，从而给人民生活带来更多的繁荣和稳定。新时期大学生思想政治教育的基本追求应当定位在"全面发展"上，工作的着力点也应当落在"全面发展"上，这是三个文明协调发展提出的新要求。物质文明、政治文明、精神文明三者相互制约、相辅相成、互为条件，共同推进全面建成小康社会。

加强和改进大学生思想政治教育作为高校教育整体的一部分，是社会主义精神文明的表现形式，也是重要的建设手段。同时，它作为大学生综合素质得以提高的重要手段，在加强社会主义物质文明建设中的作用也不可替代。在精神文明建设方面，高校思想政治教育本身体现着社会主义精神文明发展的程度。在政治文明建设方面，通过从改革开放的伟大实践中汲取营养，增添新的时代内容，传播人类社会政治文明的成果，使大学生的政治信仰、思想和价值取向等素质及时得到补充和调整，同社会的整体发展相吻合。因而，加强和改进大学生思想政治教育，积极提高大学生的思想道德素质、科学文化素质、心理素质、健康素质，引导他们投身于社会主义物质文明、政治文明、精神文明建设中，实现人的全面发展，是三个文明建设协调发展提出的新要求。

2. 高等教育事业快速发展提出的新要求

现代国际竞争日趋激烈，人的因素越来越成为国家兴旺发达的决定因素。高校作为思想政治工作的重要阵地，肩负着培养"四有"新人、培养21世纪合格人才的崇高使命。思维活跃、感情丰富的青年大学生是高校思想政治工作的对象，因此高校思想政治工作一定要立足时代特点，从当代大学生的自身实际出发，利用科学的方式方法加以引导，从而使青年学生树立正确的世界观、人生观和价值观，成长为全面发展的、对祖国和人民有用的人才。我国高校将继续扩招，这就为高等教育事业发展带来前所未有的机遇，同时也向高校思想政治工作提出严峻挑战和新要求。

（1）扩招后，学生情况更复杂，生源面更广，地域更宽，文化背景、风俗习惯等差异更大，学生基础差距也在扩大。有些高校的入学新生分数落差高达200分以上。有些学生不仅没有加倍珍惜学习机会，反而放弃了学习的自主权，逃避学习。部分学生在主观上对学习不重视，造成了高校难以使培养对象达到培养目标，影响了培养质量。扩招的同时也放宽了入学条件，如婚否、年龄不限，及各国留学生、各学历层次学生共处校园。一部分独生子女学生在家长的过分关爱下长大，没有经历过挫折，还不能充分认识到掌握一定的知识才能使自己在今后的竞争中更好地发展的重要性。这些情况为学生思想政治教育增加了难度。

（2）扩招后大学生思想政治教育环境发生了变化。随着后勤社会化改革和互联网的普及，高校无论在地理空间和信息交流，还是在思想上，都不再封闭隔绝。思想政治教育处于开放的环境之中，各种思想文化相互激荡；学生不仅从书本、课堂、会场上接受思想政治教育，还受到来自社会和国外的影响，搞不好就会对思想政治教育产生不听、不信、不服的逆反心理，大学生思想政治教育工作的环境将变得更加复杂。

（3）扩招后大学生思想政治教育的内容发生了变化。原来大学生上学不用缴费，毕业后也不愁分配，学校生活远离社会，学生接受思想教育时不太联系外面的社会形势和自己的实际利益，多半只对思想政治道理本身加以思考。现在的大学生在接受思想政治教育时，总是一边联系自己的利益和形势，一边思索校方提出的问题。比如高校收费改革、面向社会自主择业、住房医疗改革等问题。他们不仅会判断这种改革从道理上讲对不对，还会考虑他们要为此付出多少经济代价，能找到什么样的工作，能住上什么样的房子等物质利益。因此，对学生进行思想政治教育就有了一项新任务，即怎样引导他们看待改革的必要性，正确对待自己的利益调整，使思想政治教育所涉及的内容更加丰富、广泛、具体、深刻。

五、高校思想政治教育工作的积极进展

改革开放以来，在党中央的高度重视和各地区各部门的切实努力下，大学生思想政治教育工作取得了积极进展，从而在培养高素质人才、推动高等教育事业发展、维护学校和社会稳定等方面发挥了重要作用。

（一）党中央高度重视大学生思想政治教育工作

1. 党中央一贯重视大学生思想政治教育

重视大学生思想政治教育工作是我们党和国家一个具有战略意义的优良传统。大学生是十分宝贵的人才资源，是民族的希望，是祖国的未来。加强和改进大学生思想政治教育，提高大学生的思想政治素质，把他们培养成中国特色社会主义事业的建设者和接班人，对于全面实施科教兴国和人才强国战略，确保我国在激烈的国际竞争中始终立于不败之地，确保实现全面建设小康社会、加快推进社会主义现代化的宏伟目标，确保中国特色社会主义事业兴旺发达、后继有人，具有重大而深远的战略意义。

2. 各地各部门切实加强和改进大学生思想政治教育

中央各部门要切实加强改进大学生思想政治教育。中共中央宣传部、教育部等各部门一直重视大学生思想政治教育，长此以往形成了继承、创新、改进大学生思想政治教育的优良传统。进入 21 世纪，面对新情况和新任务，中央国务院各部门积极探索加强大学生思想政治教育的新思路，成功推动了高校在大学生思想政治教育方面的发展。各级党委、政府切实担负起政治责任，把大学生思想政治教育工作列入经济社会发展总体规划，将其

摆在更加突出的位置。地方有关部门各负其责，把这项工作作为重要职责，纳入目标考核体系，并相继出台了一系列配套文件及具体措施。全社会大力支持，把这项工作体现在经济建设、政治建设、文化建设、社会建设的各个方面。高校普遍重视大学生思想政治教育工作队伍建设，基本建立了党委统一领导、党政群齐抓共管、专兼职队伍相结合、全校紧密配合、学生自我教育的大学生思想政治教育领导体制和工作机制，为整体推进工作奠定了基础。

《关于进一步加强和改进大学生思想政治教育的意见》发表之后，各地各部门更加重视加强和改进大学生思想政治教育。全国各高等院校纷纷以丰富多彩、形式多样的主题教育活动进行大学生思想政治教育，立志培养德智体美全面发展的社会主义合格建设者和可靠接班人。如大连市团市委下发了《关于组织全市高校团学组织学习贯彻〈关于进一步加强和改进大学生思想政治教育的意见〉的通知》，学习贯彻十六届四中全会精神，深入了解大学生的特点，把握大学生成长规律，不断巩固和扩大党执政的青年群众基础。全省三十多所高校的党委书记、宣传部部长、学生处长、团委书记和优秀学生辅导员代表出席会议。会议认为要以课程建设为主导，灵活通过多种途径开展学生思想政治教育活动；要以学校党政干部和共青团干部、思想政治理论课和哲学社会科学课教师和辅导员、班主任队伍建设为重点，逐步形成各方面齐抓共管、学校广泛参与的局面；要以营造校园综合育人环境为重点，努力创造大学生健康成长的良好社会环境。

3. 社会各界关心和支持大学生健康成长

作为一个备受社会瞩目的高智力青年群体，当代大学生扮演着社会精英的角色，是国家未来的栋梁。作为社会进步的重要推动力量，大学生群体的健康成长对整个社会的发展进步是至关重要的。作为社会主义现代化事业的建设者和接班人，大学生群体的健康成长得到了社会各界的关心和支持。

（1）党和政府高度关心和支持大学生健康成长。多年来，党和政府出台了一系列惠及大学生的政策，确保每个大学生不因资金困难而失学，"绿色通道"便是其中之一。助学贷款的额度和偿还期限适当延长，保障了大学生的健康成长。国家励志奖学金、企业奖学金、优秀大学生特困补助等，都为大学生的成长提供了支持和帮助。长期以来，政府行政部门自觉担负起思想政治教育的责任，并与思想政治教育职能部门协调一致，为大学生思想政治教育工作做出了很大的贡献。

（2）家庭、社区也在大学生健康成长中发挥了重要作用。家庭是主要的初级群体，是社会构成的细胞，是个体早期社会化的第一个社会环境和继续社会化的重要环境。家庭对个体的影响，特别是早期的影响是具有决定作用的。在现代社会，家庭仍然具有社会化、情感陪护、行为规范、经济合作等功能，对大学生个体的健康成长发挥着必不可少的重要作用。而社区是大学生生活和居住的地区，拥有丰富的教育资源，是大学生思想政治教育的教育基地，因此高校思想政治教育要以社区为依托，充分利用社区内的丰富资源，形成大学生思想政治教育的整体合力。

（3）各级群众组织关心和支持大学生健康成长。工会、共青团和妇联是党领导的工人阶级、先进青年和广大妇女的群众组织，是党联系群众的桥梁和纽带，是推动大学生健康成长的重要力量。

（4）主流大众传媒在大学生健康成长中发挥了重要作用。主流大众传媒通过社会舆论、社会活动和社会影响等途径对大学生进行教育活动，它是党和国家思想宣传工作部门及各级群众组织的喉舌，代表社会大多数人的意见和看法，对大学生的健康成长起到了导向作用。

（二）高校加强和改进大学生思想政治教育取得显著成效

1. 提高对大学生思想政治教育重要性的认识

在高等教育中，大学生思想政治教育的地位和作用问题是一个根本性的问题。我们党历来高度重视大学生思想政治教育，十分关心青年大学生的健康成长。长期以来，为推进大学生思想政治教育，制定了一系列重要方针政策，采取了一系列行之有效的措施，进行了不懈的努力。中华人民共和国成立以后，我国社会主义事业之所以能够不断发展进步、充满生机和活力，极其重要的一条，是由于我们党成功地、源源不断地培养、造就了亿万社会主义事业的建设者和接班人。

大学生思想政治教育是社会主义高等教育的显著标志。大学生思想政治教育直接反映经济和政治对于培养人才的要求，是我国高等教育社会主义性质的鲜明体现。我国的大学是社会主义性质的培养各种专门人才的机构。社会主义高等教育的性质和目的是由社会主义制度的性质所决定的，它规定了社会主义大学的政治方向和培养目标。我国的高等学校必须坚持党的领导，坚持社会主义方向，坚持以马克思列宁主义世界观和共产主义道德教育学生。实施以共产主义思想为核心的思想政治教育是区别社会主义大学与资本主义大学的一个根本性标志。

大学生思想政治教育是社会主义精神建设的重要方面。高等学校是建设社会主义精神文明的重要基地。精神文明建设在高校的任务是提高学生的思想道德素质和科学文化素质，把学生培养成为有理想、有道德、有文化、有纪律的专门人才。大学生思想政治教育是高等教育的重要组成部分，在社会主义精神文明建设中占有十分重要的地位。首先，它直接担负着在大学生中实现思想建设要求的任务；其次，大学生思想政治教育的成果会给整个社会精神文明建设以积极的影响；再次，大学生思想政治教育的成果对于社会主义精神文明建设具有长期作用。

大学生思想政治教育工作是高校其他一切工作的生命线。思想政治教育工作为高校其他一切工作提供强有力的思想保证和强大的精神动力。第一，思想政治教育确保了马克思列宁主义的指导地位，保证了高校其他一切工作的社会主义方向。第二，保证党的路线、方针和政策的贯彻和实施。第三，间接地参与学校的教书育人等实际工作，促进学校各项工作的全面开展。第四，振奋人的精神，提高人学习和工作的积极性、主动性和创造性。第五，培养社会主义新人，促进人的全面发展。

总之，全国各地各部门均加强和改进了大学生思想政治教育，在理论上取得了大学生思想政治教育的新突破，在实践上积累了大学生思想政治教育的丰富经验，大学生思想政治教育取得了显著成效。

2. 健全大学生思想政治教育的机制

大学生思想政治教育体制包括领导体制、管理体制和工作机制，这是高校思想政治工作中各种关系的制度化形式。

（1）加强了党对大学生思想政治教育的领导。各级党组织从以下几个方面着手：加强对大学生思想政治教育的领导，即强化责任意识；建立健全党内思想政治工作领导制度；选好党委领导班子。

（2）建成一支强有力的思想政治工作队伍。思想政治工作队伍是个多元的网络，包括政治辅导员、班主任、教师和行政工作人员等。加强了政治辅导员在大学生思想政治工作中的组织者和教育者的地位和作用；强化了班主任在指导学生的学习、协调教学工作、搞好思想政治教育、关心学生生活等方面的职责；强调了任课教师在大学生思想政治教育中的引导作用；重视了学校行政人员在高校的管理育人工作。

（3）建立健全了大学生思想政治教育管理机构。完善了以高校各级党委职能部门为主的大学生思想政治教育管理机构；发展了心理咨询中心、就业指导中心、社会工作与社团指导中心等学生工作机构。

（4）严格了大学生思想政治教育的规章制度。大学生思想政治教育工作的规章制度是指大学生思想政治教育应遵循的规则和程序，它是思想政治工作内在规律的反映和要求，通过严格规章制度能增强思想政治工作的管理效益。

此外，各高校还广泛开展了形式多样的思想政治教育活动，比如，通过马列主义理论课、形势任务课与共产主义思想品德课对大学生进行思想政治教育，充分发挥了课堂教学在大学生思想政治教育中的主导作用。近年来，高校还通过加强社会实践，对大学生进行思想政治教育，发挥了第二课堂的教育功能；各高校还大力加强校园文化建设，在加强德育和智育的基础上，加强了大学生体育、美育和劳动技术教育，对大学生全面素质的培养有着独特的重要作用。

总之，全国各地各部门均加强和改进了大学生思想政治教育，在理论上取得了大学生思想政治教育的新突破，在实践上积累了大学生思想政治教育的丰富经验，大学生思想政治教育取得了显著成效。

3. 广泛开展形式多样的思想政治教育活动

通过马列主义理论课、形势政策课和共产主义思想品德课对大学生进行思想政治教育，充分发挥课堂教学在大学生思想政治教育中的主导作用。马列主义理论课、形势政策课和共产主义思想品德课以及日常思想政治工作，是学校通过教师和政工干部向大学生进行思想政治教育的主要渠道。它们都是在一定的教学时间里，用课程形式对学生集中进行的教育活动。

（1）加强社会实践，发挥第二课堂的教育功能。社会实践是指根据高校培养目标的要求，对在校大学生进行的有组织、有计划、有目的的深入实际、深入群众、依靠社会力量完成的一种贯彻思想教育、培养全面素质的教育活动。近年来，高校社会实践活动不断发展，呈现了生机勃勃的喜人局面，不仅规模较大、领导重视而且形式也灵活多样。其中，具有典型意义的形式主要有军训、公益劳动、专业实习、暑期社会实践、课外科技活动、勤工俭学活动、挂职锻炼、社会服务等。

（2）加强校园文化建设。近年来，各高校大力加强校园文化建设，形成了"校园文化热"。一是大力培养优良的校风、学风。二是建立健全优良的制度体系。三是建设和维护优美和谐的校园文化环境。四是组织和推动丰富多彩的校园科技、文化、体育活动。

（3）在加强德育和智育的基础上，加强大学生体育、美育和劳动技术教育，开展丰富多彩的课外活动。德、智、体、美、劳应该全面发展，尤其是体育、美育和劳动技术教育对于大学生全面素质的培养，有其独特的、必不可少的作用和地位。通过课堂教育如篮球课、音乐欣赏课、手工制作课来促使大学生体、美、劳的发展，同时也可开展形式多样的课外文体活动，如组织各种学生社团、协会，大学生科技文化艺术节，以及日常的文化、体育活动等。

（4）大学生心理咨询工作的开展。高校心理咨询工作的开展对于大学生处理好学业、成才、择友、健康、生活等方面问题，促进大学生德、智、体全面发展起到了积极的作用。大学生心理咨询工作的开展是社会的需要、时代的要求，是高等教育发展的需要。

第二节　高校思想政治教育面临的机遇和挑战

人存在于一定的社会关系中，日益丰富的社会关系为人的发展创造了新的机遇，也提出了一系列挑战。大学生思想政治教育，必须联系国内外环境，根据所处环境出现的新情况、新问题，有针对性地开展教育活动。当今世界正处在大发展、大变革、大调整时期，世界多极化、经济全球化深入发展，科学技术日新月异，各种思想文化的交流、交融、交锋更加频繁。面对新世纪国际国内形势的发展变化，高校一定要准确把握机遇，积极应对挑战，为社会培养更多、更好的人才。

一、大学生思想政治教育面临的机遇

由于社会经济成分、组织形式、就业方式、利益关系、分配方式日益多样化，人们思想活动的独立性、选择性、多变性、差异性明显增强。在市场经济条件下，创业要自筹资金、经营要自负盈亏、就业要自我选择、事业要自我发展、生活要自我设计、人生价值要自我实现等，这些都潜移默化地削弱了人们在计划经济体制下形成的"统一"和"服从"的观念。教育对象思想观念、行为方式的复杂化，加大了大学生思想政治教育的难度。知识经济时代的到来、市场经济体制的确立、科学发展观的提出、科学技术的迅猛发展为大学生思想政治教育创造了新的机遇。大学生思想政治教育必须紧紧抓住时代造就的机遇期，拓宽教育思路、创新教育方式，争取取得更大的发展。

（一）知识经济时代的到来

对知识的认识和定义随着人类历史的发展而有所不同，在今天，所谓的知识就是指那些使创新和提高生产率成为可能的信息、经验和技术。知识经济时代运用科学技术发展的最新成果提高了整个社会的生产力水平，突出了知识和信息的重要地位，凸显了拥有知识和信息的人在整个社会发展中的重要作用。

1. 知识经济重视人才的思想政治素质

知识和信息在社会中的作用越突出，教育的地位就越能得到社会的肯定。这里的教育既包括智力教育，也包括非智力教育；既包括科学文化知识的学习，也包括世界观、人生观、价值观、政治观、道德观等的培养。智力教育可以提高人的科学文化水平，提高人运用现代科学技术的能力；非智力教育可以提升人的思想道德境界，培养人服务社会、奉献社会的生活理念。思想政治教育是非智力教育的一个非常重要的组成部分。思想政治教育的目的在于引导教育对象确立正确的政治方向，形成高尚的道德信念，将个人的聪明才智服务于人类的发展。一个人具备了运用现代科学技术的能力，如果不能坚持正确的价值指引，就可能利用个人的能力做危害社会的事情。这种能力越强，对社会的危害越大。智育不合格是次品，体育不合格是废品，而德育不合格则是危险品。时下出现的一些高科技犯罪就是鲜活的例证。随着知识经济时代的到来，生产力的发展越是仰赖于知识和信息，社会越要突出思想政治教育的重要性。

2. 知识经济突出人才的创新思维

知识经济是一种创新经济，突出创新在科技进步中的作用。创新是一种在创造先进、淘汰落后思想指导下的创造活动，是不断提高科学技术发展水平的动力。大学生迎接知识经济的到来，首先必须具有不断发明、创造、革新的创新意识，只有这样才能推动科学技术的日新月异，才能实现知识在整个生产力发展中的发动机作用。

高校作为培养具有较高知识水平人才的基地，知识经济时代对人才思想政治素质的重视为大学生思想政治教育提供了广阔的发展空间。知识经济对人才创新思维的需求，为大学生思想政治教育增添了新的内容。

（二）市场经济体制的确立

从计划到市场，中国经济体制在所有制结构、分配原则和形式、经济调控方式、政企关系等方面产生了巨大的变化。经济体制和经济政策的这些变化，深刻地影响了当代中国经济社会发展的整体环境。

所谓现代市场经济是指就较早期和近代的市场经济而言，市场经济经过历史的变迁不断成熟和发达之后的形态，它是以现代工业文明为基础的高度社会化、现代化、规范化和国际化的市场经济。现代市场经济又称有宏观管理的市场经济。这主要是由下面几个原因造成的：

（1）市场调节本身要受到政府的调控，使其自身所发挥的作用和影响的程度相对减弱。在某些市场调节手段较弱的领域或部门，国家干预已经成为主要的调节手段。

（2）国家干预的出现，改变了市场经济运行单纯依靠市场调节的传统方式，变成一只手调节为两只手调节，使经济调节手段趋于多样化。

（3）国家干预和市场调节各有侧重、互为补充。

国家干预主要侧重于宏观领域，目的在于调节和控制社会经济的均衡运行，弥补市场调节的不足，使整个社会的发展能够有序地进行下去。市场调节则作用于微观领域，目的在于提高经济运行的效率，刺激经济发展的活力。同时，在促进市场机制正常发挥作用的前提下，市场调节与政府调控是一致的，市场机制是政府有效调控下的市场机制，而有效的宏观调控又是建立在市场运行基础之上的。这些伴随着市场经济体制的确立而形成的社会主义德育的新内容，必将对高校思想政治教育产生深远的影响，并丰富着新时期高校思想政治教育的内容。

大学生完成学业后，就要走出校门，参与到轰轰烈烈的市场经济大潮中，成为市场经济的主体。社会主义市场经济体制在我国的确立和进一步完善为高校思想政治教育注入了新的活力，高校应充分体现服务意识、平等意识、效率意识、竞争意识、规则意识、合作意识、诚信意识、开放意识等与市场经济相适应的教育内容。

（三）科学发展观

科学发展观是马克思主义同当代中国实际和时代特征相结合的产物，是马克思主义关于发展的世界观和方法论的集中体现。坚持以人为本是科学发展观的本质和核心。以人为本，就是要把人民的利益作为一切工作的出发点和落脚点，不断满足人们的多方面需求和促进人的全面发展。具体地说，就是在经济发展的基础上，不断提高人民群众物质文化生活水平和健康水平；就是要尊重和保障人权，包括公民的政治、经济、文化权利；就是要不断提高人们的思想道德素质、科学文化素质和健康素质；就是要创造人们平等发展、充分发挥聪明才智的社会环境。

科学发展观提出一切以实现人的全面发展为目标。人的全面发展是人的身体素质、知识素质、能力素质、道德素质的全面发展，是人的多方面需求的满足，是人的才能的精彩展现和社会关系的充分发展。教育作为培养人的事业，促进人德、智、体、美、劳等各方面的发展是其宗旨所在。现代社会的发展需要各方面素质都过硬的人才，按照科学发展观的要求，培养全面发展的人是教育的职责所在。

科学发展观提出实现协调发展的基本要求。人与自然的协调发展、人的社会关系的协调发展是协调发展的基本内容。人的生存离不开自然环境。合理地调节他们和自然之间的物质变换，有节制地开发自然资源，积极恢复已被破坏的生态环境，是人与自然长期共存共荣的协调发展理念。人是社会动物，处在社会关系网中。正确处理人与人之间的关系，建立良好的人际关系，实现人的社会关系的协调发展是人保持身心健康、积极投身事业的外部条件。教育是理念的灌输，是观点的引导，人与自然的协调发展、人与社会关系的协调处理是教育活动的一个重要主题。

科学发展观坚持以人为本，以实现人的全面发展为目标，注重人与自然关系的协调发展和人的社会关系的协调发展，为大学生思想政治教育提供了新的指导思想。大学生思想政治教育必须在科学发展观的指导下。坚持从大学生实际出发开展教育，一切为培养大学生各方面素质协调全面发展服务。

（四）新传播媒介的迅猛发展

"科学技术是第一生产力"。科学技术推动了生产力的发展，极大地提高了人们的物质文化生活水平，给人类的教育、文化、生产、生活带来了巨大的变化。科学技术发展的一个表现就是新传播媒介的广泛使用。新传播媒介是作为电视的继续发展而出现的电子传播媒介。最重要的新传播媒介是有线电视、卫星电视、荧屏文本、视频文本以及其他文字传播系统。

网络媒体以互联网为平台实现了人与人的交流互动。运用网络媒体的人不再是单纯的信息被动接收者，而变成了查询者、浏览者、交流者。人们可以通过网络搜索引擎搜寻自己需要的信息，可以向他人咨询自己想知道的问题，可以及时浏览国内外发生的各种新闻信息，可以将自己对某事的观点、看法进行反馈，可以和其他人聊天、对话。在网络媒体的使用中，E-mail、QQ 等为主体间的交流互动提供了便利。电子邮件可以不受时间和空间限制为用户提供传递信件的服务，而且传递速度快，在几秒内就可以完成。微信（WeChat）是腾讯公司推出的一款快速发送文字、语音、视频和照片、支持多人语音对讲的手机聊天软件。用户可以通过手机或电脑快速发送语音、视频、图片和文字。微信提供公众平台、朋友圈、消息推送等功能，用户可以通过"摇一摇""搜索号码""附近的人""扫描二维码"等方式添加好友和关注公众平台，同时微信可方便地将内容分享给好友以及朋友圈。微信作为全媒体时代的新兴即时通信产品，正成为移动互联网时代的新时尚。博客（Weblog），即电子日志，是一个网页，博主可以在这里随时记录自己的所思所想，自由发表个人看法，并能和他人进行观点的交流。QQ，即腾讯 QQ，是一款即时通信软件为用户提供了实时文字对话、语音聊天、视频电话、传递文件、共享文件、网络硬盘等多种功能。用户可以和朋友、家人自由聊天，面对面地交流对问题的看法，及时实现信息共享。随着网络技术的进一步发展，新的更快捷、更高效的网络互动方式会呈现在人们面前。

手机媒体也是值得关注的新传播媒介。与计算机网络相比，手机具有体积小、便于携带、用户广等特点。技术的不断进步使手机的功能不断升级，带给了人们更多的生活便捷。手机不再是简单的通信工具，而是集通信和信息传递于一体，人们可以通过手机上网、微信聊天、购物等。

大学生是青年人，喜欢接受新事物。在新的传播媒介不断出现的情况下，大学生对新传播媒介的兴趣高，接受速度快，运用广。高校思想政治教育者必须充分认识到新传播媒介带来的机遇，贴近学生生活，运用好学生喜闻乐见的网络、手机等新型媒介，以形式多样的教育方式开展工作。

第二章　高校思想政治教育经验教训与创新

第一节　高校思想政治教育的基本经验

改革开放以来，高校思想政治教育进入了历史发展的新时期。高校思想政治教育坚持在改革中探索，在继承中创新，在实践中发展，取得了显著成效，为社会主义现代化建设做出了重要的贡献，积累了丰富的经验，主要体现在以下几个方面：

（1）加强党的领导是高校思想政治教育的关键所在。党的领导是高校思想政治教育加强和改进的根本保证，主要体现如下：通过实行党委领导下的校长负责制，确保党在高校的核心领导地位，确保高校思想政治教育在高等教育全局中的战略地位和作用得到落实；加强干部队伍建设，为加强和改进高校思想政治教育提供重要的组织保证；加强对高校思想政治教育的领导和指导，不断开创高校思想政治教育的新局面。实践表明，坚持和加强党对高校思想政治教育工作的领导，大学生思想政治教育就会得到加强和改进；淡化和削弱党对高校思想政治教育的领导，大学生思想政治教育就会受到影响和削弱。

（2）坚持正确引导是高校思想政治教育的根本任务。思想政治教育对大学生的思想行为有着重要的导向作用，能否自觉引导、动员、推动大学生在社会实践中沿着正确的方向前进，直接关系到高等教育的成败，关系到现代化建设的全局。

实践证明，在高校思想政治教育工作中，要始终坚持以社会主义核心价值体系为指针，把正确的政治方向和价值取向有机统一起来，既坚持正确的政治方向，引导大学生全面理解和贯彻党的基本路线，高举中国特色社会主义理论的伟大旗帜，坚定不移地走中国特色的社会主义道路；又坚持正确的价值取向，引导大学生在社会主义市场经济条件下，正确认识和处理社会价值与自我价值之间的关系，克服用社会价值否定自我价值或用自我价值否定社会价值的价值偏向，在实现社会价值的过程中实现自我价值。

（3）满足学生精神需要是高校思想政治教育的首要目标。思想政治教育的根本任务是启发人的自觉性、道德性，激发人的创造性，造就具有自主思想意识、道德行为的社会成员和教育主体。高校思想政治教育要达到应有的效果，就必须做到注重人性认同、人格尊重和人文关怀。因此，在教育理念上，要坚持以人为本、开放性的教育理念，满足大学生发展的精神文化需要。在教育方式上，要采取贯彻疏导的方针，把灌输和疏导结合起来，不是"注入式"和"填鸭式"，或"我讲你听，不听硬灌"的方式，而是进行正面的宣传教育和疏通下的引导，对于学生难以理解的问题给予解惑答疑，引导学生按照正确的思路认识问题，排除他们学习中的障碍。只有疏导得成功，才能保证灌输的效果。

把以学生为中心、满足大学生的精神文化需要放在突出位置。人是社会的主体，具有自然属性和社会属性。因此，在开展高校思想政治教育的过程中，不能单纯注重人的社会属性，只考虑经济分析和物质动因，也要考虑心理因素和精神分析，关注人的自然属性对人的思想和行为的影响。当代大学生呈现出以下特点：他们关心政治，拥护改革，但急于求成，容易偏激；他们鄙视空谈，注重实际，但也存在追求个人实惠的倾向；他们追求知识，渴望成才，但缺乏持之以恒、再接再厉；他们人生态度积极，进取精神较强，渴望自尊自立，但易片面、走极端；他们追求健康、高雅的生活方式和生活情趣，但易受消费主义影响，有时内心很脆弱。只有关注大学生的心理特点，满足大学生的精神文化需要，才能做好高校思想政治教育工作，取得扎扎实实的效果。

高校思想政治教育不仅要继续为维护大学生的物质利益服务，而且要继续为满足大学生的精神文化需要服务，在维护大学生的物质利益服务中实现自身的物质价值，在满足大学生的精神文化需要服务中实现自身的精神价值。高校思想政治教育在满足大学生的精神文化生活需要中具有不可替代的重要作用。高校思想政治教育不仅具有服务性，还具有生产性，高校思想政治教育通过开展丰富多彩的校园文化活动，发挥大学生在校园文化建设中的主体作用和创造才能，生产和创造出大批富有中国高校特色、深受大学生喜爱的校园文化产品，更好地满足大学生日益增长的精神文化需要以及对美好生活的需求。

（4）增强文化软实力是高校思想政治教育的战略任务。文化软实力是国家综合国力的重要组成部分，也是高校综合竞争力的重要组成部分。一所大学的综合实力包含硬、软两个方面，硬实力包括学校的办学规模和设施、办学资源和条件、师资队伍数量和结构、学科建设质量和水平、人才培养和管理模式等显性指标体系。软实力包括学校的精神传统、办学理念、发展定位、管理制度、校园文化等多种综合因素。高校综合实力是硬实力和软实力的有机融合，对内影响学校的凝聚力和发展活力，对外影响学校的吸引力和知名度。

加强高校文化软实力建设，不仅要强化思想政治教育课程建设，加强学科学术、师德师风、文化育人建设等，不断完善课堂教学、校园文化和社会实践三位一体的素质教育体系，而且要加强校园文化建设的正确取向，保持大学文化的先进性和批判性，加强校园景观、文化设施和品牌形象建设等，构建大学文化品牌建设的新平台、新亮点，促进高等教育事业的科学发展，提高综合素质人才的培养水平，为社会文化进步和发展提供动力源泉。加强高校文化软实力建设，既能提升高校的综合竞争力，又能增强学校的凝聚力，扩大学校的影响力。

（5）坚持改革创新是高校思想政治教育的根本动力。改革创新既是经济社会建设和发展的重要动力，也是高校思想政治教育发展的根本动力。高校思想政治教育为适应新形势的发展要求，不断发挥思想政治教育理论课的主渠道作用，把握思想政治教育学科教学的时代性规律，坚持理论与实践相结合，不断研究新情况，分析新特点，解决新问题，探索新思路，坚持在改革中创新，在开放中发展，采取了一系列重大举措，取得了一系列重大进展；引导大学生积极参加社会实践，让大学生不断了解国情，增强社会责任感，开创了高校思想政治教育的新局面。

（6）培育师资队伍是高校思想政治教育的有力保障。高校思想政治教育的深入发展，要求我们必须造就一支高素质的思想政治理论课教师队伍。高校思想政治理论课教师是马克思主义理论和党的路线、方针、政策的宣讲者，是社会主义意识形态和精神文明的传播者。作为高校思想政治理论课教师，要不断提高马克思主义的理论素养，提高科研能力和教学水平，做坚定的马克思主义者，做教书育人、树德立人的表率，做大学生健康成长的指导者和引路人。

经过多年的努力，高校思想政治教育队伍不断壮大，建构并形成了一支比较稳定的、老中青相结合的、具有较高素质的、专兼职结合、素质精良、专家化、高层次的教学和学术队伍；不仅涌现了众多的思想政治教育学者、专家，学科带头人，还重点培养了一大批专业化、职业化的高校辅导员队伍和班主任队伍，为思想政治教育长足的发展提供了强大的人才资源。

在高校思想政治教育进入新的实施阶段的新形势下，对思想政治理论课教师的要求更高，因为高校思想政治教育不仅仅是对学生的教育，还应该包括对教育者的教育，但长期以来对这方面的工作重视不够。只有对高校思想政治教育工作者的素质提出更高的要求，思想政治理论课教师才能充分发挥"两课"的作用，用自己能够深刻理解和掌握的理论去讲授，去说服学生、打动学生，真正实现使科学理论进学生头脑的目的，不断增强高校思想政治教育的针对性、实效性和说服力、感染力。

（7）整合教育资源是高校思想政治教育的坚强后盾。高校的根本任务是培养社会主义现代化建设的合格建设者和可靠接班人，高校思想政治教育在完成这一根本任务中负有重要的历史使命。能否完成这一历史使命，能否履行高校思想政治教育的社会责任，关键在于能否形成高校思想政治教育的合力。如果高校思想政治教育的力量分散了，就会降低高校思想政治教育的效果；如果高校思想政治教育的合力增强了，就会大大提高高校思想政治教育的整体效应。过去，高校思想政治教育在封闭式的环境中进行，缺乏系统的思想和开放的观念，往往依靠高校专职思想政治教育工作者自身的力量单打独斗，甚至由于自身的工作努力和业绩被其他方面的因素所抵消，而显得势单力薄、成效有限，局面十分被动。

第二节　高校思想政治教育创新的必要性

当前高校在国内外诸多新情况、新形势下面临着前所未有的新挑战。而且这些挑战呈现多元化、复杂化的特征，我们在总结古今中西思想教育工作的经验教训的基础上，通过认真对比和理性剖析，去粗取精、取长补短，创造性地选择和运用国外经验，进而为国内高校的思想教育工作领域的改革提供启发与借鉴。这对当前国内高校思想政治教育存在诸多工作方面的改进和完善都是有益的。从理论上来说，学习和借鉴国外相关经验，有利于深入研究高校思想教育基础理论，有益于高校思想教育自身学科体系架构的丰富和完善。从实践上来说，学习和借鉴国外相关经验，有利于高校思想教育实践工作提供直接的方法和模式，在参考借鉴中破除一些传统的偏见，纠正一些错误的观点，以更宽阔的视野平息一些争论。

在当前形势下，高校思想政治教育对党和国家的精神文明建设具有十分重要的意义。从宏观来说，教育的核心在于培养"四有"人才，高校思想教育工作在其中发挥着至关重要的作用。从微观来说，高校核心工作是搞好教学与科研，因为它们是培养好人才的根本。为了更好地完成上述工作，高校思想政治教育改革创新势在必行。

一、高校思想政治教育创新是响应创新理论的需要

进入 21 世纪以来，创新教育一直是高等教育的关键任务。在高等教育中，思想政治工作一直扮演着十分重要的角色。特别是在新形势、新问题下，为了培养有思想、有抱负、有担当的合格人才，高校思想政治工作更需要与时俱进、不断创新，根据实际需要全面优化思想政治教育工作的理念、载体和方式。

一个民族要实现自立自强必须有一股坚忍不拔、不断学习进步的精神力量。这就要求广大青年在刻苦学习专业知识和技能的同时，不断历练自己的品格，提升自身奋发向上、积极进取、勇于创新的毅力和斗志。在学习知识技能的同时，决不能放弃自身的精神文化建设，绝不能放弃自身的社会主义道德修养，更不能放松思想政治文明建设，否则就无法成为又红又专的现代化复合型人才，就难以承担起民族复兴的千秋大业。

在当前发展的新时期，为了更好地满足社会发展的新要求。党和国家对国内高校思想政治教育工作进行了科学、理性的探讨，对国内高校思想教育工作的现状、存在的问题及对策进行了深入剖析。对当前国内高校思想政治教育工作在理论、形式、内容、机制等方面的创新工作给予更加翔实的规划和指导。

二、高校思想政治教育创新是应对复杂形势的需要

在高校思想政治教育中，不能忽视人的作用，尤其是不能忽视教育者的主导作用和受教育者的主体作用，应该促进师生双向主体的生成和互动。回顾高校思想政治教育发展的历史可以发现，师与生这两个方面的作用没有得到充分地发挥。高校思想政治教育的目标人群是大学生，要达到良好的教育效果，就必须让大学生切身体会其重要性和必要性。如果大学生对高校思想政治教育的认同度较低，即便勉强遵守也是敷衍了事、应付当差，搞形式主义。

让人感到遗憾和痛心的是，在不少高校思想政治教育工作不能发挥应有的主导作用。当然其中的原因十分复杂，但最主要的原因有两个。第一，教育者自身政治教育工作意识淡漠。打铁先得自身硬。教育者自身的思想政治水平有限，谈何在这方面教育学生？不少高校对学生专业素质的培养十分重视，给予优越的硬件、软件条件加以支持。然而对于学生的思想政治教育的要求在意识上极为淡薄，不少高校思想政治教育仅仅是为了应付当差、流于表面，搞形式主义。另一个则是部分教育者质疑思想政治教育的地位。党的历代领导核心都高度重视思想政治教育的"生命线"作用，遗憾的是部分高校教育者由于对党的理论、党的历史、党的政策和策略缺乏深入了解，对思想政治教育工作缺乏信心，毫无根据地认为随着市场经济的发展，思想政治教育的地位将会下降，因此没有在思想政治教育中发挥出主导作用。

作为高校思想政治教育的客体，当代国内高校大学生在主流思想上依然保持积极向上、乐观上进的态势。特别是在辅导员、学生会等个体和组织的推动下，国内高校大学生在政治思想上紧随党中央的号召，积极弘扬正能量和主旋律，说明当代大学生从整体来说，拥有较高的政治觉悟。得益于中小学以来的爱国主义教育，他们对党和国家一直持有积极乐观的态度，他们是值得信赖的一代。但大学生作为受教育者而言，他们受到的教育不仅是校园内的，还包括社会氛围的影响。西方多元思潮的传入，使得大学生作为受教育者面临的教育氛围更加复杂多元。

目前，在高校思想政治教育中，受教育者主体作用的发挥受到很大程度上的忽视和抑制，主要表现在四个方面：

（1）受教育者的学习态度有待端正。受教育者存在逆反心理，从心底排斥思想道德、政治理论方面的教育；部分大学生毫不关心时事，认为时事距离自己太远，对政治保持冷漠的态度。

（2）一些思想政治教育工作者素质低下，存在一些不恰当的甚至是过激的做法，导致受教育者产生反感，对思想政治教育的任何方式、任何内容都表现出排斥。

（3）受教育者排斥思想政治教育课程，不重视思想政治理论课程的学习，不认真阅读教师推荐的参考书目，而且对课堂教学不感兴趣，不主动参与教学互动活动，也不认真对待实践教学。

（4）思想政治教育考核制度存在问题。考核基本上是围绕知识点记忆、理解的书面考试形式，期末一场笔试定下成绩，导致部分学生急功近利，平时不上课，逃课现象严重，只要考前突击、死记硬背老师圈下的重点，就可以迎考过关了。这样就造成大学生对课程知识点记忆不深、理解不透，考后忘得一干二净，对于思想政治教育没有实质性的收获。要想发挥出思想政治教育的实效，就必须通过激发师生双向主体的生成和互动，来创新高校思想政治教育。

三、高校思想政治教育创新是丰富教学内容的需要

在国内外新形势下，高校思想政治教育的内容和形式显得越发重要。到底教育什么内容、以什么方式教育，是值得高校思想政治教育工作者认真反思的问题。然而纵观当前国内高校思想政治教育工作实践，很容易发现存在这样两大问题：第一，在内容上，高校的思想政治教育内容十分陈旧，与现实社会发展严重脱钩，落后于时代发展的步伐。使得学生在学习这些内容时无法深入了解其背景，缺乏足够的代入感。第二，在方法上，缺乏足够的灵活和变通，过分强调说教和灌输，根本不考虑大学生能不能接受、愿不愿接受。根本不关注大学生在现实学习和生活中遇到的问题、关注的问题。

由于多种因素的影响，作为高校思想政治教育工作的主渠道，课堂教学依然发挥着不可替代的作用。然而课堂教学从形式上看可以在最低成本下覆盖尽可能多的学生，实际效果让人担忧。教学过程依然延续传统教学模式，师生之间缺乏真实、充分的沟通和交流。不客气地说，除了多媒体设备和PPT的存在，使得高校思想政治教育带有一丝现代化的色彩之外，其他的内容和形式和几十年前没有多大的区别。满堂灌、划重点的现象十分普遍。只不过之前的是一支笔、一张嘴，老师讲，学生听。现在是老师念PPT，学生在下面玩手机，划重点时直接拍照，甚至拷贝老师的PPT课件，照本宣科，使得教师和大学生都没有什么积极性可言。教学过程中结论性的语言过多，实例分析和佐证性材料太少，互动的缺乏更使得教学活动味同嚼蜡。许多高校思想政治教育工作者依然固守传统的观念，不敢有一丝一毫的解读和活学活用，生怕触碰高压线招来无妄之灾。这些都是值得思考和重视的。

要解决上述问题，在高校思想政治教育工作中，必须从内容和形式上加以改革创新。这不仅是党和国家的要求，更是时代的召唤和民族的需要。在保障高校思想政治教育工作的政治性、科学性的前提下，必须在内容和形式上注入新鲜血液，必须从内容和形式上都让大学生感到如沐春风，让大学生真正关注高校思想政治教育，不仅是为了国家、民族等宏观概念，哪怕是为了自己的前途和未来也必须积极关注这个问题。这就要求高校加强认识和站位，想方设法提升思想政治教育的地位。

四、高校思想政治教育创新是更新教育载体的需要

教育载体的创新是高校思想政治教育创新的重要组成部分。当前高校在思想政治教育上主要载体包括上课、开会、谈话、娱乐活动、大众传播等。长期以来，国内高校的思想政治教育工作者们主要通过上述载体进行宣传教育，在新媒体未出现之前，这些载体一直发挥着重要作用。然而到了新媒体时代，这些传统的载体显得老态龙钟，越来越不受到高校学生的待见。新时代的大学生们更乐意通过微信、微博、QQ和各类APP平台来交流和分享信息资源，而非传统的教学、谈话和说教。

高校思想政治教育的载体本应是形式多样的，但是在实际工作中，高校思想政治教育

者没有充分认识到文化载体的功能和重要性，往往更多注意课堂教育的形式，而忽略了校园软、硬文化载体等其他教育载体的利用。随着高校规模的不断发展壮大，学校没有意识到校园文化正在形成强大的影响力，也没有看到校园文化、社团文化、教室文化、宿舍文化等越来越复杂化、多元化，所以没有善用好校园文化载体这一实现思想政治教育目标的重要形式，没能把高校思想政治教育内容与校园文化建设统一起来，使校园文化无法渗透到校园的各个角落。

所以，在丰富和创新高校思想政治教育内容的基础上，要改进教育方法，更新教育载体，吸收原有教育方法和教育载体等方面好的做法和经验，大胆创新，锐意改革。很多高校能够抓住有利时机，通过组织各类实践活动，丰富学生的课余生活，调动学生参与的热情，及时对学生进行思想政治教育，结果取得了比课堂教学更生动的情境、更理想的效果。遗憾的是，一些高校没能意识到这也是开展思想政治教育的过程，白白错过了利用实践活动进行适时教育的机会。

思想政治教育的优良传统是"寓教育于活动之中"，但思想政治理论课中的实践教学环节比较薄弱，课外活动流于形式化，不能通过组织受教育者参与到实践中去，难以把理论与实践、知识与劳动相统一，难以把教学内容渗透到受教育者的内心深处。目前，高校思想政治教育的改革与创新是主动探索教学新途径、探索走出现实困境的新目标，这是与时俱进、更新教育载体的需要，也是思想政治教育发展实现突破的必然要求，有助于推动高校思想政治理论课的教学改革，有助于提高高校思想政治理论课的教学实效。

第三节　高校思想政治教育的新变化

新媒体日益深刻地影响着社会发展，其"双刃剑"效应亦日益凸显。新媒体发展给高校思想政治教育带来的新情况、新问题，需要我们科学、认真地应对，这不仅是时代赋予高校思想政治教育工作者的新使命，也是创新和发展高校思想政治教育理论的新机遇。

一、新媒体的概念

新媒体是相对于"旧媒体"（报纸、广播、影视等）而言的，具体指的是20世纪末以来，依托互联网技术和平台，向大众群体传播包括视频、图像、文字等多媒体信息的新型媒体。得益于互联网技术的快速发展和电脑、手机等硬件终端的飞速进步，使得新媒体早已成为高校师生习以为常的媒体环境。除了少数老年人固守着报纸、收音机和影视传播之外，绝大多数人在日常生活中已经习惯于通过手机、电脑获取各种信息。新媒体的革新不仅是内容和形式上，更涵盖理念上的革新。它使得人与人之间的交流沟通变得更加方便快捷的同时，也使得人际交流沟通更加扁平化和平民化。

需要注意的是，不能简单地把新媒体理解为"新兴媒体和新型媒体"，因为上述概念是无法真正形容新媒体行业发展的现状，对新媒体领域的内部沟通交流也会产生负面影响。凡是有别于传统媒体内容、形式和理念的媒体，都可以称为新媒体。这个概念是诸多机构在大数据调研后得出的结论，依然有待社会和市场的检验。我们不可否认，由于新媒体正处于快速发展时期，不排除随着它的不断演变而重新对它进行定义。

二、新媒体对高校思想政治教育的影响

对于新媒体自身的"双刃剑"效应，高校思想政治教育工作者们必须保持清醒的认识，尽可能地在发挥新媒体积极作用的同时，降低其负面效应的影响。知己知彼，百战不殆。新媒体对高校思想政治教育的积极影响主要包括以下几点：

（1）开放、多元的新媒体给高校思想政治教育工作提供全新平台。新媒体拥有海量的信息、快捷的交互、多元的视角，恰恰满足对外部世界充满好奇、对未来人生充满向往的大学生的多元需求。高校大学生正处于从校园到社会的过渡期，三观尚未成型，对外部世界有较强的好奇心和求知欲。新媒体可以帮助大学生更好地查询各种信息，从而满足好奇心和求知欲。当然，需要指出的是，多元的信息平台上可能存在鱼龙混杂的情况，这些需要高校思想政治教育工作者帮助高校大学生认真甄别和区分。此外，由于开发、多元的新媒体平台包含海量的信息，容易迷失其中，因此需要师生都具备一定的甄别能力和定力，才可以从海量新媒体资源中找出自己需要的内容，而非沉溺其中无法自拔。

（2）自由、平等的新媒体让高校思想政治教育拥有亲和力。不苟言笑、表情严肃几乎成了教师群体的刻板印象。这使得师生之间天然存在一种距离感，让学生在学习和生活中望而生畏。然而新媒体自身带有自由、平等的属性。新媒体的使用者都是平等的，没有什么特权。通过手机、电脑等硬件终端，教师可以用学生喜闻乐见的方式进行思想政治教育，用多媒体的内容让学生对思想政治教育不再感到呆板和陌生，通过多元信息和交互不断缩小师生之间的隔阂和彼此间的戒备。让学生更加亲近老师，从而方便高校思想政治教育工作者更好地完成教育工作，做到"润物细无声"。通过新媒体，可以把思想政治教育做到更加细致，把原本传统生硬的知识内容变得更加生动、形象。

（3）快捷、灵活的新媒体提升了高校思想政治教育的实效性。新媒体拥有时效性强的巨大优势，借助手机、电脑上的 APP 软件，任何一个高校思想政治教育工作者几乎可以在任何时间和地点对大学生群体推送和接收多元化的信息。同时，大学生也可以借助新媒体来选择适合自己的思想政治教育工作的信息内容，进而提升了针对性和有效性。

（4）实用、便利的新媒体为高校思想政治教育提供了新途径。由于传统的课堂教学，微信、QQ 等 APP 软件的出现，使得高校思想政治教育变得更加实用、快捷，大学生在日产生活和学习中随时随地可以接收到高校思想政治教育推送的各类信息，同时也可以第一时间给予反馈信息。而且得益于网络非实名制，大学生在微信、QQ 发送信息时无须背负

太大的思想包袱，这与传统课堂教学上的问答，截然不同，从而使得大学生更乐于在接受高校思想政治教育时发表自己的观点和看法，使高校思想政治教育达到预设效果。

三、新媒体条件下高校思想政治教育的策略

高校思想政治教育在新媒体条件下，应该采取怎样的态度和策略呢？没有调查就没有发言权。新媒体对高校师生日常学习、工作和生活的渗透可谓无孔不入，醒来后的第一件事是看手机，睡觉前最后一件事还是看手机。在这种时代背景和社会氛围下，高校思想政治教育的工作者必须顺应这种时代背景和社会氛围，熟练掌握和合理运用新媒体平台，才可能成为受学生欢迎、受学校重视的高校思想政治教育工作者。具体要从以下几点着手。

（1）提升思想站位，在思想政治教育领域，抢占新媒体话语权。面对铺天盖地的各类新媒体，高校思想政治教育工作者不能心生怯意，对自己不熟悉的领域退避三舍。相反，必须提升个人思想站位，以积极的态度去了解、学习和运用好新媒体，让它更好地服务高校思想政治教育。主要做好以下工作，诸如开设高校思想政治教育主题网站，开设微信、微博高校思想政治教育公众号，及时推送高校学生关注的、包含思想政治教育内容在内的相关信息。对大学生关注的热点问题给予科学引导。把高校思想政治教育的相关内容巧妙融合在主题网站、微信微博公众号的文章内容中。此外，还应在学校技术部门的支持下，对校园网上对大学生的身心发展可能产生负面影响的相关信息资料进行筛选和屏蔽，配合相关部门实施"净网"行动，打造大学生绿色上网的堤坝。合理规范和引导新媒体在校园网络的传播。

（2）提升理论修养，强化知行合一。高校思想政治教育中必须坚持马克思主义理论，必须坚持习近平新时代中国特色社会主义思想，但同时也要强化实践活动，做到知行合一。因为只有实践才是检验真理的唯一标准。通过实践活动，才能进一步加深大学生在思想政治思想教育上的认识和体会，把感性认识深化为理性认识。通过实践锻炼，才能更清楚地看到现实中自己与他人，自己与社会要求之间的差距，进而找准定位，在学习和生活中减少盲目性。在高校思想政治教育活动中，工作者应该积极联系时事政治和日常周边生活，让相关的知识融入日常实践活动中。

（3）刷新教育理念，积极运用新媒体技术。长期以来高校思想政治教育过度强调权威性、决定性和一元性，强调大学生对思想政治教育思想无条件地记忆和掌握，在传输内容和方式上往往千篇一律。随着新媒体时代全面覆盖人们生活，高校思想政治教育的工作者必须提高思想站位，积极学习和运用新媒体技术来改进高校思想政治教育工作。用学生喜闻乐见的方式来传输相关教育内容，把填鸭式的灌输教育变为双向互动教育，通过借助手机、电脑、微信、QQ、微博等软硬件工具，师生之间形成平等的交流、对话、讨论，进一步强化学生的主体作用，进一步激发学生在高校思想政治教育上的积极性、主动性。在师生之间形成一种开放、主动、包容、和谐的教学氛围。

（4）营造文化氛围，加强高校思想政治教育渗透，做到润物细无声。高校大学生有不同的成长经历、教育经历，在高校内也有不同的生活实践经历和经验。不同的家庭环境、教育背景使他们在接受高校思想政治教育上也产生较大的影响。特别是当代高校大学生更多受家庭教育和学校教育的影响，在家里和校园度过他们大部分时间。因此要搞好高校思想政治教育工作，就必须从这两方面入手，通过各种方式塑造良好的家庭文化氛围和校园文化氛围。高校思想政治教育工作者要积极与学生家长沟通，让他们意识到孩子思想政治教育的重要性，争取得到家长们的支持和配合，塑造风清气正的家庭氛围。同时，推动学校搞好相关校园文化活动，让学生在活动中展现个人才华，开阔个人视野，为大学生未来进入社会提供良好的排练平台。

（5）优化教师队伍，塑造良好形象。搞好高校思想政治教育工作，要求相关工作者至少完成三点。第一，必须熟练掌握和运用新媒体相关知识技能，通过新媒体平台打造高校思想政治教育的舆论阵地，并且相互合作和配合。第二，必须转变观念，放低姿态，把自己从知识的灌输者变为学生成长过程中的服务员。在新媒体时代，必须放下严师的脸色和架子，学会以朋友的身份与学生进行沟通交流。了解高校大学生目前关注的主要问题，并以过来人的身份给予中肯的建议，乐于跟学生做朋友。第三，身体力行，以身作则，成为学生学习和生活中的榜样。作为高校思想政治教育工作的工作者，必须打铁先得自身硬。言传不如身教，自己站得直才能让自己的教育更有说服力。这就要求高校思想政治教育工作者在日常工作学习中必须做到"学高为师，身正为范"，在工作和生活中争当教师的楷模和学生的偶像。

（6）充分运用新媒体平台和互联网资源，丰富高校思想政治教育载体。随着新媒体时代的到来，人们的工作生活发生了巨大的改变。日常生活中高校师生早已离不开新媒体平台推送的各类信息。新媒体作为重要的平台，对高校大学生的学习生活产生不可磨灭的影响。以自媒体为代表的各类新媒体平台让大学生接受的各类信息更加多元。在这种背景下，高校思想政治教育的工作者们必须审时度势，利用手头掌握的这种资源优势，占领高校网络文化阵地，建设高校大学生精神文明建设的云平台和云家园，积极推送学生关注的热点校园内外信息，让学生在校园新媒体平台上获得更多归属感。同时在相关部门和校园技术部门的支持下，屏蔽校园新媒体平台上的垃圾信息、虚假信息等不良内容，减少新媒体背景下大学生受到的负面影响。

第三章　高校思想政治教育原则、目标和方法

第一节　高校思想政治教育的原则

大学生思想政治教育原则，是在大学生思想政治教育的实践中形成的，贯穿于大学生思想政治教育全过程，是开展大学生思想政治教育活动必须遵循的具体指导思想和基本要求。新时期大学生思想政治教育只有在实践中坚持思想政治教育原则，才能不断提高大学生思想政治教育的针对性和实效性。

一、大学生思想政治教育原则的特点

要实现思想政治教育的目标、任务、内容以外，必须在教育活动中遵循思想政治教育的原则。它具有辩证性、整体性、层次性、动态性等特征。

第一，辩证性。思想政治教育原则体系是以辩证唯物主义和历史唯物主义为理论指导。对思想政治教育客观规律主观认识的产物。大学生思想政治教育是一个不断发展的过程，新事物、新情况、新问题层出不穷，每个人都不可能穷尽真理认识的历史长河，价值不同个人的认识能力、认识水平又有差异，因而人们对大学生思想政治教育规律和原则的认识都具有相对性。大学生思想政治教育原则之间既有区别又有联系，对各个原则的认识也不能绝对化，要看到它们之间的相容性、交叉性、衔接性。大学生思想政治教育原则是思想政治教育系统内在本质关系的抽象，只有深刻理解思想政治教育过程中的各种关系，所确定的原则才能较为符合实际。

第二，整体性。大学生思想政治教育原则体系的整体性特征表现在以下两个方面：①大学生思想政治教育原则是以大学生思想政治教育规律作为客观依据而构建起来的；各原则之间具有紧密的内在逻辑联系，它们相互作用、相互补益而构成一个整体。②大学生思想政治教育原则体系具有"1+1>2"的整体功能。大学生思想政治教育原则体系虽然由众多具体原则组成，但这些原则相互关联，不可分割，在运用原则时不能顾此失彼，而应当统筹兼顾，综合运用。

第三，层次性。大学生思想政治教育原则体系是按照由整体到局部、由一般到个别、分层次有序排列的，每个层次的原则都是在一定的范围内和条件下起作用，都有自己特殊

的功能和意义。

第四，动态性。大学生思想政治教育原则是一个多层次的动态体系，不是孤立静止、僵死不变的。随着人们社会实践的发展，大学生思想政治教育的新经验将得到不断总结，新规律将会不断被认知，反映这些规律的新原则也就出现了。即使思想政治教育的同一个原则，其内涵也会随着实践的发展而不断丰富。大学生思想政治教育原则的运用也是随着时间、地点、条件的不同而有所不同。

二、大学生思想政治教育的基本原则

（一）求实原则

求实原则是指思想政治教育要始终坚持一切从实际出发，理论联系实际、实事求是的思想路线或原则。实事求是是马克思主义理论的精髓，求实原则正是这一精髓在思想政治教育活动中的具体体现，是思想政治教育的基本原则之一。大学生思想政治教育的一个重要特点就是具有针对性，要做到这一点，教育者必须遵循实事求是的原则。教育者在进行思想政治教育的过程中，必须从社会发展的现实和受教育者的思想实际出发，运用马克思主义的基本理论去解释分析社会问题和受教育者的思想问题，并从中寻找出解决问题的基本规律，来指导大学生思想政治教育的活动。求实原则，是指大学生思想政治教育要始终坚持"理论联系实际，一切从实际出发，实事求是"的思想路线和原则。所谓理论联系实际，包含以下两层含义：一是一定要掌握大学生思想政治教育的相关理论。大学生思想政治教育理论是从事大学生思想政治教育的重要指导，能为相关工作提供有效的方法。因此，我们必须全面地、系统地、准确地掌握大学生思想政治教育理论。二是一定要从实际出发，实事求是。理论只有面向实践、指导实践、接受实践检验并随实践发展，才富有强大的生命力和战斗力。

要做到理论和实际相结合，必须坚持实事求是。大学生思想政治教育一定要坚持和发扬理论和实际相结合的原则和作风，反对理论和实际相脱离的错误倾向。求实原则的贯彻实施要做到以下几点。

（1）自觉学习马克思主义理论。马列主义、毛泽东思想、中国特色社会主义理论是党认识世界、改造世界的强大思想武器，加强马克思主义理论的学习，有助于人们树立科学的世界观、人生观和价值观，抵制错误的思想和潮流。因此，要自觉加强马克思主义理论的学习。

（2）要一切从实际出发。一切从实际出发就是要坚持主观与客观、主体与客体的统一，按照实际情况，制定不同的工作目标和计划，选择恰当的方法。

（3）按照正确解决问题的步骤来办事。为了在大学生思想政治教育工作中坚持求实原则，就必须按照及时发现问题、切实弄清问题、正确解决问题的三个步骤来办事。一要做到及时发现问题，就要做到善于调查研究，准确观察和分析问题，正视矛盾，不回避矛盾。发现思想问题和实际问题贵在及时，这样就能掌握思想教育的主动权。二要做到确实弄清问题，是指发现工作中存在的实际问题后，要善于分析、研究和核实，抓住问题的核心，不为假象所蒙蔽。三要做到正确解决问题，是指在弄清实际问题后，及时联系相关人员，运用相关理论，实事求是地解决问题。

（二）方向性原则

共产主义方向性原则是指多元文化视角下大学生思想政治教育的全部活动要始终与社会发展的要求相一致，坚持正确的政治方向不动摇。当前，共产主义方向性原则主要体现为多元文化视角下大学生思想政治教育要旗帜鲜明地坚持社会主义和共产主义方向，坚持党的基本路线，要与中国共产党的纲领与宗旨相一致。

要在多元文化视角下大学生思想政治教育过程中坚持社会主义方向，首先就必须始终坚持以马列主义、毛泽东思想和中国特色社会主义理论体系作为其指导思想。其次，提高贯彻方向性原则的自觉性。我们干的是社会主义事业，最终目的是实现共产主义。这一点，我希望宣传方面任何时候都不要忽略。作为以培养"四有"新人为己任的大学生思想政治教育，更要始终牢记这一点。要使大学生思想政治教育工作者认识到，坚持思想政治教育的共产主义方向，是有效开展大学生思想政治教育活动的根本保证，因而在实际工作中要自觉运用这一原则，将其精神贯穿在具体的思想政治教育活动中。再次，也要帮助大学生认识到，坚持正确的政治方向，有利于个人的全面发展，有利于政治与业务的统一，有利于公与专的统一、德与才的统一，从而坚持向共产主义方向前进。最后，贯彻方向性原则必须讲究科学性。要很好地贯彻方向性原则，就必须将坚定的原则性与方法的灵活性结合起来，努力使大学生思想政治教育自然地渗透到社会生活的方方面面，从而潜移默化地影响人。要努力探寻方向性原则与思想政治教育具体目标之间的契合点，并以方向原则统摄各种具体目标，使共产主义方向成为大学生思想政治教育的灵魂。

（三）民主平等原则

民主原则，是指在大学生思想政治教育中，尊重学生的主体性地位，尊重其人格和民主权利，创造条件让大学生充分发表自己的意见并加以正确的引导。民主的实质是平等，大学生思想政治教育中的民主就是教育者与受教育者双方在充分尊重对方的人格和民主权利的前提下，创造条件让双方充分表达自己的思想和意见，并在此基础上正确处理相关问题，共同完成大学生思想政治教育的任务。大学生思想政治教育并不能直接作用于人的行为，而是先通过对象错综复杂的心理品质作用于人的意识，转而影响其行为。作为教育对象的大学生一般都是青年，他们的自我意识已经渐趋成熟，对自己以及自己和周围的关系开始有了独立的认识和评价，较少盲从，主体意识明显。因此，大学生思想政治教育的成效，很大程度上取决于教育对象对教育内容的关心、思考和理解的积极性和主动性是否被调动起来以及被调动的程度。因此大学生思想政治教育必须坚持民主性原则，突出学生的主体地位，教育者与受教育者以平等态度交流思想，互相尊重，创造民主、平等、和谐、生动活泼的教育环境和气氛。民主原则的贯彻实施要做到以下两点。

（1）尊重人、关心人和理解人。尊重人，就是要尊重高校大学生，尊重他们的主人翁地位，尊重他们的人格及宪法赋予他们的各种民主权利。从而充分调动、引导和提高大学生对社会主义物质文明建设和精神文明建设的积极性、创造性。关心人，即要求大学生思想政治教育者要多关注、爱护、帮助大学生，在政治上关心他们的成长，工作上关心他们的进步，生活上关心他们的困苦，使大学生感受到温暖。理解人，就是要理解大学生的具体处境和个性，承认大学生在性格、兴趣等方面的差异，以心换心进行教育。

（2）民主原则要与严格要求相结合。坚持严格管理不能践踏大学生的人格尊严、漠视大学生的情感、无视大学生实际需要，要把严格要求同尊重人、关心人、理解人有机统一起来，使大学生思想政治教育处于升腾活跃的状态，以达到激发大学生建设中国特色社会主义的巨大热情的目的。要把尊重人、关心人、理解人与严格管理结合起来，讲尊重人、关心人、理解人，绝不是不讲原则、放松管理、取消批评，绝不是迁就不合理的要求或容忍不守纪律的行为、奉行"好人主义"。总之，尊重人、关心人、理解人是相互联系、相互渗透的统一体，是党的思想政治教育的优良传统，也是思想政治教育民主原则的要求。它要求大学生思想政治教育者必须以诚相待、以诚动人、以理服人、以情感人，只有这样才能振奋人心、激发热情，从而使大学生思想政治教育更富凝聚力和吸引力。

（四）教书与育人相结合原则

学校教育要坚持育人为本、德育为先，把人才培养作为根本任务，把思想政治教育摆在首要位置。充分发挥课堂教学在大学生思想政治教育中的主导作用。高等学校思想政治理论课是大学生思想政治教育的主渠道，是帮助大学生树立正确的世界观、人生观、价值观的重要途径，体现了社会主义大学的本质要求。形势政策教育是思想政治教育的重要内容和途径。高等学校哲学社会科学课程承担着思想政治教育的重要职责。高等学校各门课程都具有育人功能，要把思想政治教育融入大学生专业学习的各个环节。教书与育人相结合原则的贯彻实施要做到以下两点。

（1）寓思想教育于教学之中。教书育人，教学是基础，育人是关键。我们要把思想教育工作渗透到各种教学和教学的各个环节中去，把传道、授业、解惑结合起来。这就要求教师在传授知识的过程中，要注意发挥和挖掘教材的思想性、知识性和趣味性，有机地结合社会实际和大学生思想实际，调动大学生的学习积极性，帮助大学生处理好德育与智育的关系，把思想政治教育工作渗透到大学生的各项学习活动之中，使他们热爱学习，精于专业，从而达到我们所期待的目的。

（2）要正确处理思想政治教育和大学生学习活动的辩证关系。教书与育人，二者是相互联系、相互促进的。无论是自然科学还是社会科学的教师，都要结合教材特点，加强对学生的全面教育和培养，自觉地做到教书育人，发挥思想政治教育对大学生学习活动的方向引导作用和内在激励作用。但不能以此孤立地过分突出思想政治工作，过多发展思想政治教育时间，而削弱了知识学习活动，搞"突出政治"的做法势必影响人才的全面发展。因此，要教好书、育好人，就要正确把握大学生思想政治教育和知识学习活动相结合的程度、方式，以利于大学生思想政治工作作用的发挥和大学生全面发展的需要。

（五）理论与实际相结合的原则

大学生思想政治教育的目标就是使大学生树立正确的人生观、价值观、世界观，从而为更好地建设中国特色社会主义培养人才，完成全面建设小康社会的远大目标，实现中华民族伟大复兴。大学是步入社会的重要阶段，在大学开设思想政治教育课程，对大学生进行思想行为上的积极健康的引导，是十分必要的。意识形态的多样化并不意味着思想领域的百花争艳，有时也可能是鱼龙混杂，这就要以马克思主义的立场、观点、方法等基本原理为主，将教育学、心理学、法学等学科和专业学科结合起来，使大学生的身心都有一个全面的发展，提高他们的思想理论水平和实践能力，才能促进大学生各方面全面健康的发展。同时，理论离不开实践，只有将理论运用到具体的实践中，才会检验理论的正确性，从而优化和发展，更好地指导实践。只有大学生思想政治教育的内容和社会发展要求、大学生的实际状况相结合，才能引起大学生的心灵共鸣，真正发挥出大学生思想政治教育的作用。因此，拓展大学生思想政治教育实践途径，要寻求理论与实际的有机结合。

（六）教育与自我教育相结合原则

教育是一种社会实践过程。它是由两个相互交织的并行过程所组成的：一个是教师（包括各种教育者）的教书育人（传道、授业、解惑）过程；另一个是学生的学习、成才过程。在教的过程中要充分发挥教师教的主观能动性，而在学的过程中则要充分发挥学生学的主观能动性，二者缺一不可。因此，教育不是一个单一的社会实践过程，而是由上述两个子过程交织而成的复合过程。大学生思想政治教育也是如此。要正确贯彻教育与自我教育相结合的原则，就要一方面加强教育，充分发挥教育的功能；另一方面，加强自我教育，发挥大学生在自我教育、自我提高中的能动作用，通过他们思想的矛盾运动来达到转变思想、提高觉悟的目的。

（1）建立平等互助的新型师生关系。在大学生思想政治教育过程中，教师与学生之间应该建立起平等互动、互相尊重、互相学习的新型关系，通过有效的交流和行动的积极参与，调动教师实施教育与学生接受教育两个方面的积极性，以收到理想的教育效果。

（2）重视大学生的自我教育。大学生要具备自我教育的能力，要求教育者在教育实践中通过多种途径主动帮助和激发大学生主体能力的构建。大学生要实现自我教育，充分发挥主体的能力，主要从以下几个方面着手。首先，思想政治教育者要注重启发大学生的自我教育意识，引导他们通过自主学习、自觉参与以及反省、反思、自我思想改造等自我修养途径，不断提高自己的思想道德水平。其次，要打好学生的理论基础。理论的学习是大学生思想政治教育中不可缺少的一环。理论教育法是思想政治教育最主要、最基本的方法，也是大学生打好理论基础最直接的方法。大学生只有具备坚实的理论基础，才能以正确的理论指引自己的行为，才能在现实中明辨是非，为自己找准努力的方向。在当代复杂多变的社会生活面前，人们比以往任何时候更加需要用科学的思想和理论来指导自己进行正确地选择和决策，以便更加有效地认识环境。再次，树立成功的榜样。榜样示范法是指通过具有典型、榜样意义的人或事的示范引导作用，教育人们提高思想认识、规范自身行为的方法。榜样教育具有形象、生动的特点，它是理论与实际的有机结合。大学生用榜样的力量激励自己，在心中树立成功的典范，为自己指明努力的方向，会产生更强的感染力和说服力，在自我教育中收到很好的效果。通过典型事迹可以使大学生看到榜样的成功之处，明确努力方向，从而努力奋斗，在改造客观世界的过程中全面提升自己的思想道德素质。必须实事求是地选择对自己有影响力的典型，否则难以真正从思想到行动上得到认同，也起不到典型引导的作用。最后，要创造有利于大学生进行自我教育的条件，积极引导大学生进行自我教育。应当通过各种渠道和形式对大学生的自我教育活动予以支持、引导和帮助，鼓励大学生开展他们热爱的、健康的、有益的、丰富多彩的各种活动，使他们在活动中自我教育，相互影响。要引导他们开展批评和自我批评，在严格的自我批评和与人为善的相互批评过程中，教育自己、教育别人、相互借鉴、共同提高。要吸收大学生参加学校的民主管理，组织大学生参加社会实践活动，使他们在民主生活和社会实践中得到锻炼，增长知识和才干，增强主人翁精神和社会责任感，要有计划地组织民主讨论，引导他们在民主的气氛中各抒己见、交流思想、坚持真理、修正错误、集思广益、互得益彰。

（七）坚持继承优良传统与改进创新相结合的原则

所谓继承优良传统与改进创新相结合，就是在继承中国共产党的思想政治工作优良传统的基础上，积极探索新形势下大学生思想政治教育的新途径、新办法，努力体现时代性，把握规律性，富于创造性，增强实效性。重视思想政治教育，依靠思想政治工作，是中国共产党的优良传统与政治优势。在长期领导革命与建设的过程中，中国共产党创造了一整套思想政治工作的原则与方法体系，如理论与实际相结合的原则、解决思想问题与解决实际问题相结合的原则、教育与自我教育相结合的原则等，以及实事求是的方法、群众路线的方法、言教与身教相结合的方法、民主讨论方法、示范教育方法等。这些原则和方法经过长期的实践检验被证明是正确的、科学的，反映了思想形成、发展、变化的规律，反映了思想政治教育的规律，在新时期新阶段仍然具有现实的价值，是大学生思想政治教育必须坚持、继承的原则和根本方法。坚持继承优良传统与改进创新相结合的原则，要结合新情况、研究新问题，赋予思想政治教育新内容，探索新方法，使之更适应大学生的实际需要。特别是要积极探索新形势下大学生思想政治教育的新途径、新办法。过去一些十分有效的教育方法，在新形势下也不能简单地生搬硬套，只有不断充实新经验、新内容，才能进一步显示其旺盛的生命力。

（八）灵活变通原则

在高校思想政治教育过程中坚持灵活变通的原则，实质是要求将思想政治教育目标和内容的规定性与思想政治教育过程和方法的灵活性有机结合起来。大学生思想政治教育过程是沟通人的思想和交流人的情感的过程，是用正确的思想和真挚的情感影响和感化教育对象的过程，而人的思想和情感的丰富性和复杂性，就决定了在进行思想政治教育的过程中，必须避免生硬、呆板、简单、一刀切的倾向，必须根据教育对象的思想实际和个性特征，有针对性地、灵活变通地来安排教育的情境和选择教育的方法。大学生思想政治教育不仅要遵循灵活变通原则，还要求根据时代的变化和思想政治教育任务的变化，以及大学生求新求变的思想特点，不断地解放思想，与时俱进，跟上时代发展的步伐，不断地探索高校思想政治教育的新规律，创造思想政治教育的新方法。

第二节　高校思想政治教育的目标

目标是制约大学生思想政治教育效果的重要因素。如果没有科学的目标，思想上再重视，方法上再先进，都可能无法引导当代大学生追求"人的自由全面发展"的价值理念。因此，推进大学生思想政治教育，必须确立科学的目标。否则，不但难以发挥建设工作的作用，还会造成自身的生存危机。

一般说来，目标是个集合概念。作为集合概念的大学生思想政治教育的目标，指的是一个目标系统，这个系统之内的多层级子系统就是等级、大小俱不相同的目标类型。从本书前面各章对大学生思想政治教育的本质、社会功能和历史使命等基本问题的论述看来，在诸多纷繁复杂的目标类型中，较为长期的社会目标和人格塑造目标，是影响其他各类目标的根本目标。科学地设计这两大根本目标，对于全社会大学生思想政治教育的成败，具有决定性意义。

一、社会目标、群体目标与个体目标

社会目标、群体目标与个体目标，是依据大学生思想政治教育对象的人数多寡而划分出来的目标类型。

（1）社会目标。所谓社会目标，指的是在一个民族国家内全社会的大学生思想政治教育所要达成的目标。任何目标的确立总会有一定的依据，而不是空穴来风。适应和满足当前的社会发展需要，是制定和确立大学生思想政治教育目标的根本依据。大学生思想政治教育的社会目标一般是远期目标，需要经过相当长的时间的持续努力才能实现的大学生思想政治教育目标。它贯穿于大学生思想政治教育的全过程，反映的是社会发展的客观趋势和长远需要，是大学生思想政治教育最终要达到的预想效果。其具有根本性、全局性和战略性，它对大学生思想政治教育和人们的思想行为有着重要的战略指导作用。现代化建设新时期要求我们既要搞好物质文明的建设也要搞好精神文明的建设，强调物质文明建设和精神文明建设"两手抓，两手都要硬"。这个高度的社会主义精神文明，就是改革开放30多年来我国的大学生思想政治教育不断追求的社会目标。

（2）群体目标。群体目标是指由具有某种相同或相似特征的个体所结成的社会群体的思想政治教育所要达到的目标。例如，职业、收入、年龄、性别、爱好、身体状况、居住地、家族等条件的相同或相似，都可以作为划分社会群体的特征；而不同社会群体由于其生存境遇、理想追求、现有社会地位、对社会的价值判断等的不同，必然会遭遇各不相同的思想道德和政治观念问题，这就需要思想政治教育针对不同群体存在的现实问题确立不同的群体目标。我们一直常抓不懈的职业道德教育、官员道德教育、医德医风教育、青少年道德教育、大学生的价值观教育等，要想取得实效，就必须首先进行相应的思想政治教育群体目标的科学设计。在建立与完善社会主义市场经济体制的社会转型期，党和政府对农民、下岗工人、失业者、残疾人等社会弱势群体的特殊关照，无疑也要辅之以深入人心、温暖人心的思想政治工作。这种思想政治教育工作的实效性，同样依赖于对不同的群体目标的科学设计。在这些不同的社会群体之间，在许多具体方面又有一定的不同，例如，这些社会群体的生存境遇、理想追求、现有社会地位、对社会的价值判断等，这些具体因素的不同必然会使这些不同的社会群体遭遇各不相同的思想道德和政治观念问题，因此，根据所针对的不同群体，明确大学生思想政治教育的具体目标十分必要。

（3）个体目标。长期以来，对大学生思想政治教育，人们习惯于遵循重社会目标的传统，对其个体发展目标认识不足、强调不够，其实际效能发挥得不够理想，从而影响了大学生思想政治教育整体目标的实现。事实上，在和平建设年代，大学生虽然继续关注国家的前途、民族的命运，但同时也更关注自身的发展。如何净化心灵、提升人格，使自己成为心灵和谐、道德高尚的人；如何树立理想、改善形象，使自己成为社会接受、大众欢迎的人，诸如此类的问题都成为大学生关注的新热点。大学生思想政治教育只有正视这些问题，把这些问题纳入教育目标，才能走入大学生的内心世界，在被大学生认可与接收的基础上，充分实现自身的价值。因此，在确立个体目标时，要遵循马克思主义哲学科学方法的指导，做到所阐明的"具体情况具体分析""一把钥匙开一把锁"，将理论和实际紧密结合。

世界是普遍联系的，任何事物都具有一定的联系。当然，对于社会目标、群体目标与个体目标而言，它们三者之间也具有紧密的联系。按照马克思主义哲学关于人的本质的理论、个人与社会关系的理论都有详细明确的阐述，按照马克思主义哲学的论述，我们可以得出，社会目标、群体目标和个体目标三者之间是相辅相成、相互转化的辩证统一关系。对于社会目标和个体目标两者而言，个体目标是社会目标的基础，同时，社会目标对个体目标具有指导作用。如果社会目标是个错误的目标，那么它将引领个体目标走向迷途，个体目标就会迷失方向，即使个体目标是正确的，那么也很难实现；同样，积少成多，集腋成裘，社会目标的实现离不开个体目标的积累。而没有一个个具体的个体目标的累积，所谓社会目标则必然丧失根基、流于空谈，空泛而没有意义，同样难以实现。大学生思想政治教育的社会目标与个体目标，内在统一于培养有理想、有道德、有文化、有纪律的社会主义合格建设者和接班人的过程中。提高大学生思想政治教育的实效性，必须主动实现其双重目标的有机统一。一旦个体目标和社会目标都没有实现，那么，这就意味着大学生思想政治教育的失败。至于社会目标和群体目标、群体目标和个体目标的关系，也大体如此。

因此，要实现大学生思想政治教育的最终目标，就要将社会目标、个体目标、群体目标结合起来，并正确认识它们之间的联系，这样才能摆正方向，正确发挥科学的大学生思想政治教育的作用，促进社会的文明和进步。与此同时，要确立相应的群体目标和个体目标，推动各个社会群体文明水平的提高，增强个体教育对象的人格修养和全面发展能力。

二、人格目标与即时目标

具体说来，人格目标与即时目标其实都属于个体目标的范畴，是根据对个体的大学生思想政治教育所着眼问题的性质而做的分类。倘若教育者着眼于受教育者的人格培养、人格塑造，此时的大学生思想政治教育目标可称为人格塑造目标或人格目标；倘若教育者着眼于帮助受教育者解决当下面临的实际问题而端正其思想认识、提高其思想水平等，此时的大学生思想政治教育目标可称为即时目标。人格目标是大学生思想政治教育的带有长期性、根本性和终极性的个体目标，而即时目标则是大学生思想政治教育的带有迫切性、经常性和反复性的个体目标。人格目标对于即时目标具有指导性和目的性，而即时目标则是实现人格目标的基础和手段。如果说人格目标是结果的话，无数即时目标的累积则是获得这一结果的必然过程。因此，人格目标和即时目标是相辅相成、不可分离的辩证统一的关系，对其中任何一个目标的忽视，都必然导致大学生思想政治教育的失效。人们很难设想，仅仅埋头于日常思想问题的解决而忘记人格培养的大方向，或者仅仅热衷于高尚人格的说教而不解决具体问题的大学生思想政治教育，会是成功的大学生思想政治教育。

三、基础性目标与先进性目标

从尊重大学生的差异性出发，大学生思想政治教育在纵向上的目标可以分为基础性目标与先进性目标。按照"有区别的共同进步原则"，对不同基础的学生提出不同的教育目标，引导学生循序渐进。

（1）目标的层次性。大学生社会主义核心价值体系建设的目标内涵丰富，在实践中应当把不同层次的目标有机结合起来，纵向贯穿，形成有机整体。在设计大学生社会主义核心价值体系建设的目标时，既要着眼于大学生的主体，设定基础性建设目标；又要提升层次，着眼于大学生中的先进分子，设定先进性建设目标。对于大学生的主体，应当把培养有理想、有道德、有文化、有纪律的社会主义事业的合格建设者和可靠接班人作为根本目标，实现德、智、体、美、劳全面发展；应当引导他们树立正确的世界观、人生观、价值观，增强他们辨别是非、善恶、美丑的能力，增强抵制错误思潮和腐朽思想的能力，使他们能够正确认识世界、正确对待人生、正确选择生活道路、正确把握生活准则；应当根据形势需要，对他们适当实施爱国主义、集体主义、社会主义教育，加强唯物论和无神论教育，加强形势政策、民主法制和维护社会主义稳定的教育，加强以为人民服务为核心、以集体主义为原则、以诚实守信为重点的社会主义道德教育。这些都是大学生思想政治教育的最基本目标。要坚持把爱国主义教育、理想信念教育、文明修养教育和文化素质教育作为基本架构和重要支撑，以爱国主义教育为入手点，以理想信念教育为着力点，以文明修养教育为立足点，以文化素质教育为基点，带动大学生思想政治教育工作基础性目标的全面落实，推进基础性目标的顺利实现。对于大学生中的先进分子，则要教育他们确立共产党人的任务目标，在加强基础性建设的同时，适时开展先进性建设。应当坚持用马克思主义科学理论武装人，不断增强他们对马克思主义的信仰。

在大学生思想政治教育过程中，既要确立基础性目标，又要确立先进性目标。对于大学生多样化主体来说，一部分先进分子，社会主义核心价值观已初步形成，针对他们确立的建设目标应在基础性目标的基础上，提出更高的要求。因此，开展大学生思想政治教育，既要针对大学生的主体，确立基础性教育目标；又要针对大学生中的先进分子，确立先进性目标。在某种意义上，基础性目标是大学生思想政治教育目标的根基，先进性目标是大学生思想政治教育的牵引。既要以基础性目标夯实大学生思想政治教育的基础，又要以先进性目标引领大学生思想政治教育的前进方向。基础性目标实现了，大学生思想政治教育就实现了基本的目标；先进性目标实现了，就会把大学生思想政治教育引领到更高的层次。两者相互影响、相互促进，统一于培养高素质人才的实践中。

（2）基础性目标。大学生思想政治教育是在中、小学思想政治教育基础上的延伸与发展，在根本上是一致的。大学生思想政治教育的目标在于完善大学生从小学到初中、高中逐步形成的思想认识，达到国家、社会和个体发展对大学生思想认识的基本要求。在新的历史条件下，爱国主义、理想信念、文明修养和文化素质构成了大学生思想政治教育基础性目标的主要内容。爱国主义是中华民族生生不息的强大精神支柱，理想信念是人生的精神支柱和动力源泉，文明修养是当代大学生社会活动的重要基础，文化素质教育是大学生社会活动的有力工具。确立以爱国主义、理想信念、文明修养和文化素质为内容的基础性目标，就能够夯实大学生思想政治教育的根基，增强大学生思想政治教育的推动力。

（3）先进性目标。大学生思想政治教育除了要使大学生的主体达到基础性目标，还应当有更高的目标，培养一批品德高尚、具有崇高共产主义理想和坚定的社会主义信念、能够在各个方面起模范带头作用的先进分子和骨干力量。这就需要在确立基础性目标的同时，针对大学生中的先进分子和骨干力量确立先进性目标，适应大学生特定群体的需要和我国社会主义建设的现状。大学生思想政治教育的先进性目标，指向大学生发展党员工作。

先进性目标是培养后备中坚力量的需要。当代大学生作为拥有较高素质、富有发展潜力的青年群体，是国家人才资源的重要组成部分，是未来中国党政领导人才、专业技术人才、经营管理人才等各类优秀人才的重要来源，担负着实现中华民族伟大复兴的光荣使命。努力培养出大批在未来能够承担重担的高素质人才，是高等学校光荣而伟大的任务。为了培养好国家和民族的接班人，高校必须加强对大学生先进分子和骨干力量的培养，对他们提出更高的要求，进行更严格的训练。要积极引导大学生先进分子和骨干力量加入党组织，通过持续的党员先进性教育，不断提高学生党员的党性修养，把他们培养成具有较高的马克思主义理论水平、崇高的共产主义理想、强烈的民族精神与时代精神以及鲜明的社会主义荣辱观念的优秀党员，培养成大学生中实践社会主义核心价值体系的典范。

先进性目标是扩大群众基础的需要。高校是高素质的社会主义建设者的最主要来源，大学生毕业后会成为社会各个领域的中坚力量。以先进性目标要求大学生中的先进分子和骨干力量，抓好在大学生中发展党员工作，可以使一大批符合条件的优秀学生及早充实到党内来。他们毕业后进入各种经济社会组织，有利于改善党员队伍的构成和分布，可以影响和带动其他人员更好地为全面建成小康社会服务，从而扩大党的工作覆盖面，提高党在全社会的影响力和凝聚力。积极把大学生中的先进分子和骨干力量吸收到党组织中来，是党的建设的一条基本经验。党的十八大报告指出，我国进入全面建成小康社会决定性阶段，世情、国情、党情继续发生深刻变化，我们面临的发展机遇和风险挑战前所未有。这是对我国发展环境和阶段做出的重大判断，经济成分和经济利益多样化、社会生活方式多样化、社会组织形式多样化、就业岗位和就业方式多样化日趋明显，给思想政治工作带来大量新情况、新问题。在大学生思想政治教育中突出先进性目标，积极把大学生中的先进分子和骨干力量吸收入党，显得更加重要和紧迫。

先进性目标有利于坚定大学生对马克思主义的信仰。对大学生的成长而言，加入党组织的过程就是一个进行深入的价值观建设工作的过程。通过入党前系统的马克思主义理论教育，党的基本理论、基本路线、基本纲领、基本经验的教育，以及建设中国特色社会主义丰富实践的锻炼，使入党积极分子坚信中国共产党的领导，进一步端正入党动机；通过入党的严格程序和仪式，使入党积极分子受到一次集中教育，充分体验入党这一时刻的庄严和神圣，思想得到进一步升华；通过入党后严格的组织生活和党的优良作风的熏陶，使他们更加坚定对马克思主义的信仰，政治上和思想上更加成熟，成为具有崇高共产主义理想、坚定社会主义信念，自觉实践"三个代表"重要思想和科学发展观，愿意为党和人民的事业长期艰苦奋斗的合格的共产党员。

第三节　高校思想政治教育方法新探索

改革开放以来，大学生思想政治教育的理念、内容、队伍建设等都发生了新的变化，对大学生思想政治教育方法产生了前所未有的深远影响。当前的大学生思想政治教育方法已难以适应新形势的发展要求，亟待创新。当代大学生思想政治教育方法创新必须运用马克思主义哲学基本理论，着眼于新的思想政治教育实践，把握方向性，立足科学性，增强时代性，突出创新性。

一、大学思想政治教育方法的基本含义

（一）方法和方法论

方法是人们在长期的实践活动和认识活动中形成的，是人们认识世界和改造世界活动的法则。离开了人的认识或实践活动，方法就会失去存在的基础与价值。就其本质而言，方法是人对客观规律的科学把握与自觉运用。人们在认识世界中所采用的方法叫作认识方法或思想方法，在改造客观世界中所采用的方法，叫作行动方法或工作方法。

方法与活动相联系。无论是认识世界的活动，还是改造世界的活动，都要遵循一定的方法，都要运用一定的符合其对象实际的方式、方法，否则就不可能有任何成功。人类认识世界和改造世界主要依靠经验和科学技术及其相应的方法系统，经验和科学技术一旦转化为方法系统，就有了控制和改造世界的创造性功能，就可以转化为直接生产力。方法系统是主观世界和客观世界联系的有力中介，科学的方法系统有利于达到主体与客体的高度统一。简言之，方法是对事物运行过程规律的认识和把握。方法素质是促进主体人素质开发和不断完善的重要途径和桥梁，同时，方法也是促进知识的掌握与运用、能力的培养与发挥的助力器。

方法与对象相联系。对象不存在，也就无所谓方法。采取什么样的方法，必须与认识对象或工作对象相适应。人们的认识对象或工作对象是复杂多样的。这种复杂多样性决定了方法的复杂多样性。人们的认识对象或工作对象又是千差万别的，各有其矛盾的特殊性，因而不能采取千篇一律的方法，而必须针对不同的对象采取不同的方法。人们的认识对象或工作对象是不断发展变化的，从而方法也会不断发展变化的。

方法与人的目的、任务相联系。方法总是为实现人的目的、任务服务的。目的不同、任务不同，方法也就不同。目的、任务的多种多样性，决定了方法的多种多样性，如任务是过河，方法就是"船"或"桥"等。任务完成了，目的实现了，方法的使命也就终结了。

方法与理论相联系。从感性认识、实践经验上升到理论有一个方法的问题，理论指导、运用于实践，解决具体问题，也有一个方法的问题。就理论指导实践而言，人们在某一具体实践活动中所采用的方法，不仅会同与这一具体实践活动直接相关的理论有关，还要直接或间接地受到人们的思想观念及其相关的理论知识的影响。方法不是彼此孤立的，而是相互联系的。方法的联系性是由客观对象的联系性所决定的，各种不同的客观对象，不仅因各自的个性而相互区别，而且会因相互之间具有某种共性而相互联系。因此，在认识和改造客观对象时，既要采用与对象相适应的特殊方法或具体方法，也要采用与具体方法相联系的一般方法，应求得一般方法与具体方法的统一。

方法是主观与客观的统一。从方法的产生看，方法是人的思维活动的产物，人们在认识活动、实践活动中把成功的方法或经验经过大脑的思维上升为理性认识，并经实践的检验，就变成了可以传承的具有科学性的方法。方法和人的思维方式联系在一起，以特定思维结构思维方式为基础，随人的思维方式的变动而变化，从而保持其既相对稳定又不断发展的知识体系。从方法的运用上看，人们在完成某一任务，达到某种目的时采用什么样的方法是主观的。虽然方法具有主观性，但任何方法的采用都要受到客观情况的制约，都必须根据认识对象或工作对象的内容，根据当时的具体情况，以及对象自身的运动规律，因而采取什么样的方法又具有客观性。

所谓方法论，就是关于认识世界和改造世界的方法的理论，简言之，就是关于方法的学说或理论。方法论有层次之分，认识世界、改造世界、探索实现主观世界与客观世界相一致的最一般的方法理论是哲学方法论；研究各门具体学科，带有一定普遍意义，适用于许多有关领域的方法理论是一般科学方法论；研究某一具体学科，涉及某一具体领域的方法理论是具体科学方法论。三者之间的关系是互相依存互相补充的对立统一关系；哲学方法论对一般科学方法论、具体科学方法论有着指导意义。

方法论和世界观是一致的。方法论是世界观的运用，世界观是方法论的基础，用世界观去指导认识世界和改造世界，就是方法论。世界观不同，方法论也就不同。世界观与方法论相互联系、相伴相生。但这并不是说，方法论完全等同于世界观，因为方法论是世界观的运用，用世界观去指导认识世界和改造世界，才是方法论。

（二）大学生思想政治教育的方法

大学生思想政治教育的方法，就是大学生思想政治教育者为完成一定的思想政治教育任务，在对大学生进行思想政治教育的过程中所采用的一切方式、办法或手段的总和。大学生思想政治教育的主要方法可以分为政治教育、思想教育、品德教育、法制教育、纪律教育、心理健康教育等构成了马克思主义思想政治教育的内容。内容规定方法，方法反作用于内容，是内容得以实现的手段和工具，这是一条重要的马克思主义方法论原则。那么，思想政治教育的方法主要有哪些呢？

（1）情感教育法。思想政治教育的情感教育法，是指在思想政治教育过程中，教育者依据一定的教育要求，借助相应的教育手段，激发、调动和满足受教育者的情感需要和认知需要，促使受教育者产生积极的情感体验，并建立教育者和受教育者之间的良性情感互动，提高教育实效性的一种方法。情感教育法是以情感行为作为中介的一种教育手段，也是易于广泛实施、易于为人所接受、易于取得良好教育效果、易于彰显思想政治教育工作艺术的一种教育方法。一个人的成长过程，要受到家庭、学校、社会多方面的影响。在童年时期，父母的思想、行为，父母的关爱，对子女养成好思想、好品德影响很大。父母是孩子的第一任老师。其次，对青少年影响最大的是学校教师。青少年大部分的时间是在学校度过的，教师（包括专业课和思想政治教育课的教师）不仅传授知识，而且以自己的行为和情感影响学生，若在思想上、政治上、生活上关心并体贴学生就能建立起深厚的师生情谊，这对青少年学生养成好思想、好品德能起到潜移默化的作用，它是单纯的说教所达不到的。

（2）说服教育法。说服教育法一直是中国道德教育领域中的重要方法，也是思想政治教育中最基本、最常用的具体方法之一，是教育者通过语言来表达和阐释相关思想、理论、观点，以期对教育对象实施影响与教育的方法和艺术。说服教育法在本质上表现为教育者与教育对象通过对话、交流达至互相沟通、理解，并进而促进其发展和成长的过程。这种方法注重通过对理论的阐释和讲解，通过对教育对象的正面教育和理性引导来帮助教育对象树立科学的世界观和良好的道德品质，实现教育目标。做到以理服人，应注意两点：第一，要因人施教，提高思想政治教育的效果。由于青少年的发展阶段不同，身心成熟程度不同，因此，对其思想政治教育的方式方法也不同，说理的层次也有所区别。例如，给学生讲授社会主义本质时，不仅要让学生了解是什么，更要让学生知道为什么。只有把这些道理分析透彻了，学生才能深刻地把握社会主义的本质。又如，给学生讲唯物辩证法，如果只是列举一些事例去说明某一规律、某一范畴，就不可能使学生在理论上较为透彻地理解唯物辩证法。因为辩证法并不是实例的简单相加。

（3）个性教育法。这是一种以培养学生的兴趣和爱好，促使他们的个性得以充分发挥，形成自己独特的风格的方法。它强调活动的多样性和参与的自发性，使学生的主观能动性和潜力得到充分运用。大学生由于家庭背景不同，所接触到的社会影响不同，以及个性心理特征不同，因此所形成的矛盾或思想问题也不同。对大学生的思想政治教育要做到有针对性和实效性，就必须把握青少年学生思想品德的个性特征，对症下药，一把钥匙开一把锁。依据人的个性特征开展思想政治教育，这是矛盾的特殊性规律所要求的。开展个性教育有三个方面应当注意：一是摸清问题，找准矛盾。只有摸清了思想脉络才能有的放矢，因人施教。二是掌握"性格"。人的性格是个性的核心，是一个人处事待物的基本心理特征。性格不同，对相同的问题往往会有不同的认识和态度。比如，对待他人，有的人性格坦率，富于同情心，有的人思想隐蔽，待人冷漠；对待自己，有的人自尊自重，谦虚谨慎，而有的人则自高自大，盛气凌人。所以，掌握人的性格，对于有效地开展思想教育工作特别重要。三是了解"气质"。在现实生活中，人的气质是不同的，待人接物的态度和表现形式是有很大区别的。例如，有的人脾气暴躁，容易冲动，粗鲁任性，往往把好事办坏；有的人兴趣广泛，认识敏捷，易于接受新事物；有人沉默寡言，多愁善感，观察问题细致、敏感、多疑，但其意志比较柔弱，经受不住挫折。对待不同气质的人，思想政治教育工作不能采取同一模式。个性教育的具体做法是多种多样的，一般说来，对于小学生和初中生，以个别谈心为好。教师和学生以民主的方式共同分析问题，讨论问题，以求得问题的解决，从而达到教育学生转变思想的目的。对于高中生、大学生和研究生，除了个别谈心之外，还要引导学生阅读资料、书籍或进行社会调查，使复杂问题得到解决，思想觉悟得以提高。

（4）典型示范法。典型示范是指胸中有全局、手中有典型，抓典型、树榜样，发挥先进典型的示范作用。既是党的思想政治工作的传统方法，也是共青团工作的基本经验。

先进典型包括集体和个人。他们所代表的先进生产力的发展方向、先进文化的前进方向、社会精神文明发展的高度，体现出的时代精神和风貌，由于引领社会发展的潮流而凸显出独特的价值。抓典型，树形象应注意做好以下几个方面工作：首先，要善于发现典型，实事求是地宣传典型。先进人物的先进事迹、先进思想、模范行为，是他们在生产、工作、学习和生活中产生的。只有深入实际、深入群众，才能发现典型，树立典型。典型树立起来之后，就要实事求是地宣传典型，以先进典型来影响和带动群众。其次，要教育人们正确地对待典型。先进典型树立起来之后，就要教育群众虚心向先进人物学习，逐步形成一个支持先进、尊重先进、争当先进、赶超先进的良好风气。再次，除了学习社会上的先进典型之外，还要在各类、各级学校树立自己的先进典型，如先进班集体、先进教育工作者、模范教师、优秀少先队员、优秀共青团员等，宣传这些典型对青少年学生的教育效果更好，更有针对性。

二、大学思想政治教育方法的作用

方法的价值在于它特有的功能和作用。高校思想政治教育方法的中介性质决定了它是联系教育主体和教育对象的桥梁，是教育目标能否实现、能否取得预期教育效果的决定性因素，其作用主要表现在以下方面：

（1）思想政治教育方法是完成思想政治教育任务的必要条件。任务决定方法，方法为任务服务，方法的科学与否直接决定教育的成效。高校思想政治教育的任务就是要把一定社会或阶级的思想政治观念、道德原则规范，凝结在教育对象的身上，转化为他们具有稳定性特征和倾向性的思想道德品质。这个转化的途径和条件就是针对教育对象的具体状况，实施正确、有效的教育方法。不实施正确、有效的思想政治教育方法，高校思想政治教育的任务就不可能完成，高校思想政治教育的作用也无从发挥，高校思想政治教育的任务就会仅仅停留在口头上，不能达到对教育对象实施教育的目的。正因为如此，我们说高校思想政治教育方法是连接教育者和教育对象的桥梁，是完成教育任务必不可少的条件。

（2）思想政治教育方法是本学科理论的重要组成部分。思想政治教育学科是一门理论性和应用性都很强的学科。思想政治教育的对象是人，解决人的思想问题重在以理服人，要求思想政治教育学理论有很强的系统性、逻辑性，应有相当大的理论深度，能深刻揭示人的思想变化发展规律和教育规律。同时，思想政治教育的目的决定了其不能成为纯理论学科，要认识、改造思想政治教育课题，要把深刻的思想和科学的理论转化为现实的可操作的方式方法，来实现思想政治教育工作的目的。正是这个特点，使得思想政治教育作为一门学科有着很强的理论性，而作为教育实践则有着很强的应用性、实践性。两者在思想政治教育学科内部形成了一种张力——理论有转化为方法的需要，实践要求有理性方法的指导。现代思想政治教育工作尤其如此，决不能随心所欲，或凭主观意志办事，必须尊重科学规律，讲究科学方法。一句话，现代思想政治教育工作方法论在思想政治教育学科体系中具有不可或缺的重要地位和作用。深入思想政治教育学科内部就不难看到，现代思想政治教育工作方法论的具体作用有两个重要方面：其一，是将思想政治教育学的理论、规律和原则做了向现代社会实践中可操作、可具体应用的方法的转变，使理论得以正确运用，这是实现思想政治教育工作目的的关键一步。其二，是将各种各样、分散凌乱的传统的和现代的思想政治教育工作方法、经验做法进行了分析、提升和凝练，不但明确了各种方法的理论基础和应用范围，还明确了各种方法之间的内在联系，建立了一个方法论体系。这套方法论体系解决了思想政治教育过程中教育规律与人的思想形成变化规律有机结合的问题，解决了思想政治教育过程中的程序问题，以及在每一环节、每一阶段应当应用什么方法和如何应用的问题。

（3）大学思想政治教育方法是使思想政治教育内容产生影响的重要手段。在高校思想政治教育活动中，思想政治教育方法、手段和途径的选择，应该根据教育内容的差异而有所不同。同样，要使高校思想政治教育的内容对教育对象产生影响，也必须借助正确、恰当的思想政治教育方法，使这些内容和思想政治教育对象的实践联结起来。否则，再好的教育内容也无法对教育对象产生实质性影响。可见，科学的方法能揭示教育对象的思想实质和思想特点，揭示教育所处的具体环境对思想政治教育的影响，指示着教育实践的目的性和教育内容的层次性。因此，高校思想政治教育方法是使思想政治教育内容产生影响的重要手段，为思想政治教育的方向提供了条件和保证。

（4）思想政治教育方法有助于促进思想政治教育内容为受教育者接受并形成影响力。思想政治教育内容本质上是特定国家或集团意志的具体体现，尤其是其中有关该社会统治思想和制度秩序合法性的教育内容，提升受教育者社会道德意识的教育内容，更是如此。这就决定了思想政治教育内容与受教育者个体从自身需要满足和发展出发，建立在特定认识水平基础上的选择接受动机取向，总是存在一定的差距。受教育者自主选择和接受思想政治教育内容动机相对较弱。缩小广大受教育者需要与思想政治教育内容的差距，使其能在知晓的基础上，全面感知和体验教育内容的合理性和价值性，并自觉内化为自己的价值观和信念，再外化为自觉的行为，进而形成对人和社会的影响力，既是思想政治教育工作的根本任务和存在的价值，也是任何时代和国家的思想政治教育工作面临的最大难题。化解这一难题的根本途径就是寻找合适的载体和方法，促进思想政治教育的内容向不同层次的受教育者广泛而有效地传播，推动受教育者自觉或不自觉地受其影响。高校思想政治教育工作方法作为传播和承载思想政治教育内容的重要工具，随着时代的变迁和发展，不断发展和创新，发挥出传播思想政治教育内容的更好作用和效果。离开高校思想政治教育工作方法，思想政治教育内容既不可能自动向受教育者的思想和行为转化，也难以发挥影响大学生思想和行为进而影响社会的作用。

三、大学生思想政治教育方法创新的必要性和理论基础

创新不是无源之水、无本之木。创新必须是建立在过去经验和成果基础上的继承与发展。创新的过程，是对思想政治教育的规律性进行认识和把握的过程，而认识和把握思想政治教育的规律又是对过去的经验和成果进行分析、总结的结果。党的思想政治教育的理论和实践都证明了思想政治教育只有在不断创新中才能得到加强和改进，马克思主义哲学是马克思主义全部学说的基础，是所有各门学科的指导思想。

第一，思想政治教育方法论需要创新。思想政治教育方法是一个不断发展的开放系统。当社会发展、环境变迁，人们的思想观念、价值取向和社会行为发生了重大变化时，为了提高思想政治教育的有效性，思想政治教育方法必须跟踪这些变化，在已有的思想政治教育方法基础上，改革旧的方法，创造新的方法。当前，思想政治教育方法论创新具有必要性、迫切性，这是因为：思想政治教育方法论创新首先来自思想政治教育实践发展的挑战。经济全球化、文化全球化、政治民主化、社会信息化是我国思想政治教育所面临的新的时代背景和复杂的社会条件。国际范围内各种精神文化力量的相互激荡，各种社会思潮纷然杂陈，冲击着人们的思想、改变着人们的观念，使人们的思想价值观念和行为方式呈现出许多过去不曾有的新现象、新特点、新规律。这一切都要求思想政治教育创新，使之能更好地适应时代发展的要求和教育对象的思想实际。教育方法是架设在教育内容与教育目标之间的桥梁，是教育者作用于教育对象的中介，是取得思想政治教育实效的重要因素。当前探索思想政治教育新方法，开辟新途径，创造新经验，是思想政治教育创新的关键。思想政治教育方法论创新有利于思想政治教育学科建设的需要，思想政治教育方法论是思想政治教育学科理论体系的重要组成部分，思想政治教育方法论创新研究有助于思想政治教育学科的理论创新。我国思想政治教育方法体系中，许多行之有效的方法和经验反映了思想政治教育的客观规律，但大多处于分散、不系统的经验形态。深入研究思想政治教育方法改革和创新的经验，丰富和发展思想政治教育方法论的理论成果，将有力促进思想政治教育学科建设。思想政治教育方法论创新可以有效提升思想政治教育者的素质，促进思想政治教育队伍的专业化、专家化。方法论创新研究，是提高人们的思想素质和行为效能的主要手段。思想政治教育者的方法论修养，既是他的业务水平和工作能力的体现，也反映他掌握和运用马克思主义理论的水平和能力，思想政治教育方法论创新会有力地促进思想政治教育实践活动的发展，促进思想政治教育者综合素质的提高。

第二，马克思主义哲学对思想政治教育方法论创新具有最终决定意义。思想政治教育方法论，作为一门学科，必须具有自己的理论基础。任何一门具体科学的研究都离不开理论思维，即离不开一定哲学的指导，不是用唯物主义和辩证法做指导，就是用唯心主义和形而上学做指导。马克思主义哲学是无产阶级世界观和方法论的理论体系，是马克思主义全部学说的基础，是所有各门具体科学的指导思想。研究思想政治教育方法论，必须以马

克思主义哲学为指导。

马克思主义哲学奠定了思想政治教育方法论创新的理论基础。马克思主义哲学作为唯一科学的世界观和方法论，揭示了思维领域发展变化的规律，提供了最一般的方法，成为思想政治教育方法论的哲学基础。同时，思想政治教育方法论创新也要坚持科学性的要求。在马克思主义哲学理论的指导下，科学认识思想政治教育的客体，归纳思想政治教育的规律和人的思想道德品德形成发展的规律，并将规律转化为切实可行的方法使思想政治教育方法创新建立在科学的理论基础和坚实的实践基础之上，做到与时俱进，不断发展。思想政治教育最终目的是要提高人的思想觉悟，这是一种"解决实际问题"的教育实践活动。再好的思想政治教育理想和要求都必须通过具体、可行的思想政治教育方法来实行，并取得实效，这样才有意义。实践的观点是马克思主义哲学的首要和基本的观点，实践性是方法论的一个重要特征。思想政治教育方法的一切意义，就在于保证实践卓有成效。思想政治教育方法论要以实践为基础，各种方法不是来自纯粹的逻辑推导或者空想，而是来自思想政治教育实践经验，在实践中能经受考验，能取得明显的成效。思想政治教育面对的是千变万化的人的思想，解决人的思想问题没有一个固定不变的模式或公式可用，都是要根据现实的实际情况来选择不同的方法，灵活应变，这也是方法论实践性的一个基本要求。

四、大学生思想政治教育方法创新的基本途径

大学思想政治教育能否取得成效，关键是方法问题。方法得当，事半功倍；方法不当，事倍功半，甚至劳而无功。新时期的大学思想政治教育工作必须改变传统的"一支笔，一张嘴"的单一模式，克服那种只讲大道理的传声筒式的教育方法，必须不断适应社会发展的新形势，摒弃不合时宜，不切实际的做法，努力实现思想政治教育从单一的、传统的方法向多样化的、现代化的方法转变，以求得思想政治教育的最佳效果。

（1）传承和改革传统思想政治教育方法，使其适应时代要求。在历史发展过程中，传统思想政治教育形成了一整套思想政治教育方法，如理论教育法（灌输法）、实践锻炼法、典型教育法（榜样教育法）、自我教育法、形象教育法等。这些方法曾经发挥过巨大作用，有些方法至今仍具有强大的生命力。但是如果把传统思想政治教育方法简单地套用到当代思想政治教育实践中去，却不会受到人们的欢迎。因此，必须赋予其生机和活力，使其适应时代要求。例如，传统思想政治教育方法的灌输方法，在思想政治教育中就受到了怀疑。有人认为今天我国情况已发生巨变，人民特别是青年的文化知识水平有了较大提高，他们有相当多的时间、精力、能力从事理论研究和概括工作，灌输无论在时间上还是空间上都已过时，应以"独立思考""自我教育"来取代；也有人认为灌输是指向文化低的工人、农民的，对有较高文化的现代青年不宜再用灌输方法，而应以其他方法来代替。这些认识不无道理，但却是片面的。当然，灌输方法确实存在强灌硬输、教条化、命令式、满堂灌的弊端，因此，必须赋予思想政治教育方法新的生机和活力。具体应从以下几个方

面进行创新：一是转变灌输理念。改变传统思想政治教育中的教育者为中心的观念，而代之以受教育者为主体的观念，变单向灌输为双向互动式灌输，变强硬命令式灌输为疏导启发式灌输；鼓励人们充分发表自己的观点和看法，倾听群众的呼声和意见，使思想政治教育过程成为教育者和受教育者双向交流、互相学习的过程。二是更新灌输的内容。既要灌输马克思主义基本原理，更要灌输创新的理论内容。灌输的内容应与时俱进，富有时代特色和现实感召力，有助于解决人们的思想和现实中的重大实际问题。三是创新灌输手段。不仅通过传统的思想政治教育途径来灌输，更要着力提高灌输手段的现代化水平和信息化程度，充分利用报刊、广播、电视网络等现代化传媒手段，形成多层次全方位的灌输网络系统。马克思曾说过："理论只要彻底，就能说服人"[1]。只要灌输的理论是彻底地代表了时代前进方向的正确理论，就一定能收到好的效果。

（2）借助信息网络新媒体技术实现高校思想政治教育手段创新。在经济全球化、政治多极化、信息网络化、文化多元化的时代条件下，传统的说教式、灌输式的教学模式已远远不能适应时代的发展，借助信息网络新媒体技术实现思想政治教育手段的创新就成为一大趋势。现代网络新媒体高超的技术特性，是传统思想政治教育的技术和手段无法比拟的。它能随时随地地将文本、声音、图像、电视信息传递给设有终端设备的任何地方、任何人，网络中的每个人既是信息的接收者，又是信息源的提供者，这为新时期高校思想政治教育提供了一片崭新的天地，也带来了难得的创新契机。可以说，在信息全球化的今天，过去那种"嘴喊、腿跑、手抄"的体能型模式，"以时间换空间"的思想政治教育模式，已远远落后于时代所需。充分利用网络等新媒体技术，实现高校思想政治教育方法的现代化，就成为时代发展的必由之路。现代网络的发展为高校思想政治教育工作提供了新的工作载体和手段，开辟了新的空间和新的渠道，是我们大力弘扬主旋律的主要阵地。所以，作为高校的思想政治教育必须积极占领网络教育的制高点。中国互联网信息中心发布的报告显示，在数以千万计的网民中，大学生是最活跃的群体。互联网带给校园文化的是丰富、庞杂的信息，这些信息良莠互现、正反交错、泥沙俱下，是一柄"双刃剑"，给高校思想政治教育工作增加了极大难度。不少大学生把网络作为在校园中发表言论、交流感情的主要场所，这对他们的学习、工作、生活和思想观念产生着深刻的影响。网络使得学生的社会化程度得到很大的提高，但许多学生对网络的负面影响缺乏足够的认识。因此，要加大高校思想政治教育进网络的力度。一方面，要加强大学生网络道德教育，加强国家有关互联网管理的法律法规的宣传教育。制定大学生互联网道德规范，开展大学生健康上网自律承诺活动，自觉遵守网络道德，告别不健康网吧。另一方面，要建好高校德育教育网站。要密切关注和研究信息网络发展的新动向，善于运用网络开展工作，努力掌握网上斗争的主动权；要主动出击，增强我们在网上的正面宣传和影响力，努力将有中国特色社会主义新文化信息资源送上国际互联网，使中华文明在世界知识经济信息大潮中占有一席之地，抵御信息高速公路和其他途径带来的腐朽文化的侵蚀；要健全校园信息网，尽可能把一些

---

[1]　马克思.黑格尔法哲学批判 [M]. 北京：人民出版社，1963.

流入学校的消极信息过滤，补充健全积极健康的网络信息。同时，还可在校园网上开设网络互动栏目，开展互联网知识竞赛、网页设计竞赛等活动，用正确、积极、健康的思想文化充实和占领网络阵地，不断提高思想政治教育网站的点击率和影响力。让思想政治教育内容在"进教材、进课堂"的基础上"进网络"，以拓展思想政治教育的渠道。目前清华大学、北京大学、浙江大学等分别设置的"红色网站""红旗在线""求是潮"等无疑是思想政治教育平台的一种拓展。利用网络这个平台，给学生提供一些与国家、民族或学生自身利益息息相关的热点问题供学生讨论，增强思想政治教育的针对性和实效性。

（3）综合运用现代科学研究成果，丰富高校思想政治教育工作方法体系。现代世界各国争相运用现代化信息技术加强和改进对外传播手段。我们必须适应这一趋势，加强信息传播手段的更新和改造，在高校思想政治教育中必须积极掌握和运用现代传播手段。高校学生思想政治教育工作人员必须对新技术的发展变化具有一定的敏感性，尤其是新事物、新技术、新工具引发的大学生思想状况的变化，以及相应工作内容、规律、方法的变化。这既是大学生思想政治教育工作人员对自身的要求，也是高校应当努力实现的工作要求。大学生思想政治教育工作人员只有提高自身的敏锐性，及时把握这些技术对大学生思想政治教育带来的影响，加大自身相关技术业务培训力度，掌握大学生使用现代传媒，包括手机播报、手机微博等的基本情况，并注重微博对大学生影响情况的主动了解和分析，才能早日占领和建设思想政治教育工作的新领地，把握这方面工作的主动性。同时，高校对大学生思想政治教育工作人员运用微博等方式开展工作应该提出明确的任务与要求，有针对性、有力度地开展这方面的学习、培训和交流，并利用新技术建设好思想政治教育阵地，积极吸引大学生的眼球和目光，凝聚他们的行动，让大学生朝着党和国家的总体育人目标方向成长。应该说，新媒体作为一种教育载体，具有不可替代的形式或工具意义，但是绝不能让形式遮蔽或掩盖思想政治教育的目的或内涵。我们必须明确，一方面，思想政治教育的一以贯之的价值理念是新媒体条件下开展思想政治教育的前提和基础。如果缺乏这些思想政治教育的价值内涵支撑，新媒体条件下的思想政治教育只会流于形式，不仅会走向现实思想政治教育的反面，而且还不利于青年学生群体道德水平的提高。另一方面，新媒体化思想政治教育是传统思想政治教育在新媒体上的延伸和发展。传统思想政治教育作为基础性工程，必须占据主导和支配地位，对高校学生思想政治教育起着决定性作用。新媒体在虚拟的实践条件和环境中形成的判断和观念，必须经过现实社会实践的考察和检验才能最终被认可、接受和推广。正是因为新媒体在思想政治教育领域的介入，促进了教育手段的现代化，更促进了教育观念的现代化。在新媒体环境下，创新思想政治教育应以传统思想政治教育为基础，以新媒体化思想政治教育为拓展，建立新媒体化思想政治教育与传统思想政治教育相结合的有效模式，实现两者的互通与融合。

第四章 微媒体视野下高校思想政治教育的挑战和策略

微媒体构筑了如今传媒领域的"微时代",引领着大众以极为个性化的方式参与媒体互动,各抒己见。微媒体作为思想政治教育最新平台,与思想引领主客体特性的贴合度高、普及性高、使用率也高,必将推动全新的思想政治教育范式的形成和推广,带我们进入新的时代。微媒体将人类社会完全包裹在新媒体的环境中,手机刷微博与网页刷微博相互关涉,无时无刻不在影响着我们的视界和脚步。以微博为代表的微媒体的迅速崛起,很大的原因在于它是一个很"轻"、很简单的应用,进而可以让最大范围的人群都用起来得心应手。但是很"轻"、很简单的产品形态也带来了一个关键问题,那就是对于微媒体这样的生态系统参与者来说,"微博世界"给他们的空间和舞台是比较单一的,这将直接影响其商业模式的承载力。微博与微信作为当前竞争最激烈的微媒体形式,也不断变化出新的动向,以此适应用户需求。我们可以根据微博自身的特点,借由微博素养的提升,实现大学生和大学自身素养的提升。

第一节 新时期微媒体的发展

21世纪随着科学技术的迅猛发展,以微博、微小说、微信、微电影、微电台等为代表的"微"事物逐渐占据互联网平台的最前沿,其去中心化、草根化、开放式的理念,吸引着庞大的用户群,构建出强大而独特的草根媒体力量,现代中国的"微时代"悄然而至。在Web2.0时代,以博客为代表的网络日志成为媒体,许多微小的博客所组成的信息传播网络也成为一种媒体,并且后者的规模已经到了我们不可忽视的程度。表面看起来,微媒体是大的或更加庞大系统媒体的缩小与微型化,但是实际上,微媒体代表了一种新媒体形式的革新,体现在外形上的"微小",但其内核是传媒本质的递进和升级。并且更重要的是,微媒体跳脱了传统媒体的诸多局限,基于微观、微小、微波的特征,形成宏伟宏观、宏大的传媒效果,向着自由、低门槛、大众化、平等、自主化的方向发展,这个与所有传统媒体都不同。微媒体之所以见微知著、以小博大的关键是其聚群效应,由许多独立的发布点构成的网络传播结构,形成微媒体。微媒体涵盖的是大量个体组成的网络结构,只理解为个体失之偏颇，并且理论上应该有一个数学模型可以计算出数量的下界。而习惯上，我们把新浪、搜狐那些门户网站称为媒体，它们是由大型企业运营的；相对网站而言，个人运营的规模较小的一个媒体则是微媒体。目前以微博客、微信息等为代表的媒体丰富了微媒体的范围和使用面。相信以后会出现更加丰富多彩的微媒体形式。

一、微媒体的产生和发展

以微博为代表的微媒体，经历了异军突起的过程。从 2009 年内测开始，经历 2010 年整年，微博受到追捧，并迅速扩张用户群，形成一股增速巨大的媒体力量。但是微博出现之初，在多数人眼中，微博仍不过是博客的变种，有人将微博理解为"迷你博客"。然而事实并非如此，微博以其独特的传媒体系继承了博客的部分优点，也发挥了自身的优势，产生不同以往任何媒体的效果。微博媒体因其优势赢得了广大用户群，早在 2011 年 10 月，中国微博用户总数就达到 2.498 亿，成为世界微博第一大国。

当大部分媒体用户人群接触、使用微博的时候，微媒体将成为最能概括微博前世今生的一个词。这可以从微博产生前的几类新媒体的发展足迹看出。BBS 强大的互动评论作用，依然被微博借鉴，类似 BBS 形成的良好的发帖与回复的互动方式为微博形成奠定了基本的沟通互动模式。也正是如此，微媒体上的嬉笑怒骂与称赞批贬都成为网络语言生活的常态。即时通信工具合理的设计、良好的易用性、强大的功能、稳定高效的系统运行，赢得了用户的青睐。QQ 方便了人与人随时随地的沟通，其时效性不可替代。微博沿袭了 QQ 的高效性，研发微博桌面，通过微博关注与被关注，形成所谓的"粉丝好友圈"，实现了信息交互。博客作为微博最近的近亲，历经了自身的起伏变化，但是博客毕竟具备可读性和知识性，尤其在新浪博客提出"精英博主"概念之后，其文化和知识深度使得博客走向偏高端、精英化。而微博在这一点上很好地创造了 140 个字的平民化模式，人与人的知识鸿沟在短小篇幅中不至于差距异常，也有利于非精英知识分子群体可以快速发布媒体信息，不受含金量与篇幅的阻碍。手机新媒体是传统媒体和电信媒体联姻的成果。手机报是新媒体平台在物理介质上的完全改变，拜托了地域和环境的诸多限制，具备灵活性和移动性。微博开发手机运用客户端之后，随时随地随手拍随手发布使其较之传统媒体更具实践触角。2009 年 8 月中国门户网站新浪推出"新浪微博"内测版，成为门户网站中第一家提供微博服务的网站，微博正式进入中文上网主流人群视野。现如今，中国作为世界第一大微博用户国，已经形成了强大的微博社会。在新媒体这样的家族谱系中，微媒体是最新的成员，也是最小的成员，却是产生之后对当前社会影响最大的成员。

微博之所以能异军突起，在于其对互联网性质的最大限度发挥。作为不折不扣的"微运用"，微博的力量来自其"微传播"特征。正是在微博的"微结构"基础上为个人提供的功能强大的个人独立平台，空前强化了个人在线活动的空间和自由，才从根本上冲击了个人参与社会传播的传统格局，进而催生了微媒体。首先，微博运用了在线网民的注意力这一关键资源。如果将互联网看作一个庞大的生态系统，那么在其中活动着的"人"才是唯一具有能动性的核心主体，互联网必须为每个个体提供基本、平等而充分的平台支持。在互联网中，被"互联"在一起的有信息、知识，有资源、价值，有终端、通路，但其中价值最大、最具生命力的资源还是无数在线的网民和机构。其次，微博运用了在线网民与组织间的关系。互联网在本质上是一种涵盖全人类的关系型宏观结构，而微博在本质上是一种联系无数网民的关系型微观运用。微博对于"关系"的影响和作用，从根本上是与互联网的本质属性、技术性质、历史趋势完全一致的，因此，可以轻易地凝聚、激发和利用互联网的强大力量和庞大资源，这也是微媒体异军突起的根本原因所在。

个人在互联网上的独立平台，必须能超越单一网站的利益藩篱和信息割据，能帮助个人无拘无束、自由自在地在互联网中遨游，与此相联系的愿景就是实现"无处不在的联系"的"全息"的互联网。微博就是互联网中的"细菌"，以其易建立、易维护、易上手、易外接、易升级、易调整等一系列灵活的适应性特征，在目前的诸多互联网运用中占据了不可替代的地位。微博产生之初，人们已感受到细菌一样无微不至的微媒体的强大渗透力。微博产生之后，微博将帮助互联网打通经脉，向"全息互联网"时代加速迈进，这意味着更加凝聚和有机的在线关系、更加快捷而广泛的在线联络、更加方便和智能的在线服务与更加精准和细致的在线结构。因此，微博媒体暴增的形势下，高校将其视作开拓思想政治教育的阵地，运用其思想引领的功能，是恰到好处的、符合潮流的。

二、微媒体在思想政治教育方面的运用

微媒体最先进入高校是源于大学生群体中对微媒体在社交上的使用，逐渐地，微媒体中大学生、大学教师、学者、知识青年的比重不断上升，用户使用习惯较为固定，稳定的微博圈就在大学校园中形成了，这时，随着组织微博、官方微博等账户的注册，一个完整的高校微媒体圈逐步成型。综合比较发现，微博的使用可以分为大学生与大学两种主体视角，二者相互作用，却也有各自的微博领域。

（1）高校大学生对微媒体的运用。大学生从接触微媒体开始，主要以其社交便利性和娱乐的时尚性为理由，加之微媒体突然流行产生的从众效应，使得大学生成为最早的一批微媒体用户，并且也是主流用户之一。例如，目前来看，大学生运用微博主要活动有：首先，关注感兴趣微博。对于业余爱好或者人文、娱乐等较为喜闻乐见的微博，总是在浏览之后随手评论、转发、称赞；兴趣微博表现了大家活跃在微博上的日常动机主要偏向对于新媒体娱乐性和志趣性的捕捉。例如故事、短评、笑话、问答等小段落内容，总是吸引来志趣相似的微博关注。其次，获取最新资讯。微博平台一个页面刷屏之后，最新的资讯立即呈现，并且达到足够关注量之后，每一秒都可能有新的微博出现，最新最快的资讯都是在前几分钟或几小时内发布的，且随着资讯深入挖掘，持续引起传媒效应。帮助大学生不出门而知天下事的工具，非微博莫属。再次，表达情感分享。大学生在马斯洛需要层次

理论中，对社交和感情的需要比较明显。大学好友圈一定程度上转化为微博好友圈，好友中有相同志趣对于微博话题容易产生共鸣。通过微博的分享将搭载在资讯上的情感也一并发布、传递。最后，大学生通过微博和认识的、不认识的，熟悉的、不熟悉的人进行沟通、交流和互动，通过微博搜索好友，找到了老同学、新朋友，使得社交圈成倍数无限制增长，最终扩展社交圈和人际网络。

（2）高校对微媒体的运用。随着高校官方微博的渐渐开通，微博这一新兴物质技术和校园文化这一传统概念逐渐结合，官方微博成为一所学校在微博世界的现实存在开始受到越来越多的关注和应用，其在传播过程中也对高校文化建设产生前所未有的新影响。高校微媒体作为高校与外界沟通的新平台，利用微媒体展示学校形象是其主要功能之一，其传播方式具有裂变式和跟随性的特点，更适合作为高校形象的窗口进行宣传。同时高校微博作为校方了解学生、融入学生的高效渠道，有利于学校了解学生动态并及时与学生进行沟通和交流，从而促进学生群体的良性发展。微博作为一种平等交流的社交媒体平台，为学校、老师以及学生展示个性和表达意见提供了途径，有利于加强老师、学生以及校方三者的沟通，也有利于高校之间进行交流，从而促进教学。再者，学校微博的主要目的是服务学生。通过高校微博，学校可以收集学生在微博动态中折射出的生活、学习和就业方面的难题并提供帮助。高校微博可以整合校友资源并且利用各种新资源，为即将毕业的学生提供就业指导等实质性的帮助。从目前的使用来看，微媒体在思想引领上的运用具备广泛的基础，每一种微博运用的平台和方式，都可以融入思想政治教育的因子，达到思想引领的效果。

总结起来，学校可以通过微博渠道服务同学，组织线上活动，形成良好的网络环境；组织线下活动繁荣校园文化，生动展示工作成果。微博还可以用作危机公关的处理，树立大学良好公共形象。高校要充分利用好官方微博这一新载体，充分发挥其在和谐校园文化建设中的作用，努力建设体现"微博时代"特征和学校特色的校园文化，不断促进校园文化的良性可持续发展。

三、微信与大学生思想认知的新培养

微信是一种高效的即时通信工具，具有零资费、跨平台沟通、显示实时输入状态等功能，与传统的短信沟通方式相比，更灵活、智能，且节省资费。微信完全免费，任何用户都可以免费下载应用软件，在使用过程中只需要支付给运营商少量的流量费，所有的功能不需要额外付费。它支持二维码扫描、邮箱绑定、朋友圈功能、推送功能等，任何用户都可以通过微信公共平台创建自己的公众账号，而且名字可以重复。通过公众账号，可以方便地实现信息发布、共享、推送等功能。微信不仅拥有传统双向确认关系，还可以进行单向信息传递，这种联系打通了人脉，将人与人的关系稳定化、延展化，使网络社交关系与现实世界关系——对应起来。随着新媒体的迅速发展，手机等新兴媒体的发展越来越受人们关注。现在微信坐拥近 4 亿用户，而其中大部分使用人群是年轻群体和学生。对于现在学生来说，手机不仅仅是一个聊天工具，更是一种生活方式，它也深深地影响着大学生们的学习生活。微信使得传播的每一个信息和问题都呈现出多维的态势。由于了解信息的渠道与接触面扩大，接触不同的观点更多，接触信息更加直观，使得大学生认知世界更加积极自主。

思想认知新的培养就是移动学习，可以简单理解为利用移动设备进行学习或者学习者在移动时进行学习。传统观念认为，移动学习具有不受时间、地点限制，以及个性化服务等优势，但同时也存在由于手持移动设备的硬件条件有限（屏幕小、无键盘等），图片等多媒体信息无法在这上面显示的缺陷，而这些信息对于学习理解知识往往是必不可少的。虽然在国内，移动学习已经有了一定的应用，但是仍然有较大的增长空间。目前，制约移动学习进一步发展的瓶颈主要有智能终端普及率还有待提高、移动网络资费偏高、移动学习资源偏少与连续性差等。微信的出现推动了移动学习，给予大学生全新的认知培养。微信中的 APP 应用如同书本和课件一般，可以辅助大学生完成背诵单词、阅读长篇著作、定量完成研究计划、辅助做好文献综述等学习活动。只要在手机上安装了微信应用，就可以免费使用微信提供的功能，只需要付出较少的流量费。这是移动学习的现实基础。同时，微信现有的约 4 亿客户的规模，提供了一个较为广阔的应用平台，一旦有用户将相应的教育资源上传或共享至微信平台，所有用户都可以使用教育资源进行移动学习。这样的资源库无疑推动大学生进入全新的"易得、易达"的学习状态。因此，微信特别适用于互动式的学习。考虑到现在的生活节奏较快，不论是教师还是学习者，都无法抽出连续的时间进行一对一的沟通和学习。而微信所提供的免费聊天环境和实时留言、消息推送等功能，适合学习者随时随地地向教师提问，以及教师对学生反馈的快速响应。教学双方在留言交流中，可以实时地建立一对一的沟通环境，而无须专门预约和安排。

另外，在教学互动和同学交流方面，微信平台提供朋友圈功能，是传统教学模式的良好辅助。任何一个在现实中实际存在的班级学习组织，都可以通过微信平台提供的圈子在网上建立实时交流和分享的平台。微信平台可以通过其强大的分享能力，将网络上的所有教学资源整合起来。通过二维码、推送等功能，学习者可以通过微信连接到互联网上的几乎所有学习资源，进而实现了学习资源的有效利用。通过班主任和教师发送推送消息，可以实现学习内容的快速分享。而不同兴趣爱好者之间通过搜索功能，也可以在微信上建立虚拟班级和虚拟课堂。由此可见，微信本身并不是类似数据库一样的一个学习资源载体，而是一个可以快速整合网络学习资源的强大平台。

微信作为网络资源的传播者，其在移动学习中的作用类似于"中介公司"。虽然它无法对移动学习资源本身进行改善和优化，但是它通过良好的使用体验、庞大的用户群体、方便的传播平台，为移动学习者提供了更多的学习选择和更加丰富的交流方式。微信是一个拓宽认知的平台，方便阅读网络上的各种信息以及方便交流。微信是一个方便的读书渠道，内容丰富、阅读简易、涉及面广。广大学生可以利用微信学习和阅读，以拓宽认知或促进学习。微信所传达的虽然只是由几句短话、一张图片等组成的微小信息，但信息的内涵却十分丰富。由于微信特殊的信息传递结构，即通过关系的亲疏决定传递的层次，所以微信的使用者在很大程度上接收的信息都是来源于自己的交际圈子。基于以上两个特点，教师通过推送信息等方式与学生进行平等交流和答疑解惑，很大程度上拉近了师生之间的距离，在虚拟的平台中，师生的信任关系也在交流当中逐渐构建起来。高校的思想政治教育工作者也可以使用这种方式，号召高校学生会、团委、社团联合会等学生组织，建立公共账号，给学生传递就业信息、爱心贴士或利用自动回复功能完成场地申请。思想政治教育工作者们应尽己所能帮助学生贴近学校、社会，在最大限度上方便学生，通过在微信平台上的互动交流建立相互的信任关系，从而培养学生对思想政治教育工作的新认知。

第二节　微媒体思想政治教育的交互范式

一、微时代思想政治教育的范式初探

微时代，我们进行思想政治教育工作必须摸索出固定的模式，为进一步进行思想政治教育工作提供稳定的参考坐标系。然而，我们必须尽可能全面、客观、公正地看待"微时代"的各种特质，从中取长补短，探寻微媒体的行为模式和思维模式，使其成为我们日常生活中社会交往、愉悦心情的好帮手和好管家。就目前来看，微媒体与手机 Android 系统、iOS 系统联系紧密，通过电脑、手机上安装定时发布软件（如皮皮时光机），应用与自己的兴趣爱好相关的主题软件（比如微音乐、微游戏、冷笑话、团购），是多数用户会做的选择。由此在思想引领上，遵循大学生需要，摸索出其中娱乐与心理满足，是一个基本点。再者，社交网络满足了大学生的第二层需要。Facebook、人人网等开辟了大型的交互平台。人与人被尊重、被认可的心理是引领的关键。最后，微媒体短小精悍，通过把大学生或者大学老师当下的状态广而告之，有意或无意地引领着粉丝前来围观，带来了"围观时代"。在围观中，获得知识，共鸣情感，熏陶意志。

微媒体进行思想引领的范式，不同于教科书式的"长篇累牍"，也不是大字报式的"字字珠玑"，而是多了一份亲切，更接地气，也更具有草根味。在微博上，140 个字以内的浏览大多只是一瞥，如果字句晦涩深奥，这样的微博是失败的。事实上，大多用户偏好短句，寥寥几句甚至一句话足矣。许多用户喜欢评论、转发、@ 一些言简意赅的内容，喜欢看视频与图片，这种直观的方式无疑迎合了快餐读图时代的需要。这样的范式也引起我们注意"转化理论"，将原本具有理论门槛的字句，转化为人们易于接受和理解的字句，真正实现知识和见解的大众化。

二、微时代思想政治教育的交互范式

在微博平台快速发展的时代，思想引领的沟通作用、交互影响作用愈加明显。从目前各高校对微博进行思想政治教育的路径来看，可以实现微博服务、微博引领、微博育人、微博公关、微博课堂、微博传递、微博民主等思想政治教育方法，并且诸多方法共通之处在于其交互作用不可替代，胜过以往任何一种媒体形式。

（1）微博的交互式育人。微博互动育人方式超越单向度的知识传输和主客体、被动主动的困境，使得育人方式变得多向。一个育人话题可以由微博博主（大学老师）发起，也可以由同学发起，但是必定是有多位同学自由参与的，在评论中见解得到"举手"表达，在@中点名"提问"变得便利，完全是另一种教育模式的变迁。可以确信，微博能够形成更加高效快捷、覆盖面广、影响力强的育人平台和育人效益。

（2）微博的交互式服务。微博中，学校官方微博、院系部门微博社团微博、班级微博、团委微博、学生会微博、广大同学的个人微博，逐渐完满丰富之后，现实中的世界便在微博上得到了充分的代表和比拟。"微博校园"将通过架设学校与广大青年学生之间扁平化、快捷、精准的交流沟通平台，辐射形成学校领导、机关各部处、各级行政部门、教师员工和青年学生共同参与的网络育人环境。学校各职能部门在微博一线与学生面对面交流的过程中，将为学生解决最直接、最关心、最现实的问题作为工作的出发点和落脚点，形成了"去官方化"主动服务同学的鲜明风格；学生工作一线管理人员树立起以生为本的工作理念，努力成为学生思想上的"知情人"、心灵上的"知心人"和生活中的"贴心人"，有效提升了服务成长的作为空间。与此同时，还应加强信息管控。以服务学生为切入点，发挥学生发展与服务中心主体作用，建立全天候、全方位微博信息监控制度，可以指派专人微博监控校园网络舆情，及时收集了解学生对学习、后勤、安全以及教育管理等方面的意见和诉求，防止微小问题复杂化、微小矛盾激烈化。

（3）微博的交互式带动。微博作为新兴媒体，已发展成为青年学生沟通、联络、聚集的重要平台，是高校思想政治教育工作者了解青年学生思想的重要窗口。高校通过微博体系建设，紧扣思想引领目标，立足微时代的思想潮流面对新机遇、新挑战，积极响应、及早介入、主动作为，通过正确、积极、健康的思想、文化和信息，切实有效地占领网络思想阵地；通过政工干部、专业教师的微博发布工作心得、生活感悟、励志信息等，积极、正面地引导广大学生明辨是与非、真与假、实与虚；通过丰富微博内容、创新活动形式，将思想政治教育融入青年学生喜闻乐见的"微"活动当中，有效提升了校园网络文化的吸引力、感染力，增强了思想政治教育的时代性、实效性和主体性，实现思想引领的润物无声。微博时代思想政治教育的交互之处还在于有效传递微博正能量，使其呈倍数增长趋势。另外，发挥校园"微"体系集聚放大优势，可将学校相关官方网站与微博、微信绑定链接，实现学生思想教育、心理健康、就业创业等信息同步发布、同步共享，及时传播党和政府的主流声音、国内外重大时事、相关政策动态等正能量信息，经过微博裂变式转发评论，进而形成上下一致、口径统一的思想舆论导向，牢牢占领网络思想高地。

（4）微博的交互式管理。所谓"管理"，就是要管更要理。"管"靠的是制度，"理"靠的是情感、精神和人格。高校管理者，既是管理者更是教育者，而教育之精要在于以人为本。微博平台为各职能部门及时发布评优、奖助、就业等与学生密切相关的信息提供了快捷渠道，有效规避了以往上传下达、交流反馈中存在的信息走样与滞后等问题。学校职能部门通过微博，更加主动地走近学生、了解学生，重视学生意见，及时主动作为，使育人工作更具针对性。学校职能部门也在微博实践中，形成了心中时刻有学生、以生为本的工作作风和工作理念，由"管理者"变为诚心实意的"服务者"，从过去管理学生为主，转到更加侧重为学生服务、为学生提供帮助、为学生解决困难为主上来。高校管理者在微博中实现与被管理者的互动，可以随时随地跟踪、改进并完善自己的管理行为。

（5）微博的交互式教学。微博可以延伸第一课堂，创造便利互动的第二课堂。微博所提供的自由性、开放性、多选择性的课程是对高校第一课堂课程的延伸、补充和发展，具有广泛的、生动的教育效果。福建师范大学各级组织积极以微博为平台，打造丰富多彩、生动活泼的网络课堂。如理工科专业立足专业需要，发起"微实验室"微学习活动，增进师生交流的广阔平台，达到了实验室内外延伸；文学类专业开设"墨韵·书香"微博荐书活动，由专业老师为同学们推荐书目，并在微博上共同探讨读后感，形成读好书、好读书的氛围，推动优良学风建设。第一课堂与网络课堂相互补充，老师与学生教学相长、交互教学。

（6）微博的交互式民主。充分交互性也使微博成了民主发育的良好土壤。在微博中，公民素养得到提升，他们了解了民主、学习了民主、接触了民主、践行了民主。高校应该借助微博的交互民主渠道凝聚发展力量。民主管理是建设现代大学制度的基础。学生是学校的主体，微博架设起学校与学生互动的畅通渠道，同学们在微博上反映问题、请求帮助，学校通过微博发现问题并及时解决，促进了学校民主管理和民主建设。通过微博报名、微博提问、微博直播等方式，配合线下学校建设与服务咨询，使微博成为倾听学生心声、了解学生动态、引导学生参与学校民主管理和民主建设的平台。微博体系建设畅通了沟通机制、消除了误解偏见、增进了理解信任，化解了危机困境，使得师生关系更为融洽，民主意识更加浓厚，人文关怀更加深入，校园氛围更加和谐，已然成为学校完善现代大学制度的重要途径。

（7）微博的交互式公关处理。微博将虚拟世界和现实世界的纽带连接，形成了层层覆盖、级级联动的体系，这也成为学校了解苗头性、潜在性学生动态的窗口和平台。在群体不稳定时期，微博可以随时监测突发性微博骚动。例如对高校某一做法产生误解之后的大面积"吐槽"，官方微博必须第一时间提供权威信息，表达解释、调查、歉意等正向意见。大学生对校园政策制度出现消极抵触情绪时，校园团学骨干也可以微博体系为载体，以积极正面的声音引导微博舆论导向，形成了正面思想引领的聚合效应。平时管理中，通过微博昵称、微博吉祥物、微博管理员（主页君）等亲切形象，也可以处理好公共关系。微博的交互公关必须在充分交互的条件下，以往单方面官方的一个通告，甚至不发声，都不再适宜，必须在微博平台充分互动、转发、发布，让更多同学知晓实情，消除误解，从而得到广大同学的认可和信任。综合来看，在高校中，微博在思想政治教育方面的交互作用明显，已经形成了特有的交互范式，值得广大思想政治教育工作者学习、借鉴，并不断完善。

第三节　大学生微媒体思想政治教育的经验研究

一、大学生微媒体思想政治教育的经验分析

福建师范大学校团委通过一系列举措促成新媒体的体系建设。例如不定期举办"网络与青年担当"等微论坛，为青年学生提供健康有益、丰富多彩、方便学习工作生活的信息内容，使微博成为传播积极健康向上信息和文明理性表达意见的新平台。在学雷锋月期间，福建师范大学学生会微博每天就定期发布有关学习雷锋精神的微博，倡议开展学雷锋微行动，把学雷锋的感悟、《雷锋日记》的精彩语录等发布在微博上，起到了较好的引领作用。

为了把这台戏唱好，学校团委在选拔一批新媒体素养较高的学生组成管理队伍之后，还聘请学校有关职能部门负责人、传播学和法学教授，以及微博运营商担任顾问，对微博管理员进行微博营销、微博定位、内容筛选、语言运用等业务培训。

该校专门成立了微博管理服务中心，制定了微博管理条例"微八条"，并面向全校征集确定了徽标和服务口号——"微观天下，博采众长，随时随地分享师大点滴"。组建学生联动助理队伍，建立联动助理与联动中心成员单位对口定向联动制度，由联动助理专人专项追踪学生意见诉求的协调处置进展情况，努力做到有关学生意见诉求第一时间在微博上响应，相关成员单位协调联动，及时处置解决、反馈结果。华中科技大学微信账户"华小科"成为信息推送的关键动力。微信公众平台于2012年8月18日正式开放，新媒体中心开通高校首个官方微信，并推出"华小科"这样一位活泼可爱的萌妹子形象进行虚拟运营，通过互动娱乐节目、萌妹子道晚安等吸引人气。经过半年的持续运营，"华小科"已积累过万名粉丝，成为高校新媒体界的大明星。由于形式新颖、简单有趣，很快受到大众特别是年轻人的欢迎。许多企业和媒体陆续开通微信公众账号，与网友互动，微信也成为继微博之后企业新媒体营销的新阵地。而公众账号更可以通过后台的用户分组和地域限制，用文字、图片、语音等多种形式实现精准的消息推送。

二、大学生微媒体思想政治教育的经验的实现路径与启示

在福建师范大学微博建设的方面，我们得到的实现路径和启示是：

（1）注意工作制度和机制的建立健全。"五微五阵地"微博体系建设建立起网络化和矩阵式的微博体系和信息化的工作机制，保证了全校微博体系能在短时间内实现整体联动，达到"一呼百应"的效果。形成一套行之有效的办事流程，建立起微博值班人员联动的诉求处理渠道；注重问题接收、处置的机制，加强微博信息监督和网络舆情监控。

（2）注意微博管理的组织人员建设。成立由校领导、主要职能部门负责人组成的"福建师范大学微博管理服务中心"，为微博体系建设提供坚强的组织保障。邀请微博运营商、技术专家等担任业务指导员，为微博体系建设提供技术保障。为微博管理服务中心提供固定办公场所，配备电脑、相机、无线上网卡等设备，为微博体系建设提供后勤保障。

（3）注意信源的权威性、信息的服务性和教育性。各组织微博内容来源于官方网站、正规渠道，由专人审定发布内容，为青年学生提供健康有益、丰富多彩、方便学习工作生活的信息内容，使微博成为传播健康向上信息和文明理性表达意见的新平台。信息内容应该发布生活服务、校园资讯、主题活动、宣传教育、思想引领、危机公关等与同学们息息相关的内容，从而提升服务水平。与此同时，发布内容应该体现教育性，蕴含深刻的思想教育内涵。

（4）注意微博网上、网下两线作战、联动并进。重视推进网上、网下的活动设计，依托新媒体平台，开展富有思想内涵、融合时尚元素、学生喜闻乐见的活动。重视双向、多向的交流和互动，让人人可参与、易参与。网上的活动打破了时空的界限，网下的活动激发了参与的热情，网上网下联动并进，扩大了活动的覆盖面与影响力。

（5）要注意微博文化的熏陶与营造。大学借助微博这一载体，可以成立微博协会，开展微博"感恩教师节"、微博"学雷锋"、微博好书分享等微活动，提供微博迎新、微博寻物、微博维权、微博资讯等微服务，举办微论坛，推动良好的微文化在校园形成。有疑问，找微博解答；有困难，找微博解决；有想法，找微博交流；有问题，找微博反应；有倡议，找微博转发等，这样就形成了良好的微文化。

在华中科技大学微信建设方面，具有全然不同的"微媒体观"，形成了鲜明的微信工作特色。我们得出的实现路径和启示是：

①信息推送满足学生需求。以上功能实现都依托于一个微信公众号，通过点对点推送的方式满足用户需求。公共微信账号可以根据用户的系统信息按照关键字回复的方式发挥成绩查询、课表查询、教师评价等一系列功能，极大地满足了同学们的学习、工作需求。微信失物招领也是一项新兴功能，与开放性较强的微博不同，微信具有点对点的特性，同时实时推送功能也在很大程度上取代了手机短信，无论是主动接收还是被动推送都能接收到相应信息，保证重要信息不遗失、不漏读，体现出微信的便捷性和时效性。微信推送免去了学生自主寻找有效信息和资源的麻烦，节省搜索时间，联动了最佳信源和受众的结合。

②社交工具影响师生关系。微信工具整合了多项软件功能，并融入了自己的特色，让计算机通过代码模拟人工操作，更加方便快捷地实现手动程序。微信查课表、看成绩、看给分，可以让高校同学随时随地了解成绩变化和学习进度，加强师生间的线上互动，打破

以往师生割裂的尴尬局面。微信看校花、搜照片、天气查询以及查看校内新闻，也体现出微信独有的优势。手机定位结合 3G 上网，配合社交网络可以任意查询生活资讯，真正做到足不出户也能了解校内外天下事。微信工具通常通过与教务部系统等多项接口相连接，实现信息查询、资源共享。用户只需要在微信上关注某一账号，便可实现应用所拥有的全部功能。随着微信工具功能日渐完善、数据库更新速度加快，它提供的信息也更加全面、可靠，也可以让用户更加广泛、快速地获取信息。

③吐槽途径来缓解心理压力。虽然微信工具的工作原理一般人难以说清道明，但是其产生的社会效应却不容小觑。"微信漂流瓶"一经推出，便在学生中引发了极大的反响。短短 3 天时间里，微信后台的回复量就达到 4 万条，让许多学生爱不释手。从后台反馈的数据来看，求男女友、树洞吐槽等占据了漂流瓶的主要内容，这种情况超出了笔者的预期。在传统观念中，社交工具较容易泄露隐私，或是和一些陌生网友之间存续着微妙的关系，所以一般情况下用户不宜在此类开放平台中发布过多个人信息，以免造成一些尴尬和误会。但从微信助手取得的巨大成功来看，学生群体并不忌讳把微信当作树洞，因此，微信吐槽也可以成为释放压力、舒缓心情的途径。凭借其漂流瓶功能实现陌生人之间的对话与交流，在某种程度上也可以扩展青年学生社交圈和人际网，让学生群体了解更为宽广的大千世界，克服对未知事物的恐惧感。

④使用便捷助力的现场播报。与微博墙、人人墙不同的华中科技大学微信墙无须向微信官方申请，只要凭借日常微信公众号就可以实现。该微信墙适用于小型沙龙会议或是互动性较强的大型活动，具有很强的可操作性。比如针对高校毕业典礼、团委素质拓展活动，微信墙的建立可以实时反馈现场情况，同时可以有效避免微博墙"刷屏"的现象，尽可能保证所展示的用户评论较为符合恰当，免受营销广告的影响。微信的"摇一摇"功能可以实时查找附近的人，同时通过摇动手机寻找在同一频率的人，如果运用于抽奖环节，则可以使游戏变得兴趣盎然。同时，由于是否使用微信、是否使用"摇一摇"功能都是随机的、不可预知的，也可以增加抽奖结果的公平公正性，提升游戏对参与者的吸引力，彰显高校团学活动的价值导向性。

第四节　微媒体下大学生思想政治教育的发展预测

一、微媒体的新动向预测

以微博为代表的微媒体的迅速崛起，一个重要原因在于它是一个很"轻"、很简单的应用，进而可以让最大范围的人群都用起来得心应手。但是很"轻"、很简单的产品形态也带来了一个关键问题，那就是对于微媒体这样的生态系统参与者来说，"微博世界"给他们的空间和舞台是比较单一的，这将直接影响其商业模式的承载力。微博与微信作为当前竞争最激烈的微媒体形式，也不断变化出新的动向，以此适应用户需求。例如腾讯微博在用户突破 1 亿之后，随即不断提升功能，相继推出邮件分享、本地上传视频、图片版微博、开放式上墙等服务。2013 年，新浪微博在其私信功能中增添了选择项，如关注某电商的官微，就可以通过私信直接查询订单信息；关注某航空公司的官微，就可以通过私信直接查询登机信息、办理登机牌；关注某饭店的官微，就可以通过私信直接订餐等。而微信在功能拓展上更是不遗余力，最新增加的功能包括把图片从电脑摇到手机上，通过语音搜索联系人，智能识别二维码名片，常用聊天可置顶，成为密友、常客等。可以说，在不断变动中的世界，微媒体是变动的敏锐反应者，甚至是领跑者，但是归根结底，却是对用户需求的不断追索。

二、微媒体思想政治教育的问题预测

微媒体产生至今，产生了一些问题，这些问题暴露了新媒体时代的不足，也指明了新媒体时代改革和完善的方向。从国内第一家微博平台——新浪微博上线至今，"围观""直播"已经改变了人们的日常生活。而随着用户量的不断增长，微博也在影响着商业世界的运转轨迹。然而，由于没有一套与之相适应的影响力评价体系，在微媒体这个社交媒体新领域，人们单纯地以是否加"V"、粉丝数量多少等标准来评判一个微博 ID 的价值，于是大众被这些外露的硬性数据所累、所迷惑，以至于出现一些非理性、非常规行为，而微媒体思想引领过程中所带来的问题也就应运而生。

首先，是系统上的粉丝问题。粉丝起源于微媒体在当今的媒体属性。粉丝数量直观上看就相当于一个微媒体的订阅数。当用户关注了某个 ID 时，就相当于自愿接受其发布的信息。从理论上而言，粉丝数量越大，覆盖面越大。而这个"订阅数"就如此"透明"地悬在头像下方，为潜在订阅者提供了判断的佐证，并时刻敲打着微博博主的"虚荣心"和其作为微媒体的价值。特别是当微媒体的概念兴起之后，粉丝买卖的生意悄然诞生。这无疑降低了微媒体的信用度，夸大了其影响力。微媒体将成为未来新媒体的平台甚至成为互联网的入口，这些都毋庸置疑，但在建立游戏规则之时就出现无数破坏者和践踏者，只能将微博从原本前景美好的预定轨道带离。

其次，是微博上的管理问题。微媒体平台提供的只是一个用户池。在微博发展初期，微博博主追求的还是如何从中吸引到足够多的用户，之后可能会考虑如何吸引到足够多的目标用户。内容组织、黄金时段发布、关键传播节点的转发，注重打造影响力的微博账号需要诸多因素的互相配合。微博目前还不是做广告的平台，做品牌、做形象、做影响力、做危机预警、做客户服务、做消费者信息对接才是正确的。最近新浪微博试水的广告业务，极有可能对用户体验造成冲击。微博应该追求的是影响力和微博质量及其价值观。从"唯数量论"到"唯价值论"，微博未来在传播中的价值才能真正释放，一个健康的微博生态体系才有可持续发展的基础。总之，微媒体价值要避免走入歧途，它不应该是流量模式的另一个新边疆，也应该是具有更优质组织架构和传播效能的社会化媒体，并迸发出比传统流量型媒体更具技术含量的价值。

三、微媒体思想政治教育的新对策

媒体作为党和人民的喉舌，在传播信息的同时，也承担着促进社会和谐稳定、推动社会文化发展的重要责任。那么在"微时代"引领社会潮流的今天，微媒体思想引领应该选择怎样的突围路径和应对策略？尤其是在面对当前大学生的思想政治教育问题时，必须对症下药。

（1）必须坚持思想政治教育的方向性，发挥微媒体的引导责任。新闻传播的覆盖面积决定了新闻的影响力。微博作为微时代下最重要的舆论载体，拥有上亿用户。通过"关注"和"被关注"的方式，用户之间相互结成网状联系，新闻信息则以扇状加链状的方式迅猛传播。"匿名性"作为网络本身的重要特征，赋予了大众自由发言的权利，从而促使微博用户大量情绪化、非理性的内容充斥微博，形成舆论高地，极易引发社会恐慌，使社会稳定受到威胁。而媒体作为公众获取信息的主要来源，应以公共利益为核心，在舆论引导方面承担起重要的责任。媒体传播内容上，借助"微言大义"，唱响时代主旋律。微博红人的相同点就是：巧妙借势于微博，将之视为发表时代新潮观点和见解的绝佳平台。因此，媒体传播要发挥时代主旋律作用，就应借助微博平台，借助"微言大义"，在微博红人中寻求新闻事实的最新态势，紧扣时代脉搏，综合具有典型时代意义的观点，形成多信息点、多层面的综合新闻，以综合优势突出报道重点、造成宣传声势，力求做到新闻层次分明、主题突出，最大限度地符合读者要求，给读者留下深刻印象。

（2）必须坚持体制机制的设计与建设，注重微媒体的规范管理。微博管理的规范性需要制度来明确。我们必须努力在抓好顶层设计上下功夫。突出对高校微媒体系统的覆盖，将全校微媒体系统纳入学校发展建设的规划当中。并且，做好微媒体系统之间的科学联动。同时，努力在抓好队伍建设上下功夫：一是注重微博管理人员的选拔。综合运用笔试、面试、综合考核等选拔方式，为微博体系的运行提供充足的人员保证。二是强化业务培训。先后举办"微博管理人员培训班""业务培训会"等。三是注重校外交流。组织微博管理团队走出校门，与知名社会微博和兄弟高校等微博管理团队开展交流学习、工作研讨，从而实现微博管理的规范性。

（3）必须坚持思想传播的价值性，发挥微媒体的宣传作用。微媒体带来信息传播方式颠覆性变革的同时，也对媒体带来了冲击和挑战。微时代我们要加强互联网新闻的宣传工作，努力掌握网上舆论引导的主动权，使互联网站成为传播先进文化的重要阵地。深入研究各类受众大学生的心理特点和接受习惯，主动设置有价值的议题，加大舆情分析力度，善于因势利导，创造良好的舆论环境。通过这些平台切实把党的方针政策、重大部署和大学生的利益诉求体现出来、宣传出去，对大学生的思想情绪、价值判断和行为选择进行正确的引导，实现主流思想、教育理念、舆论引导与微时代之间的逐步对接和融合，潜移默化地产生正面的舆论引导效果。

（4）坚持微媒体环境的净化，发挥监管澄清的作用。微博世界纷繁复杂，信息良莠不齐，粉丝身份复杂，为此必须提高大学生微博使用的素养，为营造清晰明确的微媒体环境贡献力量。在微博发布上注意信息的真实性、权威性，转发微博和评论微博时注意观点的客观性和谨慎性，遇到谣言和不良信息坚决不转发、不扩散，遇到正能量则坚持散播、传递。学校层面还可以建立"发现—上报—解决—反馈"的工作流程，从问题接收、问题处置方面下力，加强微博信息监督和网络舆情监控，及时发现问题，并迅速判断，准确把握，快速应对，及时澄清，防止负面信息扩散；也可编辑《微博舆情参考》，将普遍性、有苗头性的舆情及时上报监管部门。

（5）坚持对微媒体的讨论研究，发挥微媒体氛围的熏陶作用。微媒体的繁荣离不开文化氛围的带动，也是我们进行思想政治教育的良好背景。微媒体具备很多尚未发掘的功能和可利用进行思想政治教育的路径，都值得我们调研探索。正确认识并加强对新媒体的研究，有利于把握新媒体时代的规律性，是思想政治教育占领网络阵地的前提和保证，也是增强网络思想政治教育工作效果的关键。通过专题研讨、课题立项、征文比赛等方式，针对新媒体时代思想政治教育出现的新趋势、新问题进行研究，以研究成果推动实际工作开展；可以编辑微博体系建设的经典案例汇编，交流分享微博建设经验；召开专题研讨会，深化微博体系建设的内涵和外延。

第五章 高校思想政治理论课教学体系和组织管理

高校思想政治理论课教学是巩固思想政治理论课的理论教学成果、提高思政教育教学效果的重要途径之一。高校思想政治理论课教学是高校思想政治理论课课堂理论教学的拓展、延伸和有益补充，是深化思想政治理论课教学改革、加强针对性、增强说服力、提高实效性的有效途径。近年来，党中央高度重视高校思想政治教育工作和思想政治理论课教学工作，各高校大力推进了高校思政课的实践教学改革，积极探索高校思政课实践教学的新模式、新方法、新途径，并取得了很多成果。但是，从思想政治理论课教学总体来看，思想政治理论课实践教学仍然是高校人才培养过程中的薄弱环节之一，高校思想政治理论课教学的组织与管理是其中的难点问题之一。思想政治理论课实践教学的组织与管理如果能够更加科学和有效，将会极大地促进高校思想政治理论课教学的实际开展，将会提高高校思想政治理论课教学的实际效果。

高校思想政治工作关系高校培养什么样的人、如何培养人以及为谁培养人这个根本问题。要坚持把立德树人作为中心环节，把思想政治工作贯穿教育教学全过程，实现全程育人、全方位育人，努力开创我国高等教育事业发展新局面。可以说，全国思想政治工作会议为高校思想政治理论课教学做出了制度设计和方向指引，高校思想政治理论课教学要在高校思想政治工作得到高度重视的当下，做好实践教学的整体规划，与高校的课堂理论教学紧密结合，理论联系实际，用鲜活的内容和丰富的形式调动全员参与，让大学生充分发挥主体作用，同时要严格相应的考核管理，让思想政治理论课成为大学生在接受高等教育期间真正有更多获得感的课程，让思想政治理论课实践教学在高校思想政治工作中发挥更加重要的作用。本章将从高校思想政治理论课教学的组织与管理角度对高校思想政治理论课教学的相关问题进行探讨。

第一节 高校思想政治理论课教学体系的构建

大学生思想政治理论课是一个理论性和实践性紧密结合的课程体系。理论教学是基础，它是严谨的、深邃的，是提纲挈领的引领，有高瞻远瞩的思考；实践教学是"翅膀"，是活泼的、生动的，是深入浅出的运用，有脚踏实地的收获。高校思想政治理论课教学作为课堂理论教学的拓展和延伸，是深化思政课教学改革、加强针对性、增强说服力、提高实效性的重要途径。目的是巩固思想政治理论课的理论教学成果、提高思政教育教学效果。所以，在教学中采取理论与实践相结合的教学方式正是契合思想政治理论课的特点，并将丰富和发展思政理论课的实效和意义。而这一切的实现首先需要构建一个科学有效的实践教学的教学体系。

实践教学体系是一个有机的整体，学术界一般从广义、狭义的角度来定义。广义的实践教学体系一般指，实践教学中各个要素组成的相互联系、相互制约的有机整体，包括目标、内容、管理、保障、评估等子体系。狭义的实践教学体系"则是指实践教学的内容体系，即围绕专业人才培养方案，在制定教学计划时，通过合理的课程设置和各个实践教学环节（实验、实习、实训、课程设计、毕业设计、创新制作、社会实践等）的合理配置，建立起来的与理论教学体系相辅相成的教学内容体系"。思想政治理论课的实践教学体系既符合实践教学的一般规律，又呈现出思政课独特的内容。这里论述的主要是狭义的思想政治理论课实践教学体系。

一、高校思想政治理论课教学体系构建的目标和要求

建立思政理论课实践教学体系对于思政课的规范开展和全面评价有着重要的意义。

高校思想政治理论课教学体系构建的目标是指导实践教学开展和评价的重要指标，也只有确立客观、真实的目标价值，才能从容开展实践教学活动，进行实践教学成效的验收。思政理论课实践教学的总目标是培养学生将思想政治理论与实践相结合，培养实践技能，使学生具有较强的理论创新精神，具备运用理论创造性解决实践问题的综合能力，提升相关理论素养并锻炼具有可持续发展潜力。因此，高校思想政治理论课教学将以构建知识目标为基本、能力目标为拓展和思想目标为境界三者融合的目标为追求。

（一）高校思想政治理论课教学体系构建的目标

1.确立实践教学的知识目标

知识传授是思想政治理论课教学的基本内容是实践教学的基础环节，也是培养学生能力目标和思想目标的起点。实践教学的知识目标不同于理论教学对知识、概念、原理等的记忆，更重要的是在社会实践中的深入理解、掌握和运用。在实践教学中，思想政治理论课中属于工具性的知识运用在帮助学生认识问题、解决问题；思想政治理论课中属于常识性的知识在实践教学中能帮助学生拓宽视野，了解常识与常态，对社会大环境有更好的认识和思考。另外，思想政治理论课中的专业知识在实践教学中能将理论进行转化，有助于拓宽认识视野，在解决问题时有助于触类旁通。理论在社会实践中往往会遇到一些复杂多样的难题，因此，需要借鉴不同类别的知识进行解读，学会融会贯通。特别是思想政治理

论课中理论性很强的问题更需要同学们在实践中进行形象认知。

因此，大学生在实践教学过程中可以通过实践操作、现场观摩等方式体验课中的理论知识，弄清各种知识的来龙去脉。简而言之，就是要通过实践让理论知识在教学过程中还原，让学生切身体会到知识的生成过程。这就需要学生在实践活动中善于运用调查研究的方法，通过接触社会、了解国情、社情，客观进行分析，比对理论，深化对理论的掌握，形成对理论的反思。

2. 确立实践教学的能力目标

在实践教学知识目标之上的是能力目标的实现。高校思想政治理论课教学要帮助学生完成从书本到现实，从课内到课外，从理论到实践的发展，使学生通过实践教学可以提高运用马克思主义理论认识、分析和解决现实问题的能力，不仅有"鱼"，而且还会"渔"。

在实践教学中将锻炼学生对政治理论的实际应用能力，怎样将理论与社会实际联系起来，用所学的理论解释实际问题、解决实际问题。比如，《思想道德修养与法律基础》课上对大学生进行了法治教育，同学们学习了法律知识，懂得了权利义务是什么，那么当实际生活中遇到自己的权利被侵犯的时候，怎样进行事实判断，怎样做出法律维权，都是大学生将所学知识进行实践运用的能力，而这种能力更应当是一种综合性的能力。当然，在实践教学中还能锻炼学生的拓展能力，包括能够终生不断学习的能力。另外，思政理论课的实践教学对学生的综合素质能力的锻炼极为丰富，包括基本公民道德，符合要求的思想政治素质，良好的身体心理素质，遵守职业道德规范等等；爱岗、敬业、忠诚、奉献，有强烈的职业责任心，严谨求实的工作作风，遵守职业工作规范、安全规范等职业素质；科学技术发展日新月异，大学生还要具备积极进取精神，以及不断学习钻研新业务的意识。

在实践学习过程中，学生能从一个检验理论到理论创新的飞跃，不仅在实践中对理论潜移默化的掌握，更能在实践中开拓反思与创新的新天地。更广义地讲，学生在实践教学中能接触不同的事物，涉足多方面的领域，学习和掌握一些技术和技巧，并积累一定的实际操作经验，这对培养学生的组织能力、表达能力、辨别能力等都大有裨益。因此，在实践教学中，不仅仅是思想政治理论知识的狭义实践，更是丰富多彩生活的广义实践。

3. 确立实践教学的思想目标

高校思想政治理论课教学的终极目标是提升学生的思想境界，培育积极的世界观、人生观和价值观，也就是说，思想政治理论课实践教学要更加凸显"德行培育"，这是思想政治理论课实践教学最为突出的特色目标。在《中共中央宣传部教育部关于进一步加强和改进高等学校思想政治理论课的意见》中，对思想政治理论课教学目标描述是："帮助大学生树立正确的世界观、人生观、价值观""引导大学生正确认识肩负的历史使命，努力成为德、智、体、美、劳全面发展的中国特色社会主义事业的建设者和接班人。"[1]因此，

---

[1]《中共中央宣传部教育部关于进一步加强和改进高等学校思想政治理论课的意见》[N].东北大学报，2007.

高校思想政治理论课绝不是仅仅让大学生接受知识，更为高层次的目标是培育高尚的道德情操，造就良好的德行。因此，实践教学不能仅仅是通过一系列的实践环节还原知识，更多的是要经过实践教学环节，让学生在"绝知此事要躬行"中获得课堂、课本上所无法获得的知识体会。因此，思想政治理论课实践教学更突出对大学生世界观、人生观、价值观的培养。特别是在当前多元文化交叉共存，多元价值观相互影响的新环境下，高校思想政治理论教育对于培养大学生的社会认同、文化坚持和理想信念起到了重要作用。

（二）高校思想政治理论课教学体系构建的要求

高校思想政治理论课教学体系的构建离不开理论教学的相辅相成，二者在教学内容上的有机融合、在教学模式上的协调互动、在教学功能上的优势互补，实现理论教学与实践教学的一体化，这是思想政治理论课丰富和发展的必由之路。

1. 建立理论教学与实践教学在内容上的有机融合

思想政治理论课的理论教学是通过课堂讲授的形式，向大学生传授马克思主义理论、中国特色社会主义理论体系的知识，培养社会主义核心价值观的过程；实践教学是通过一定的课内课外形式，结合当下社会现实和学生的实际，组织学生体验、参与具体的教学过程，加深学生对马克思主义理论的理解和认知，培养学生观察问题、解决问题的实际能力。

因此，理论教学和实践教学的优化整合则是实现知识与能力的有机结合，所以，在教学内容上二者的有机结合表现在：一是理论教学的内容要得到实践成果的印证。理论教学内容以教材为准，但又不能完全照抄照搬教材，在具体教学过程中需结合当前中国最新的社会现实和学生的实际来展开。课堂讲授中既坚持理论主线，又引用当前大量案例予以印证，既有吸引力，又有说服力。二是实践教学内容坚持科学理论的指导。大学生思想、心理尚未成熟，对社会现实认知能力有限，在参与社会实践时存在一定的盲目性。实践教学内容应紧紧围绕课堂理论教学内容，在科学理论的基础上，选择大学生心存疑惑或有认知误区的教学主题，引导他们带着问题参与实践，在实践中学习运用马克思主义理论认识、分析、解决问题，从而进一步建立对马克思主义理论的正确认知。

2. 实现理论教学与实践教学模式上的协调互动

思想政治理论课理论教学以课堂教学为主，教师在固定的时间和地点讲授理论观点，这是大学生最熟悉的思想政治理论课课堂，但这样的课堂教学模式下出现的教学效果却又让大学生倍感陌生。而实践教学既有课内实践教学，也有课外实践教学，主要是学生参与体验不同类型的实践活动，将学生变成真正的主体。这种理论教学与实践教学的协调互动是大学生不熟悉，但却会喜欢的教学方式。

理论教学与实践教学优化整合带来的是课堂实践教学紧密结合理论教学，以服务于理论教学的有效模式从而激活课堂。传统的课堂上全盘的理论灌输已经被现实淘汰，教师在课堂中根据教学内容组织诸如案例讨论、情景展示、竞赛活动等课堂活动，在有限的课堂教学时空里注入动态的教学要素，引导学生积极思考、主动参与，改变课堂的单一和乏味，有利于提高理论教学效果。课外实践教学积极配合理论教学，以换时空换头脑的方式拓展理论教学。通过建立思想政治理论课实践教学基地、开展校地合作、校企合作、组织各类大学生社会实践活动等形式，将动态实践教学从课内移到课外，带领大学生走向广阔的社会，以活生生的现实和切身体验让理论知识走进大学生的内心，激发学生对现实的观察和反思。

3. 打造理论教学与实践教学功能上的互补优势

思想政治理论课理论教学和实践教学各具不同功能，在教学过程中要实现大学生对马克思主义理论学习的"入脑、入心"，需要二者共同发力，形成互补。首先，理论教学与实践教学的动静结合、主体效应能促进大学生对马克思主义基本理论的主动认知，做到对马克思主义理论的真学、真懂。其次，理论教学与实践教学能为大学生提供坚实的马克思主义理论基础与运用于实践的机会和平台。学生通过主动参与、亲身体验，提高马克思主义理论知识的运用能力，在对马克思主义理论的情感认同上，最终实现对马克思主义的理论认同。再次，理论教学与实践教学有机结合，在通过实践对理论的检验、促进之后，形成对马克思主义理论学习的真心喜爱，最终实现对马克思主义的真诚信仰。辩证唯物主义认识论认为，从实践、认识、再实践、再认识，这种循环往复以至无穷的形式是认识的逻辑路径。而思想政治理论课理论教学与实践教学相结合，正是遵从了认识论的这一规律，促进大学生在马克思主义理论学习中从真学、真懂到真用，最终实现真信，树立坚定的马克思主义信仰。

党和国家历来高度重视实践育人工作。坚持教育与生产劳动和社会实践相结合是党的教育方针的重要内容。坚持理论学习、创新思维与社会实践相统一，坚持向实践学习、向人民群众学习是大学生成长成才的必由之路。进一步加强高校实践育人工作，对于不断增强学生服务国家服务人民的社会责任感、勇于探索的创新精神、善于解决问题的实践能力具有不可替代的重要作用；对于坚定学生在中国共产党领导下，走中国特色社会主义道路，为实现中华民族伟大复兴而奋斗，自觉成为中国特色社会主义合格建设者和可靠接班人具有极其重要的意义；对于深化教育教学改革、提高人才培养质量，服务于加快转变经济发展方式、建设创新型国家和人力资源强国具有重要而深远的意义。

二、高校思想政治理论课教学体系构建的主要内容

"教育强则国家强。高等教育发展水平是一个国家发展水平和发展潜力的重要标志。"作为关系高校人才培养的思想政治理论课是通过开展思想教育、党的理论和党性教育、道德教育和法治教育对大学生进行思想引领，对于培育和践行社会主义核心价值观、贯彻落实"四个全面"战略理论，正确认识实现中华民族伟大复兴的历史使命等具有重要的作用，这是关乎高等教育人才培养的重要方面。思政理论课的实践教学体系也需要围绕这个目标

进行规范建设。

（一）实践教学思想体系的建设

实践教学的思想体系包括对思想政治理论课实践教学的目标价值、指导思想、基本原则的认识定位，它同样且必须具有丰富而深刻的思想内涵。

第一，实践教学不是为了完成实践教学而进行实践教学，而是与理论教学乃至整个"大思政"的价值目标是一致的，即是为提高大学生的思想道德水平、政治理论素养和创新能力，培养较高的思想政治素质和较强的职业素质的合格人才，与当前高等教学的整体需求和终极目标是契合的。第二，实践教学是促使大学生从"知"到"行"的转变，在实践中激发学生学习理论、运用理论和创新理论的积极性、主动性；实践教学不是理论教学的补充，而是与理论教学共同构成思想政治教育的有机内容，是综合评价大学生思想政治教育的完备性、科学性和实效性的重要指标。第三，实践教学不是，更不能停留在实践操作的层面，它需要在实践中运用理论，并丰富和发展理论，因此实践教学的思想体系与理论教学的思想体系一脉相承，共同服务于大学生的思想政治教育。

因此，从教育主管部门到学校再到每一位老师、学生都需要认识到实践教学的思想性，重视并积极落实实践教学工作。将实践教学的思想性贯穿于实践教学的始终。

（二）实践教学资源体系的建设

实践教学体系的构建必须有一系列教学硬件和软件的提供，才能保障实践教学的顺利开展，这些软件和硬件构成了实践教学体系资源环境。

适合思政课特点的实践教学体系必须有与之相适应的实践教学管理机制作为其前提条件。其管理机制包括以下内容：一是分级组织管理。高校思政理论课实践教学的管理实行校、院两级管理体制，由学校负责对实践教学制定相应的管理办法和措施，各二级学院具体负责实践教学的组织和实施。二是教学制度管理。目前大部分高校学生必须按照专业教学计划进行课程安排，而将思政课的实践教学与学生的专业进行衔接，让思想政治理论课走进学生的专业，实现思想政治理论课"与专业同向同行"，将"思政课堂"打造为"课堂思政"，实现大学生思想政治教育途径的多样性和灵活性，促进学生的创新能力的最大化发展，完善实践教学制度。三是运行评价管理。建立起包括思政教育资源、软硬件条件、校内外实践基地等实践教学资源有效利用和共享开放的机制，保证实践教学资源得到最大的有效利用，为实践教学活动的开展提供可靠的保障。同时，需要对实践教学的各个环节制定相应的评价反馈机制，促进实践教学质量的提高。对于思政理论课而言，实践教学的全员覆盖是一大难题，怎样在有限的实践教学资源中挖掘无限的潜力，为惠及全部大学生的需求，这是思想政治理论课实践教学一直探索的目标。因此，丰富实践教学资源，扩大实践教学对象，让思政理论课的实践教学成为每一个大学生都可有效参与的常态化课程。

高素质的思想政治理论课实践教学师资队伍是实践教学体系构建的质量保障。"教师是人类灵魂的工程师，承担着神圣使命。传道者自己首先要明道、信道。高校教师要坚持教育者先受教育，努力成为先进思想文化的传播者、党执政的坚定支持者，更好担起学生健康成长指导者和引路人的责任。"教师作为思政理论课改革的实践者，不仅需要全情投入地奉献，更需要破釜沉舟的毅力，在教学理念、模式和实效上用创新激发思政课实践教学的新活力。

近年来，为提高实践教学的效果，建立实践教学的长效机制，实践教学人员在教学活动中从主体走向了主导。实践教师队伍素质的高低直接关系学生实践能力、创新能力培养的好坏。因此，高校要加强思想政治理论课实践教学师资队伍的建设，以适应新的实践教学体系要求。思想政治理论课的老师既需要理论的功夫，又要有实践的经验。所以，高校要抓好"双师型"实践教学师资培养工作。通过各种培训、培养途径，使他们既具备扎实的基础理论知识、较高的教学水平，又具有很强的专业实践能力，将深奥的政治理论落地当前的政治实际，结合学生的重点关切，才能更好地带领和指导学生开展实践教学工作。

在实践教学过程中，教与学双方地位和角色关系较课堂教学更具有平等性、民主性、互动性，学生不再是处在被动的地位和角色，而是主动积极地参与教学活动，更有利于激活学生的主体性，加快学生知行的统一。

（三）实践教学管理体系的建设

思想政治理论课实践教学从总体上讲目前已经得到了普遍的认可，但重点操作层面的不尽如人意。所以，从学校层面，加强对实践教学的管理非常重要。

第一，制定规范化的实践教学管理制度。建立实践教学的总体性制度，规定实践教学课时分配、学分划分、课程开设、机构设置、教学监控、教学考核等。然后依据总体性制度修订完善各个实践教学环节的管理制度。在完善各个实践教学环节的管理制度时，要注明管理细则，制定可操作的管理标准，以便于对管理中各种违规行为起到约束控制作用。最后，制定实践教学管理文件，包括大纲、计划、课表、指导书等，这些都属于纲领性文件，在教学中起引导作用。这些实践教学管理的纲领性文件由校内和校外专家共同制定，以统筹实践教学的校外、校内管理，确保管理的全面性、科学性。

第二，从校（院）级设立实践教学最高管理者，主要负责学校整体层面的决策、组织、指挥、协调与监督，拟定指导性意见与合适的质量考核标准，负责学校机构内相关人员的任免，对实践教学实行过程控制。教务部门积极配合上级并做好与中间管理层的协调沟通。根据上级做出的重要决策与传达的重要精神，细化并制成具有操作性的管理制度；指导思想政治理论课教学部门拟定好各类实践教学计划，实施方案，协调教学资源在各个院系之间的分配，提高资源利用率优化管理效益；组织专家学者做好对各个院系思想政治理论课实践教学效果的考核，并将信息反馈给学校、思想政治理论课教学部门与各个院系，以便调整实践教学计划，根据考核结果做好激励与惩罚工作。实践教学具体的管理层次是思政理论课教学部门与各院系，负责根据校级层次的决策，结合各专业特点特色，制定各专业的实践教学目标、教学计划及实施方案，并联合实践基地的校外导师对实践教学进行监督、考核。这也是符合思政理论课与"专业学习同向同行"的要求。对于实践教学具体的落实和实施主要由思政理论课教师与各专业的带头人负责，根据上级精神确定本专业各个实践环节的具体实施计划，及时向上级汇报实施情况并经常反思、总结。

第三，完善实践教学监控机制，在繁杂琐碎的实践教学管理中，监控可以说是其中的关键一链，通过密切监督教学运行情况可以随时发现问题，从而调整、完善以实现预期目标。实践教学还应当建立实践教学激励机制，改变学校对思政课重视程度不够，实践教学处于边缘地位的现状，为此需要重新调整师生认识，运用恰当的激励措施鼓励师生主动参与实践教学。

（四）实践教学方法体系的建设

思政理论课实践教学方法是根据实践教学的价值目标进行落实实践教学要求，实现实践教学效果的重要手段，是教学质量的重要保障手段之一。正确、科学、合理的教学方法能够顺利实现教学目的，充分优化教学结构，不断提高教学质量。

高校在思想政治理论课实践教学中应根据实践教学的内容、教学对象和教学环境，充分利用教学条件而能动地进行运用。比如，"马克思主义基本原理概论"课中，运用问题导入性的教学方法在实践教学中具有启发式教学的特点，能充分发挥学生的主体作用，让学生回归实践教学的阵地；又比如"思想道德修养与法律基础"课程的操作性教学法是实践教学中对理论的反复运用，对方法的反复推敲，落实从"知"到"行"，最终实现真正的"知"。另外，发展性教学法、范例教学法、合作教学法，团队教学法等都是实践教学中经常采用的方法。

需要指出的是，教学方法是不断发展变化的，要积极处理好以下几个关系：教学目的与学生个性的关系、教学内容与教学手段的关系、方法的既定性与教学过程的不确定之间的关系、教学策划与学生认识程度的关系、继承传统优秀教学方法与创新的关系、课堂教学方法与课外教学方法的关系。以上四个方面的因素相互联系、相互作用，构成了较为完整的实践教学系统。

教学目的是实践教学体系建构的目标和归宿，教学内容是实践教学体系建构的基础，教学结构是实践教学体系建构的关键，教学方法是达到实效教学目的和效果的途径。当然，以上分析主要是从学校课程教学层面去分析，思想政治理论课实践教学体系还包括思想政治理论课的实践教学基地的积极参与、实验实训基地的建设、政府及相关行业的大力支持以及实践教学理论的不断改进和发展等等。

（五）实践教学过程体系的建设

实践教学是一个持续性的教学活动，从实践教学的开始就一直呈现出过程性的特点，从唯物辩证法的角度讲，甚至可以说实践教学是一个没有终点的教学模式，因为从理论到实践、再升华理论、再回归实践是一个循环往复的过程。因此，重视实践教学过程体系的建设是正确把握实践教学的特点，是正确采用实践教学方法的重要依据。

实践教学的过程体系包括以实践教学的目的为指导，从实践教学的整体性出发，制定详尽的实践教学大纲、落实实践教学内容、灵活运用实践教学的方法，层层推进，分步落实，一定要把实践教学作为一个整体性、动态性的内容进行，重视过程性的表现和评价，不能将最终的实践教学结果作为唯一追求的目标和评价的指标，切勿陷入功利主义的陷阱，或者只停留在完成实践教学任务的表面。实践教学的结果固然重要，但实践教学过程中的思考、收获乃至失败都是实践教学的果实，有的教训或不解甚至是激励师生更加深入研究的动力。因此，思想政治理论课的实践教学动态性的特点决定了实践教学的常教常新，这也是思政理论课永葆生机与活力的砝码。

（六）实践教学考核体系的建设

构建思想政治理论课教学评价体系对于高校思政课、高校教师和大学生来说都是极其重要的。它是提高思想政治理论课实践教学实效性，促进教师业务能力提高和大学生综合素质提升的重要途径。

构建实践教学评价体系过程中必须遵循科学的原则，指导实践教学的进行，包括导向性原则、科学性原则、系统性原则、可操作性原则、实效性原则。总的来说，在进行评价的时候，要坚持真理目标和价值目标的统一；阶段目标和终极目标的统一；检验学生对理论的认知、对理论的运用能力和检测学生发现解决新问题、创新理论发展能力的统一。

实践教学评价主体应该多元化，主要由实践教学指导小组、学生、指导教师、同行专家等组成。大学生是思想政治理论课实践教学活动的主体，涉及他们的评价包括三方面：对教师的评价、自我评价、同学互评。教师是实践教学的组织者和实施者，他们根据评价体系指标，对学生参与实践教学活动的态度、表现及效果等进行综合评定。对教师的教和学生的学进行评价是思想政治理论课实践教学管理部门的重要职责，他们的参加实现了理论教学与实践教学的有机结合。

从宏观的角度看，实践教学评价客体包括主管部门对实践教学的重视程度、资金投入、教材建设和教学手段、教学人员的实践能力和学生实践能力等。从微观的角度看，评价客体则为学生和教师，各自的指标有所不同：对学生评价要坚持知识与能力、过程与方法、情感态度价值观"三位一体"的评价；对教师评价从组织能力、管理水平和业务素质进行评价。

对实践教学活动进行动态跟踪和评价考核可以有效地调控整个思想政治理论教育的过程。首先，实践教学的评价及考核能够为思想政治理论课制定实践教学计划、目标，确定教学内容，选择教学方法等提供客观依据。其次，教学主管部门根据评价考核的结果采取奖励和处罚措施，能够鼓励学生积极参与实践活动，进而对思想政治教育起到引导、调节和推动作用。

构建和完善实践教学评价及考核体系要注意以下几点：第一，实践教学评价及考核体系要具有可操作性；第二，实践教学评价及考核体系能够全面反映学生在实践活动中的表现，并予以客观公正地测评；第三，实践教学评价及考核体系要具有导向性，能够正确地引导学生。

思想政治理论课实践教学的评价体系作为实践教学体系的重要内容具有督导和激励作用，在评价体系的作用下，实践教学的推进将更加有保障，其教学效果也会更加有保障。

三、高校思想政治理论课教学体系构建的思路与方法

以人为本是现代社会一个重要的理念，作为育人工程的高校思想政治教育自然要严格贯彻、体现这一时代理念，切实做到以学生为本。

在当今时代，学生群体出现了多样化趋势，学生学习能力、学习兴趣等方面的差异也日益显现。因此，尊重学生个体差异，满足不同学生群体的学习需求就成了培养应用技术型人才的关键，也是提高实践教学质量、构建完善实践教学体系的保障。因此，高校在构建实践教学体系时，应该全面了解受教育对象的个性、能力差异，并且将这些学生群体按照一定的标准划分为几大类，因材施教。另外，坚持以学生为本原则进行实践教学体系的构建，还要求高校在实践教学中以全面提升学生综合素质为目标，按照学生差异化的需要设计多层次的教学内容，完善教学环节、丰富教学方式方法。

在这样的原则指导下，实践教学体系的构建要紧紧围绕学生的需求进行，将培养学生良好的思想政治素养和提高社会实践能力作为导向，探索一条既按课程类别进行"分层"构建，又按课程目标进行"集中"构建的思路与方法。

（一）按课程类别进行"分层"构建

所谓"分层模式"，就是以现有的五门思想政治理论课为基本框架，根据每一门课的特殊性，设计针对性较强的社会实践教学模式，在社会实践的方式、内容等方面突出具体课程的特征。所谓"综合模式"，就是以"毛泽东思想与中国特色社会主义理论体系概论"课为核心，淡化课程界限，整合教师力量，集中进行社会调查。

比如，"思想道德修养与法律基础"是日常思想行为规范课程，这是思想政治理论课中的基础课程。其实践目标是强化和优化学生的思想道德观念和法律意识。采用"学生实践手册"方式，要求学生实践"五个一"工程：读一本好书，养成一个好习惯，做一次义工，组织一次法庭旁听，召开一次主题班会。"中国近现代史纲要"的实践教学目的是通过对那些具有教育和启迪意义的历史事件或历史人物的了解，以期对学生进行爱国主义教育。采取"办一份历史小报"和参观革命纪念建筑物的形式。"马克思主义基本原理概论"的实践教学目标是提高学生自觉运用马克思主义的立场、观点和方法理解和分析现实问题的能力。采用朗诵、PPT演讲等多种形式开展"我对马克思主义的认识"的大讨论。又比如在笔者所在的成都工业学院，我们的形势与政策课充分利用校内校外红色资源实践教学，

在每年新生的第一次形势与政策课上都将会给同学们进行《陈毅精神与社会主义核心价值观》专题授课。通过课堂讲授和参观陈毅纪念园，指导学生录制弘扬陈毅精神的微视频，充分学习宣传陈毅精神，弘扬我校悠久历史，对大学生进行社会主义核心价值观教育以及爱国与爱校、民族精神与时代精神相结合的教育。

在我校已有的红色资源实践基地——陈毅纪念园的基础上，又与陈毅故里管理局合作，共建了形势与政策课的实践教学基地，制定印发《形势与政策课实践教学大纲》，进一步规范实践教学。为推动形势与政策课实践教学与大学生社会实践活动有机结合，整合理论课教师和辅导员队伍，共同参与组织指导实践教学。通过现场教学，不仅让同学们在真实的历史面前有了更深刻的认识，也启迪了大家对历史以及历史问题的深入思考。这样生动的教学形式能使大学生更好地学习陈毅精神，弘扬爱国主义精神。

（二）按课程目标进行"集中"构建

"毛泽东思想与中国特色社会主义理论体系概论"这门课主要讲述马克思主义理论与中国革命和建设实践相结合的理论成果，在"思政课"教学中处于核心地位。学这门课的学生已经进入三年级，比较深入、系统地学习了专业课程，掌握了一定的专业技能，对自我有了一定的了解，职业理想越来越清晰，具备了解社会、奉献社会的理性认知，所以，"毛泽东思想与中国特色社会主义理论体系概论"实践课程可以设计两个部分：一是组织学生依托专业知识广泛开展科技文化服务活动，如科技咨询、科技扶贫、法律咨询、理论宣传和创业实践等，把实践教学与专业实习相结合，专业性与思想性相交融，更好地促进学生的全面发展；二是专题调查、走访企业、农村、考察家乡或学校所在地区经济社会发展的历史和现状等，加深学生对中国特色社会主义的认识和理解，坚定大学生立志成才、报效祖国的决心。在组织过程中与学校团组织和学工办联合，安排专门的指导教师，对学生社会实践活动报告进行认真批改，并以优秀、良好、中等、及格和不及格评定成绩，成绩及格（含及格）以上的学生即获得相应学分，每位指导教师从其负责指导和批改的实践报告中按一定比例推荐、参与优秀实践报告评奖。

第二节 高校思想政治理论课教学的组织

高校思想政治理论课教学是高校人才培养中的一项重要系统工程，需要政府、高校、社会齐心合力完成。只有充分发挥政府及相关职能部门、部队、群团组织、高校的合力，才能更加有效地开展高校思想政治理论课教学。本章主要从高校的角度出发，以高校层面为主对思想政治理论课实践教学的组织进行探讨。

一、思想政治理论课实践教学组织主体

（一）思想政治理论课实践教学组织的含义

从广义角度而言，组织是指由诸多要素按照一定方式相互联系起来的系统。从狭义角度看，组织就是指人们为实现：一定的目标，互相协作结合而成的集体或团体。在本章的论述中，从狭义的角度探讨高校思想政治理论课教学的组织。高校思想政治理论课教学是一个包含多种矛盾和多种要素的系统，思想政治理论课实践教学涉及的各种因素范围比较广泛，不是仅仅依靠高校思想政治理论课教师就可以实现思想政治理论课实践教学目的、达到思想政治理论课实践教学目标的。毫无疑问，高校是思想政治理论课实践教学中的重要因素，是重要的思想政治理论课实践教学组织。高校肩负人才培养的重要职能，而我国高校培养的人才是中国特色社会主义事业合格建设者和可靠接班人。我们的高校是党领导的高校，是中国特色社会主义的高校。办好我们的高校，必须坚持以马克思主义为指导，全面贯彻党的教育方针。要坚持不懈传播马克思主义科学理论，抓好马克思主义理论教育，为学生一生成长奠定科学的思想基础。而要抓好高校的马克思主义理论教育，我们不但需要继续加强思想政治理论课的课堂理论教学，让马克思主义理论真正进教材、进课堂、进学生头脑，也需要探索一条行之有效的思想政治理论课的实践教学途径，让马克思主义理论成为学生的行动指南、人生的指引、坚定的信仰。思想政治理论课通过理论加实践的方式，真正发挥教育作用。为此，各高校应把思想政治理论课实践教学作为人才培养过程中的一项重要工作，把思想政治理论课实践教学真正上升到高校人才培养的整体体系中。由高校校领导及相关职能部门共同建立一个决策和组织管理机构，安排、统筹思想政治理论课实践教学的组织实施、经费保障、计划制定、考核体系等事项，把思想政治理论课实践教学上升到学校总体工作层面来安排和思考。在顶层设计上，高校应当将思想政治理论课实践教学作为对高等学校办学水平和质量的重要评估考核指标，纳入高等学校思想政治教育教学评估体系。不宜将高校思想政治理论课仅仅作为一门简单的课程或一个知识层面的教育而孤立地安排。通过在高校的人才培养总体设计、规划中有机加入高校思想政治理论课教学的内容，将实践教学纳入高校思想政治理论课教学计划，对大学生参加实践教学的目的、任务提出明确的要求。站在更高的层面，从更高的要求来看待高校思想政治理论课教学，让高校思想政治教育工作为社会主义事业合格的建设者和接班人的培养和教育真正发挥实效。

（二）高校思想政治理论课教学组织主体

根据高校思想政治理论课"05方案"的要求，高校应当建立高校思想政治理论课教学指导委员会，由相关部门负责同志参加。建立实践教学管理联席会议制度，由学校主管领导牵头，定期召开思想政治理论课教学部、教务处、学生处、人事处、团委、宣传部、

财务处以及相关二级学院领导参加的专题会议，讨论和部署思想政治理论实践教学的相关工作。而根据《高等学校思想政治理论课建设标准》（教社科〔2015〕3 号）的要求，对高校思想政治理论课教学组织的描述则更加明确，从组织管理、教学管理、队伍管理和学科建设等方面对思想政治理论课及实践教学都提出了明确而又详尽的要求：

高校思想政治理论课要由学校党委直接领导，协调校行政负责实施，分管校领导具体负责，并成立相应的领导机构。高校思想政治理论课要由学校党委直接领导，成立学校党委领导的思想政治理论课领导小组，统筹管理思想政治理论课及实践教学，特别是统筹推进实践育人各项工作。思想政治理论课实践教学的领导管理机构应当由高校党委书记任组长，主管学生工作的副书记和主管教学工作的副校长为副组长，学校党委宣传部、教务处、学生处、校团委、马克思主义学院或思想政治理论课教学部负责人为领导小组成员。学校的宣传、教务、人事、财务、科研等党政职能部门和思想政治理论课教学科研机构共同落实好思想政治理论课教育教学、人才培养、学科建设、科研立项、经费保障、社会实践等各方面的政策。小组成员既要有学校党政领导、教育教学专家、学者，又要有工作在一线的思想政治理论课任课教师和为学生服务的各相关部门管理人员，还可以吸收一定数量的学生代表，通过小组成员的专业性和全面性为高校思想政治理论课教学的有效开展提供坚实的领导管理机构。

结合高校自身的特色和具体的人才培养目标，把思想政治理论课实践教学纳入学校各个专业的人才培养方案中去，特别是融入实践育人体系中去，确保实践教学的学分、学时，确保中央相关文件中规定的各项经费落实到位。思想政治理论课实践教学要落到实处、发挥人才培养的作用，不仅需要高校领导与相关部门之间统筹规划、做好顶层设计，还需要与思想政治理论课实践教学相关职能部门包括教务处、学生处、校团委等的积极配合，能够为实践教学提高强有力的组织保证。从思想政治理论课实践教学大纲的拟定，到思想政治理论课实践教学计划的实施、课时的分配、经费的保障等方面，切切实实把思想政治理论课实践教学计划纳入思想政治理论课整体性教学计划中，而不是流于形式、应付了事。对思想政治理论课的课时予以科学合理安排，在保证思想政治理论课实践教学时间的同时，又保证教学效果。对高校划拨的专项经费进行科学管理及使用，为思想政治理论课实践教学提供支持。

二、思想政治理论课实践教学组织机制

建立了思想政治理论课实践教学的领导管理机构之后，一定要形成齐抓共管的长效工作机制。办好我国高等教育，必须坚持党的领导，牢牢掌握党对高校工作的领导权，使高校成为坚持党的领导的坚强阵地。党委要保证高校正确办学方向，掌握高校思想政治工作的主导权，保证高校始终成为培养社会主义事业建设者和接班人的坚强阵地。各级党委要把高校思想政治工作摆在重要位置，加强领导和指导，形成党委统一领导、各部门各方面

齐抓共管的工作格局。针对高校而言，同样需要高校党委高度重视思想政治工作，重视思想政治理论课理论和实践教学，在高校内形成党委统一领导、各部门各方面齐抓共管的工作格局。各个高校的党委要肩负起统一领导的责任，让校内各部门各方面围绕思想理论政治课教学形成齐抓共管的"大思政"工作格局。高校党委要把遵循思想政治工作规律、教书育人规律、学生成长规律统筹起来把握，使高校思想政治教育更有亲和力、更加生动有效，逐步形成思政育人、文化育人、专业育人、实践育人四位一体的"大思政"教育体系。高校是引人以大道、启人以大智的重要场所，不能仅把硬件投入、学科建设、科研成果看成是硬任务，而把育人视为可有可无的软指标。高校的党委必须切实抓好政治领导和思想领导，着力把关定向、统筹指导、建强班子，着力构建各部门各方面齐抓共管的"大思政"格局，让思想政治理论课实践教学在这样的教学组织机制下运转，真正发挥实践教学的优势，让大学生通过思想政治理论课有更多的获得感。

按照中央的相关规定，各高校要独立设置直属学校领导的、与学校其他二级院（系）行政同级的思想政治理论课教学科研组织二级机构。该二级机构的设立目前在全国范围内的高等学校中基本上已经实现。大多数高校已经独立设置马克思主义学院，还有一部分高校是独立设置的思想政治理论课教学部。马克思主义学院或思想政治理论课教学部承抱着全校本科、专科学生和研究生思想政治理论课教学科研任务，统一管理思想政治理论课教师，积极推进思想政治理论课科研工作。在教育部新近发布的高等学校马克思主义学院建设标准（2017年本）中明确规定了马克思主义学院在思想政治理论课实践教学工作中的工作职能：制定实践教学计划，统筹思想政治理论课各门课程的实践教学，落实学时学分、教学内容、指导教师和专项经费。实践教学原则上覆盖全体在校学生，建设相对稳定的校外教学实践基地。这就充分表明，思想政治理论课实践教学组织机制中，马克思主义学院或思想政治理论课教学部是开展全方位实践教学管理的具体机构。此外，作为领导小组的各个组成部门之间应该加强沟通与合作，明确各部门的工作职责与具体任务，分工有序、各司其职、相互合作，形成思想政治理论课党政领导部门、教学研究部门、教务管理部门、学生管理部门和后勤服务部门等机构的相互配合、齐抓共管，实现全员育人、管理育人的实际效果。领导部门要及时、准确地向学校全体师生传达上级有关思想政治理论课实践教学的相关文件和政策，加强对学校师生的正确引导，形成良好的教学氛围，倡导和鼓励全校师生积极参与实践教学的活动中来。为监督实践教学活动的具体实施情况，健全高校思想政治理论课教学机制，领导小组还要定期开展调研活动，经常性地听取思想政治理论课实践教学工作汇报，及时了解新形势、研究新情况，解决新问题，在解决困难的过程中不断提升组织的领导水平和办事能力，完善思想政治理论课实践教学机制建设，为以后实践教学活动的可持续、健康发展提供制度支持与组织保障。齐抓共管的长效机制还需要依托一系列制度来实现。通过完善思想政治理论课实践教学的规章管理制度和文件来为形成长效的工作机制提供保障。建立并不断完善《思想政治理论课实践教学大纲》《思想政治理论课实践教学规划》《思想政治理论课实践教学考核评价办法》《思想政治理论课实践教学教师工作量核算办法》《思想政治理论课教学教师考核办法》《思想政治理论课实践教学成绩评定规则》《思想政治理论课实践教学指导手册》等相关制度，让思想政治理论课实践教学有制度可依，有规范可循。

三、思想政治理论课实践教学组织方法

高校思想政治理论课教育教学体系有一定的特殊性，高校思想政治理论课的内容包括了思想道德理念、社会核心价值、行为规范准则、思想政治意识、经济文化生活等诸多方面，还涉及哲学、政治学、经济学、法学、历史学等学科的相关内容。正是由于高校思想政治理论课内容的丰富多样，决定了高校思想政治理论课教学组织方法的丰富多样性。在高校具体开展思想政治理论课实践教学过程中，要基于高校思想政治理论课各门课程的具体教学任务和目标，结合目前大学生的思想实际、国际国内形势、本省本地具体情况，充分利用各种实践教学资源来实现教学组织方法的丰富多样性。

（一）针对不同大学阶段的多样性教学组织

思想政治理论课实践教学在不同的年级可以尝试运用不同的多样性教学组织方法。根据学生的知识储备和实践能力的不同，可以分年级、分阶段、多样化地开展思想政治理论课实践教学。大一新生刚进入大学校门，对学校环境还不熟悉，可主要以课堂或校园为基点开展实践教学活动，如课堂案例教学、主题辩论赛、校内小组讨论等为主要形式的实践教学活动，在既学习课程内容的同时逐渐了解、适应大学生活。各个高校可以根据自身情况进行差异化、多样化的思想政治理论课实践教学安排。有的高校在校内有德育基地、实践教学基地，则可以围绕校内的德育基地、实践教学基地开展大一新生的思想政治理论课实践教学。例如，笔者所在的成都工业学院，充分利用校内"红色资源"对大学生进行思想政治教育。成都工业学院创办于1913年，陈毅元帅曾于1916—1918年在校学习，是学校的杰出校友。陈毅元帅"追求真理、为党和人民的事业奋斗终生的坚定信念，勇挑重担、努力创造一流成绩的工作精神，勇于解剖自己、真诚对待同志的坦荡胸怀，坚持原则、无私无畏的凛然正气"的精神是加强大学生思想政治教育的好素材。作为陈毅元帅的母校，成都工业学院充分发挥"陈毅精神"这个独特红色资源的作用，把培育和践行社会主义核心价值观融入教书育人的全过程。特别是在成都工业学院校内建成的陈毅纪念园是四川省爱国主义教育基地，依托这一特有的校内德育资源、"红色资源"，学校在开展思想政治理论课实践教学的过程中，充分发挥陈毅纪念园的省级爱国主义教育基地作用，组织大一新生入校参观陈毅纪念园，在新生入学教育中加进陈毅精神教育的内容，使学生进校就受到陈毅精神的教育；二年级的学生可安排一些丰富多彩的校园活动以充分感受高校浓厚的校园文化，如文化节、科技节、艺术节、运动会等，把德育与智育、美育、体育有机结合起来，寓教育于活动中，把思想政治理论课实践教学的外延与校园文化结合在一起，让思想政治理论课实践教学的组织拥有校园文化的有力支撑。成都工业学院就特别注重校园文

化对思想政治理论课实践教学组织方法多样性的支撑，通过多年努力，逐步形成了以陈毅精神为核心的校园文化。由于校友陈毅元帅以及陈毅精神对学校的特殊意义，多年来，学校多次邀请陈毅亲属和老红军到校做报告，把陈毅精神纳入思想政治理论课教学，成立陈毅研究会，开展规模大、规格高的陈毅精神专题研讨，设弘毅专栏，塑陈毅像，建陈毅园，开展一系列以陈毅命名的文体活动等，使陈毅精神通过各种渠道多角度向学校工作的各层面渗透，打造人才培养的软硬件平台，逐步构建起以陈毅精神为核心的校园文化；三、四年级是大学生发展与提升自己的关键时期，而且面临就业、择业等心理压力，因此，可以组织开展一些以培养学生创新创业能力为目的的社会志愿服务或课题调研等活动。通过此类社会实践活动帮助大学生提高与人沟通合作的能力，提高他们适应社会发展的生存技能，激励他们在实践中锻炼自己、认识自己，增强自身的创新能力和创业精神。

（二）针对不同思想政治理论课的多样性教学组织

《思想道德修养与法律基础》课以帮助大学生提高思想道德素质，解决成长成才中遇到的实际问题、增强社会主义法制观念为主要内容，大学生可以通过研究分析身边的具体案例，关注和深入学习大学生群体中发生的典型案例，观看法制节目等方式来了解自身的权利和义务，在日常生活中践行个人行为准则和社会公德。特别是可以结合学生的实际情况开展思想政治理论课实践教学。成都工业学院充分利用大一学生学习《思想道德修养与法律基础》课的机会，充分发掘思想政治理论课实践教学组织方法，结合新生入学教育等环节开展实践教学。例如，大一学生都需要熟悉校园，可以与学校图书馆一同打造好新生的入馆教育；《马克思主义基本原理》课的理论较为抽象，但是能够帮助大学生从整体上把握马克思主义和正确认识人类社会发展基本规律。在教学过程中可以通过组织观看教学影片帮助学生形象生动地了解马克思的生平及其理论体系产生形成的时代背景和客观环境，通过课堂讨论或小组报告交流会等形式调动大家的学习热情，增进他们对马克思主义具体内容的理解。通过组织学生读马列原著、写读书笔记等实践方式加深他们对马克思主义基本原理的学习；"中国近现代史纲要"课对于大学生了解近代以来我国的基本国史和国情有重要的作用，教学中通过组织安排学生到革命老区、红色旧址、纪念堂或博物馆等地参观考察，使大学生能够身临其境地感受近代以来革命先烈为实现中华民族的振兴所做出的贡献与牺牲，在实践的过程中逐步实现内心思想的升华；"毛泽东思想和中国特色社会主义理论体系概论"课则以引导大学生系统掌握中国化马克思主义的基本理论，并坚定在中国共产党的领导下走中国特色社会主义道路为基本内容，教师可以组织学生开展主题辩论会、模拟会议等活动再现革命先驱在探索我国发展道路中的艰辛与困难，感受中华民族在中国特色社会主义现代化道路上所取得的成就与辉煌。成都工业学院"按照教育部要求毛泽东思想和中国特色社会主义理论体系概论"课拿出 2 个学分，用于思政课实践教学。制定并实施了思想政治理论课实践教学实施方案，指导本科生暑期进行社会实践。

四、思想政治理论课实践教学组织系统化

（一）思想政治理论课实践教学纳入统一的教学大纲、教学计划

人才培养是高校的重要职能之一，高校的思想政治理论课实践教学要树立"素质本位"的实践教育理念，将思想政治理论课实践活动系统化，制定统一的实践教学大纲，制订统一的教学计划，明确实践教学的目的、要求、内容、方法等。马克思主义强调在社会生活本质上是实践的，实践的观点是马克思主义哲学首要和基本的观点，实践育人是马克思主义实践观在高等教育领域的直接运用。高校的思想政治理论课实践教学体现了马克思主义实践观，也正是高校人才培养职能的充分体现。实践活动课程要列入教学计划和课程表，分配合理的学时和学分。因为只有把思想政治理论课实践教学纳入统一的教学大纲和教学计划，才能进一步避免实践教学过程中的盲目性和随意性，确保实践教学能够像理论教学一样有序进行，提高实践教学的教学质量。中宣部、教育部、团中央在《关于进一步加强和改进大学生社会实践的意见》中明确提出，要"把大学生社会实践纳入教学计划，不断丰富社会实践的内容"。

（二）系统化设置思政课实践教学课程

实践教学课程设置根据思想政治理论课不同门类课程及学生不同年级的特点，可以分为三种主要类型：学科实践活动课程、社会实践活动课程、综合实践活动课程。学科实践活动课程由于思想政治理论课不同门类的学科课程有自己独立的课程体系和要求，而学科实践活动课程正是适应这一特点而设置的。思想政治理论课学科实践活动课程是以思想政治理论课中某一课程的学科基本理论或现象为载体的课程。其主要是通过实践活动，加深大学生对该门具体学科知识的理解和体验，使之由感性认识上升为理性认识，验证理论的科学性，其表现出很强的现实针对性。如思想品德修养与法律基础课，可组织学生参加自律督导组织，巡视并评价校园道德失衡现象；也可组织学生参加模拟法庭或模拟道德法庭活动等。"毛泽东思想和中国特色社会主义理论体系概论"课，可组织学生对社区、农村进行参观、考察，开展国情、民情、乡情的专题调研等。"马克思主义基本原理"课，可组织学生开展专题研讨会、辩论会、社会调查等。"中国近现代史纲要"课，可组织学生参观爱国主义教育基地、观看有关影视作品、参观博物馆纪念馆等；社会实践活动课程是综合运用思想政治理论课各门学科课程的理论知识，通过参加综合多样的社会实践活动，使学生锻炼能力，获得认知社会的经验，促进学生"知行合一"，个性全面发展的课程。其主要是指每年安排在寒暑假的学生社会实践活动，如暑期科技、文化、卫生"三下乡"活动、社会调查、服务活动、咨询活动、公益活动等；综合实践活动课程，一般是针对目前未开设思想政治理论课的三年级以上的大学生的特点开设的实践活动课程。它是高年级学生综合运用思想政治理论课知识和专业课知识，在思政课实践教学教师指导下，在更大

空间和范围内开展更多的形式和内容的综合实践活动课程。可以让学生与社会有更多的接触和发挥更大的作用，更有利于他们的社会化过程和社会适应能力的提高。这门课程主要是指高年级学生在参加生产实践专业见习过程中，在德育教师指导下，开展的与思想政治理论课知识相关的德育实践活动，也包括高年级大学生开展的自行组织的实践活动和暑期开展的各类社会实践活动。

五、整合思想政治理论课实践教学资源

开展思想政治理论课实践教学，需要非常丰富的思想政治理论课实践教学资源作为支撑。思想政治理论课实践教学一定离不开一定的载体，也就是具体的实践教学资源。思想政治理论课实践教学作为课程教学中的重要组成部分，涉及范围广，需要整合实践教学的资源，形成系统性的设计与统筹，才能够真正发挥出思想政治理论课实践教学的育人功能。近年来，随着我国社会各界和高校对思想政治教育的重视程度不断提升，各高校在开展思想政治理论课程实践教学时利用和发掘了很多实践教学资源。总体上说，现有的思想政治理论课实践教学资源主要有校内的实践教学资源和校外的实践教学资源。校内的实践教学资源，即高校校内的校史馆、图书馆、人文景观等德育资源以及青年马克思主义者培养工程、青年志愿者团队等组织。校外的实践教学资源一般包括博物馆、革命遗址、纪念馆等爱国主义教育基地，校企合作等方式建立的实践教学基地，著名的企业、乡镇、社区等社会资源，大学生创新创业基地、实习实验基地等。校内校外的实践教学资源无疑都是思想政治理论课是实践教学中可以充分利用的重要教学资源。但是，有的实践教学资源在实践教学过程中得到了充分利用，而有的实践教学资源作用发挥不大。各种实践教学资源之间也缺乏有效的资源整合。

（一）整体规划思想政治理论课实践教学

目前主要的五门思想政治理论课都可以开展相应的思想政治理论课实践教学。但是一定要实现实践教学的统筹安排和统一协调，在组织实践教学时不要各自为政。否则会出现重复内容、重复形式等浪费资源的情况，也不利于日常的思想政治理论课开展，有利于大学生的学习与成长。大学生必将是思想政治理论课实践教学的主体，是思想政治理论课实践教学系统中最根本、最重要的因素。高校思想政治理论课教学要以大学生为核心，充分考虑学生的学习实际情况、接受程度、学习效果等因素，修整规划思想政治理论课实践教学，让大学生从中有更多的获得感。思想政治理论课程作为集中体现社会主义意识形态的课程，具有整合各门课程中的思想政治教育因素，使之转化为受教育者思想道德素质，促进受教育者思想道德素质发展的功能。要实现这一重要的功能，仅依靠一门或者几门思想政治理论课程并不能完成任务。从思想政治理论课本身的课程功能来看，需要将思想政治理论课程作为一个整体系统发挥其整体性功能。所以，思想政治理论课的实践教学也应该统一协调，作为一个整体来发挥其应有的教育功能。要从整体上规划设计高校开设的五门

思想政治理论课的实践教学。一定要避免思想政治理论课程实践教学的教师各自为政，不要在实践教学的形式上或者内容上出现重复或者冲突、不合理的地方。例如，高校中的社团文化活动、重大庆典活动、纪念性会议都可与思想政治理论课程内容相结合，合理开发其育人功能。不仅要将这些活动作为单独存在的活动，而是要整合体现出思想政治理论课实践教学的教学目标。另外，不同专业的专业实习过程也可以发现其中与思想政治理论课程内容相匹配并具有思想政治教育价值的资源，为高校思想政治理论课教学所用。

（二）充分利用网络资源

互联网具有覆盖范围广、传播速度快、互动性强等特点，在传媒领域发挥着越来越重要的作用，高校思想政治理论课教学也无法离开互联网。因此，思想政治教育工作者越来重视网络阵地，通过互联网传播增加红色资源的宣传力度。通过建设校园网络资源，充分利用互联网传播红色资源所包含的先进文化，使红色资源占领校园文化建设阵地。通过宣传确立网络传播的地位，成为推广校园文化建设的手段。首先，在学校网站中开辟红色资源专题，通过开展红色资源论坛，及时发布各种红色之旅信息，设立红色资源文库，举办知识竞猜问答。其次，牢牢抓住马克思主义理论作为红色资源网络宣传的基础和出发点，主导校园文化的发展方向。再次，通过红色文化的宣传，增强大学生对中华民族的认知感，促使他们自觉自愿地加入宣传红色资源的队伍中来。通过及时在网站上发布国家的重大举措和国内外的实时动态，利用红色文化的导向作用，传播红色资源的同时，促进校园文化建设的有效推进。成都工业学院开设了弘毅思政网，专门开辟了陈毅专题，该专题下设"陈毅诗歌作品""回忆怀念""研究园地""纪念活动报道"和"陈毅纪念馆"五个专栏，加强对学生的社会主义核心价值观教育，构建具有学校特色的网络思想政治教育体系。近年来，随着网络技术的迅猛发展，信息网络化的社会发展态势也给高校思想政治理论课教学带来了新的契机。例如，思想政治理论课虚拟实践教学的出现就是网络社会发展的产物。虚拟实践教学是传统实践教学的领域拓展，思想政治理论课虚拟实践教学是传统实践教学的拓展和深化，它开辟了新的空间，拓展了新的形式，将实践教学引入一个网上实践与网下实践、现实实践与虚拟实践交互影响、良性互动的新境界。其活动展开的空间是网络世界、虚拟空间；其活动的展开和完成需要实践主体具备一定的电脑操作技术和能力；其成果的呈现不再是传统的纸质形式，而是集时效性、思想性和艺术性于一体的多媒体作品。虚拟实践教学是由思政课的任课教师基于思政课实践教学的基本规律，制定详细的实践教学计划和流程，通过激发学生学习的主体性和能动性，依托网络平台完成拟定的虚拟实践教学任务。任课教师基于学生提交实践成果的形式（例如，电子书、网站、网页、视频、电子报等）和质量给予合理的评价，并最终纳入整个课程的总成绩。信息化时代的来临，网络伸展到社会生活的每个角落。网络参与人群以年轻人居多，在大学生中尤为盛行，是吸引大学生的文化、生活阵地。大学生和思想政治教育工作者不仅要意识到网络巨大的发展潜力和空间，而且要主动进入网络，了解网络的特性。高校思政课教学也要渗透网络空间中，充分利用网络空间阵地，建立思政课的教学网站，着力创建大学生思政课校园网络实践教学平台。虚拟实践教学就是这一探索的初步成果。通过这一形式可以极大地激发学生学习理论的能动性和创造性。虚拟实践比现实实践具有更大的能动性。在虚拟实践中，大学生主体可以突破现实社会中的性别、身份、地位等的限制，因而可感到前所未有的自由，这也是其能动性的表现。在思政课中实施虚拟实践教学，正是充分利用了大学生的这种虚拟主体身份，也正是通过这一崭新的实践平台，提高了大学生学习思政课的能动性和创造性。

（三）开拓校外实践教学资源

加强高校与地方、高校与企事业单位的合作，建立多种形式的思想政治理论课实践教学基地。建立思想政治理论课实践教学基地是保证思想政治课教学制度化、规范化、长效化的重要方式，本着合作共建、双向受益的原则，建立形式多样、相对固定的实践教学基地。同时，还要加强对已建成实践基地的管理，以保证基地发挥最大的作用。实践基地的建设与管理可以由政府、地方、高校分别执行，共同建设。各地方、各部门应进一步理顺管理机制，加强内涵建设，提高服务质量，有效发挥实践基地汇聚人才、整合资源、示范辐射的功能。不断创新实践基地的功能，拓展实践的活动领域，力争将实践基地建成大学生实践教育场所和产学研中心。可以在企业中建立大学生实习基地，为应届毕业大学生提供就业前的社会实践场所，提供就业岗位，丰富提高学生的就业能力。思想政治理论课实践教学在今后的高等教育中需要可持续发展，不是开展几年就画上句号的暂时性行为。所以，一定要在校外拓展、开辟更多的实践教学基地，为学生提供更多更好更新的接触社会、开展社会实践的平台。传统的爱国主义教育基地、国防教育基地、博物馆、图书馆、纪念馆等资源已经得到充分的利用，还可以将更多种类型的博物馆、新兴产业、创新创业基地等资源充分利用起来作为思想政治理论课实践教学的资源。高校还可以积极地与地方政府、公益性组织等机构联络，争取更多的政策和资金支持，为扩大实践教学基地资源提供有力的支撑。

（四）校内外相结合的教学模式

思想政治理论课实践教学应最大限度地为受教育者参与、接触社会创造条件。校外的思想政治理论课实践教学基地类型多样、种类众多，能够吸引学生开展实践教学，但是，大部分校外实践教学在开展过程中都存在一些弊端。例如，校外的实践教学基地接待能力有限，教学场地有限，能够开展的实践教学方式和安排有限，距离高校比较远、组织大学生赴校外实践基地的成本高、难度大等一系列实际问题。因此，校外实践教学基地固然有其不可忽视的有利因素和优势特色，但是高校也不能完全依靠校外实践教学基地开展思想政治理论课实践教学。毕竟现实的实践教学过程中存在各种各样的实际困难，所以要由校内外相结合的教学模式。将校外实践教学基地的优势和校内实践教学基地的优势结合起来，将校外实践教学基地的劣势和校内实践教学基地的劣势尽量避免，最大限度地利用好实践基地的作用，把校外校内实践教学资源充分利用起来。

目前，红色资源在爱国主义教育中发挥的作用不容忽视。思想政治理论课实践教学可以最大限度地发挥红色资源的教育作用，培育大学生的爱国情感，形成校内外相结合的教学模式。第一，让物质的红色资源进校园。全国各地都很重视对红色资源的保护建设，通过红色资源蕴含的革命精神，激发大学生的爱国热情，使爱国主义教育做到有的放矢。成都工业学院为此打造了陈毅纪念园和陈毅塑像。学校建成了面积为2000多平方米的陈毅纪念园。纪念园详细介绍陈毅主要生平事迹，还展览陈毅诗词书画作品，多位将军及国内知名文化人士有关陈毅的作品，中央、省、市以及学校纪念陈毅的文章、作品及活动照片等，其丰富史料和深刻文化内涵能给人以深刻思想教育和人文教育；还完成了青年陈毅、中年陈毅的两尊雕塑，使之作为纪念陈毅、学习陈毅精神的爱国主义教育基地。第二，充分发挥红色文化在课堂上的教育作用。现阶段思想政治理论课仍然是大学生思想政治教育的主渠道。成都工业学院利用思想政治理论课课堂教学加强对陈毅精神的教育。学校根据思政理论课的性质、特点和内容，实行专题讲和将陈毅精神融入课程体系的教学模式。即"形势与政策课"开辟专题集中讲授陈毅精神，并将其打造成省级精品课程，而"思想道德修养与法律基础""毛泽东思想和中国特色社会主义理论体系概论""中国近现代史纲要"等课程紧紧围绕社会主义核心价值体系的内容有机渗透，这样既不改变现有课程体系，又能保证陈毅精神系统而科学地进入课堂。此外，还开设了弘毅讲坛。讲坛以弘扬陈毅精神为主线，下设校长讲座、辅导员讲座、教授讲座、优秀校友讲座、学生讲座等，成为将思政理论课与学校特色德育资源相结合，介绍、宣传学校百余年来的奋斗历史，激励学生见贤思齐、好学上进，促进校风、学风的优化，提升学生综合素质的良好平台。第三，组织校园红色主题活动。可以通过举办定期聘请校外的先进典型、知名专家、学者和各领域的知名人士到学校讲学，定期开展爱国主义讲座、红歌比赛，唱红色歌曲可以使人振奋精神，形式也很容易被大多数人接受。高校可以通过红歌比赛，使学生自发地了解中国革命史，有效地抵制各种腐朽颓废思想。还可以举办以红色资源为主题的爱国主义教育知识问答。通过活动让学生主动查阅资料，再现当时的历史背景，同样对学生来说是一堂深刻的爱国主义教育课程。成都工业学院专门开设了《形势与政策大讲堂》，截至目前已经开设6期，包括上海市教委副主任高德毅教授的《国际视野下的意识形态博弈》、中国国际问题研究院常务副院长、外交部外交咨询委员会委员、CCTV评论嘉宾阮宗泽的《国际新形势与我国新外交》、中国国际问题研究院研究员、CCTV评论嘉宾、国务院特殊津贴专家杨希雨的《朝鲜半岛问题与国际秩序转型》、CCTV特约评论员、中国社会科学院亚太院南亚研究中心主任叶海林的《地缘博弈与非传统威胁：中国南亚战略的安全挑战》。同时与地方合作共建实践教学基地。学校已经和建川博物馆、陈毅故里共建了思政课实践教学基地。

第三节　高校思想政治理论课教学的管理

高校思想政治理论课教学在帮助学生提升思想政治素质方面具有独特优势，但是要把这种优势发挥得恰到好处，对思想政治理论课实践教学进行合理管理就显得十分必要。上文论述了高校思想政治理论课教学的组织，主要是从高校校级层面而言。此处提到的高校思想政治理论课教学的管理，主要是从高校马克思主义学院或思想政治理论课教学部的角度来论述。"管理的本质是协调"，就高校思想政治理论课教学而言，加强其管理，其本质也是做好协调，特别是指马克思主义学院或思政部为主要的思想政治理论课实践教学的直接管理和协调者，要保证高校思想政治理论课教学得以规范化进行。

一、高度重视高校思想政治理论课教学管理

高校思想政治理论课教学是一项涉及面极广的教学活动，不仅需要思想政治理论课各教研室之间协调彼此的教学活动，加强管理规范，还需要学校各部门的支持和通力合作，思想政治理论课实践教学才能得以顺利开展和保持实效。首先，要加强思想政治理论课各教研室之间对实践教学的安排与计划。目前各高校基本上都是根据五门思想政治理论课设置教研室，各教研室在制定各自课堂实践教学计划，并且在充分讨论的基础上制定统一的课外实践教学计划。建议马克思主义学院或思想政治理论课教学部在学期结束前，各教研室在充分讨论的基础上先形成下一学期本教研室的课外实践教学计划方案，马克思主义学院或思想政治理论课教学部再召开由各教研室主任参加的课外实践教学总体规划会议。各教研室根据总体规划再制定本教研室的实践教学详细计划，包括组织者、时间、地点、经费、所需设备、注意事项等。在实际教学过程中，思想政治理论课教师必须严格按照事先制订的计划执行，做好每一次的活动记录和总结。其次，要加强马克思主义学院或思想政治理论课教学部门与校内其他部门的紧密联系，协调好他们之间的工作，把其他部门开展的大学生实践活动（如大学生暑期的"三下乡"活动、青年志愿者活动、社团活动等）统筹纳入思想政治理论课实践教学活动中去，使这些活动成为思想政治理论课实践教学的重要内容。纳入思想政治理论课实践教学中的大学生社会实践活动，如果仅依靠思想政治理论课教师的个人行为来组织的确有一定难度，所以需要学校主管部门牵头或出面协调。学校应当由思想政治理论课实践教学领导小组具体负责思想政治理论课实践教学的长远规划和宏观指导；在领导小组下面成立"思想政治理论课实践教学指导办公室"，定期对实践教学的有关问题开展研究，协调思想政治理论课教学部和其他部门的沟通、合作事宜，解决在实践教学过程遇到的困难和问题；思想政治理论课教学部门负责对实践教学活动的组织和实施，对其进行具体管理。

二、健全高校思想政治理论课教学的领导管理体制

思想政治理论课实践教学是一项复杂的系统化工程，不仅需要思想政治理论课教学部门的全员参与，还需要社会、家庭以及学校主管领导的高度重视，以及学校各相关职能部门提供支持与齐心合作。建立高效的领导机制和教学工作机制，能够为实践教学提供强大的组织保障。

（一）领导管理体制常态化运作

目前，许多高校存在思想政治理论课实践教学保障机制不健全的现象，导致高校思想政治理论课教学收效比较有限的现象存在。不少高校对实践教学环节缺乏足够的重视，每年的实践教学计划都是临时而定，往往受形势左右，难以做到规范化；教学课时的安排存在着流于形式的问题，或者用理论教学的学时占据实践教学，或者只在上级有检查时开展实践教学，应付过检查则不再安排学时；虽然中央文件明确规定学校必须划拨专项经费用于实践教学，但是还是有一些高校或者没有设置思想政治理论课实践教学的专项经费，或者减少实践教学的经费开支，缺乏经费保障的实践教学在人、财、物的统一管理和使用上都面临很大的困境；实践基地建设的不稳定也成为制约保障机制发挥效果的重要因素，许多实践基地的教育管理处于非正规状态，活动开展时，校地双方保持联系，一旦活动完成则联系减少甚至中断；考核评价体系能够客观、准确地反映实践教学的效果，当前的实践教学依然缺乏对于教师及受教育者进行有效评估，停留于理论知识机械记忆的考核方式。以上问题的存在，反映出高校实践教学组织机构保障机制有待进一步健全。

根据思想政治理论课实践教学发展的要求和各高校积累的经验，学校首先应当建立由党委书记牵头的"实践教学领导小组"，负责实践教学的发展及组织规划纲要，还应由分管思想政治教育的副校级领导为主任的"思想政治理论课实践教学指导办公室""思想政治理论课实践教学指导委员会"这样的常设机构承担起实践教学工作的理论研究和实践探讨，协调组织各相关职能部门的合作沟通事宜，组织开展学校间、院系间、部门间交流研讨工作，鼓励业绩突出的部门发挥带头作用，将实践教学中的重要理论和实际问题作为科研选题，专门设立"实践教学研究"项目，鼓励思想政治理论课教师及各部门教师积极开展科研研究。因为仅仅依靠马克思主义学院或者思想政治理论课教学部的力量，很难形成全校各部门协同一致的大思政格局，很难有效组织起全校范围内的思想政治理论课实践教学。思想政治理论课教学部门和教务处相互配合，具体负责实践教学的实施和组织，解决实践教学方案制定过程开展、评价体系构建等方面的问题。思想政治理论课教师和受教育者党员干部互相配合，具体承担实践教学的管理事宜。从各高校思想政治理论课教学的组织机构设置来看，绝大部分高校都已设立了"思想政治理论课建设领导小组"，但有些高校的领导小组却形同虚设，很少实质性地开展工作，导致实践教学效果不佳。因此，健全高校思想政治理论课教学的领导管理体制要实现常态化运作，而不只是成为应付上级教育

部门检查的短时管理体制或临时性存在的管理体制。

（二）规章制度形成保障机制

思想政治理论课实践教学是一个较为复杂的教学过程，其顺利开展及有效执行需要一套完整的规章制度提供保障。当前，部分高校实践教学低效化的一个重要原因是制度设计的缺失或滞后。因此，健全的规章制度和严格的管理是思想政治理论课实践教学规范化、制度化、科学化的有效保障。虽然有些高校积极地探索思想政治理论课实践教学的有效规章制度，但是制度的执行与制度的制定相脱节成为实践教学低效甚至失效的诱因。好的制度制订出来之后，相关管理者和执行者或者缺乏执行的力度或者采取执行的对策，在有上级号召或检查时象征性地实施下，而不要求、不检查时就流于形式。思想政治理论课实践教学所特有的教育性、组织性、社会性和参与性等特征决定了实践教学制度安排的灵活性、针对性与可操作性。思想政治理论课实践教学的制度设计包括宏观和微观两个方面。从宏观层面上主要指实践教学的最高制度保障，包括其机构设置、组织领导及经费预算等方面。当前各高校设置的相关制度规章有《实践教学指导委员会职责明晰》《实践教学课题立项及经费使用办法》《实践教学课程设置及成绩管理办法》《关于实践教学的实施意见》等。微观层面的制度指实施层面实践教学的制度保障，主要指思想政治理论课教学部门在具体操作、组织层面的规章制度，具体包括《实践教学指导手册》《实践教学优秀受教育者和优秀论文评选与表彰实施条例》《实践教学受教育者队伍管理办法》《实践教学指导教师管理细则》《实践教学要求和成绩评定办法》等。从宏观和微观两个层面入手，从上至下地形成学校领导层面、学校相关职能部门、思想政治理论课教学部门、教师、学生一体化的规章管理制度，才能保障实践教学的高效实施。

（三）实践教学经费支持保障制度

高校思想政治理论课教学经费是教育者和受教育者走出校门实践，实践教学课题研究、实践教学基地建设、实践教学评优评先的必要保障。虽然教育部和相关部门下发过多个文件与通知，要求各高校设立实践教学的专项经费，但是不少高校或者并未设置实践教学的活动经费，或者经费不足，从而出现实践教学经费保障不力的现象。因而，经费的开支和设立已经成为各高校有效开展思想政治理论课实践教学的主要障碍之一。实践教学活动的经费应保证专款专用，同时学校领导和思想政治理论课教学部门可以通过专项拨款获得实践教学的经费，也可以通过与企事业单位共建，与实践教学基地"互惠互利"的原则等筹集到实践教学的部分经费。其使用可以分为几个方面：实践教学活动经费包括思想政治理论课教师的差旅费、社会考察活动经费；组织学生参观考察、寒暑假实践教学资助经费；实践教学课题研究经费包括实践教学手册或相关研究论著的出版及印刷费用，实践教学数据资源库的建立和更新经费；实践教学基地建设费用包括教育者与受教育者的住宿餐饮费用、考察活动经费等。如若缺乏经费保障的实践教学则在人财物的统一使用和管理上都面临很大的困境。经费支持可以改变实践教学基地建设不稳定的情况，以避免许多实践基地在活动开展时校地双方保持联系，一旦活动完成则联系减少甚至中断的情况。

三、规范高校思想政治理论课教学的管理模式

高校思想政治教育实践教学是一个系统工程，不是仅仅依靠思想政治理论课教师、思想政治理论课实践教学指导老师或者马克思主义学院（思政部）就能够实现有效的实践教学管理的。如果实践教学缺乏相应的组织保障和合理的管理模式，面对众多实践教学对象，单纯依靠数量有限的思想政治理论课教师去指导学生实践，显然是难以组织实施的，建立运转灵活的思政课实践教学管理机制的。高校要把思政课实践教学纳入教学管理和行政管理的双重轨道，在管理机制上协调配合，整体育人。

（1）建立完善的思想政治理论课实践教学领导机制。应该按照分工协作的原则和工作的需要设立实施机构，建立相应的工作制度，确保活动顺利开展。思想政治理论课实践教学需要学校有关部门加强协调。成立由学校党委书记牵头，主管教学的副校长、教务处、教学督导处、科研处、团委、宣传部、马克思主义学院（思政部）等部门组成的领导小组，对思想政治理论课实践教学总体规划、科学指导和监督，及时解决社会实践活动中的重大问题，出台相应政策，促进社会实践各个环节、各项内容的协调发展，使思想政治理论课实践教学健康有序地进行。

（2）建立规范的思想政治理论课实践教学管理机制。领导小组下设办公室，具体实施其管理机制，把思想政治理论课实践教学纳入高校的人才培养方案，落实到教学计划中。对思想政治理论课实践教学的指导思想、方针原则、目标效果、形式要求、方法途径、时间规定、成绩考评、工作量计算、奖励办法、组织领导等有关政策做出明确规定。制定《思想政治理论课实践教学管理办法》《思想政治理论课实践教学的教学大纲》《思想政治理论课实践教学中教师的工作职责》《思想政治理论课社会实践调查报告论文成绩评定参考标准》《大学生参加社会实践的管理规定》等一系列实践教学管理制度，把实践教学纳入教学计划，规定学时学分，同时有明确的时间和任务要求，并制定行之有效的考核办法和激励机制。这样就形成了人才培养方案和具体的教学机制相结合的思想政治理论课实践教学模式。

（3）建立有效的思想政治理论课实践教学指导机制。思想政治理论课实践教学要具有科学性、针对性、实效性，思想政治理论课教师结合思想政治理论课教学大纲实践部分和实践教学的主题，提出若干课题，为学生提供参考和指导，该校思想政治理论课教师还通过课堂教学、举办专题讲座，教育学生提高对实践教学意义的认识，了解实践教学的内容，在实践教学的课题选择、技能要求、调查方法、论文撰写等进行培养。

四、思想政治理论课实践教学的相关文档管理与运用

在高校思想政治理论课教学的整体过程中，会产生大量文档资料。对于高校马克思主义学院或思想政治理论课教学部而言，思想政治理论课实践教学所产生的教学档案是产生于教学活动的档案，教学档案管理是院系教学管理工作的重要内容。这些文档资料记载着高校大学生开展思想政治理论课实践教学的过程，记录着大学生参加思想政治理论课实践教学的点滴。其主要内容包括实践教学大纲、实践教学计划和马克思主义学院或思想政治理论课教学部实践教学工作总结、实践教学任务书、实践教学指导书、学生实践报告、考核表、教师总结、校外实践教学基地简介和协议书等资料。这些教学资料对高校的日常教学工作和今后的发展而言至关重要。看似平常的教学资料，如果不注意日常的积累和有效保管，日后补充或者重新寻找就需要大量的人力物力和时间成本。国家非常重视高校的教学工作，教育部的本科教学工作合格评估和水平评估工作中就需要高校准备好日常的各种教学档案。因此，思想政治理论课实践教学的相关文档管理是一项非常重要的工作，它需要日积月累地累积，需要耐心细致地管理，需要一点一滴地积累。

（一）思政课实践教学文档管理目前存在的问题

第一，管理手段比较落后。在一些高校的日常思想政治理论课教学文档管理过程中，管理手段还比较落后。一些高校对于实践教学的文档管理是相对比较随意的，特别是一些高校的思想政治理论课实践教学档案仍处于教师手工处理的阶段，如果对思想政治理论课实践教学产生的教学档案归档，相关工作人员要对各教研室报送的学生实践教学原始材料做整理，按学号从小到大排序，按照班级编制目录，装订成册、分类、装盒、上架，过程繁复，耗时耗力。随着现代化管理技术和设备的引进，特别是计算机、光盘、大容量存储设备、多媒体等技术的发展为文档管理的现代化提供了良好的客观环境。第二，思想政治理论课实践教学相关档案保存手段陈旧。虽然思想政治理论课实践教学档案大都属于短期保存类，但是随着很多高校院系教学规模的扩大，或者多校区的教学运转，仅仅历届学生提交的实践教学报告等原始教学档案材料就堆积如山，如何有效地保管这些教学文件和资料也是让管理者非常头痛的问题。以往传统的文档管理方式均是收集整理后存放在马克思主义学院或思政部的资料室、档案室，或者存放在学校教务处的相关资料室内。但是，随着高校学生参与实践教学的人数增加，随着思想政治理论课实践教学的细致深入，可以预见思想政治理论课实践教学过程中产生的相关纸质教学文档越来越多，其存放和保管逐渐成为一个较难解决的现实问题。第三，对思想政治理论课实践教学档案的开发和利用不足。由于马克思主义学院或思想政治理论课教学部作为高校的二级单位，其教学管理人员普遍比较紧张，对于很多高校而言，思想政治理论课实践教学档案的管理工作一般没有专人进行有效管理。传统的纸质档案查询、使用过程手续烦琐，兼职或临时参与此项工作的工作人员很难有大量的时间和精力用于此项工作。海量的教学原始档案因此被束之高阁，无人

问津。这些教学资料通过不同的视角和需要，还有着比较重要的再利用价值。似是其自身的价值无法有效利用起来。依据目前的科技水平，高校思想政治理论课教学的各种纸质资料只有通过电子化保存的方式，才能真正实现实践教学资源的价值和使用价值。电子化保存的实践教学资料能够为今后思想政治理论课实践教学的发展和科研提供有效的支撑，能够为今后思想政治理论课实践教学科研提供有效的原始数据和资料支持。

（二）建立电子档案管理制度

教育部、国家档案局联合制定的《高等学校档案管理办法》(教育部27号令)明确规定:高等学校应当加快数字档案馆（室）建设，保障档案信息化建设与学校数字化校园建设同步进行。建议高校应该从上至下建立起统一的电子档案管理制度，统一规范电子档案的制作、收集和归档的方法、程序、时效等内容，定期整理、分类归档、专人负责、妥善保管，避免因机构改革、个人工作岗位调整、所用计算机更换、工作移交过程中的疏漏等原因引起的电子档案历史资料的遗散，确保思想政治理论课实践教学的各项历史档案资料的完整。在信息化的时代，思政课实践教学的相关文档也必然要进入数字化发展阶段，以数字化采集技术为手段，以档案业务管理系统为依托，向实践教学档案电子化管理发展将是必然趋势。因此，高校要增强做好电子档案管理的责任感和紧迫感。

（三）建立电子档案应用共享平台

高校可以尝试建立电子档案应用共享平台，可以在校园内部局域网服务器上开辟专区，为马克思主义学院或思想政治理论课教学部建立档案目录，目录下按发生时间存放思想政治理论课实践教学的相关电子档案资料。共享平台按级次设置查访权限，以供今后的教学科研工作者自行查询所需资料，促进整体工作效率的全面提高。或者可以依托网络、计算机等专业，开发一套网络管理平台。在该平台的各项功能模块中，尝试实现思想政治理论课实践教学文档管理一体化的需求。学生可以提交实践教学电子版文档，通过平台自动生成 PDF 格式文件，学生提交 PDF 格式文件后系统立即发送短消息到相关管理人员的信箱，提醒管理人员关注。管理人员在自己的权限内可对实践教学报告申请进行驳回、审核通过或删除等操作。待管理人员审核通过后，文档锁定并上传到数据库中，同时系统发送审核结果的短消息到学生的邮箱，学生也可以在自己的网页界面内随时查询审核结果。数据库内的电子文档则按文件类型建立相关目录，并对文件自动编号。网络管理平台把原教学文件管理和后续档案管理纳入一个统一的系统之内，使电子文件产生过程可以与档案工作紧密衔接，实现实践教学相关电子文档一体化管理。或者还可以尝试建立专用网站，通过专用服务器，保存电子化资料。还可以尝试引入专业的文档管理系统来进行专业化的实践教学电子资料的保管与利用。

（四）积极培养实践教学电子档案管理技术人员

一是要吸纳专人才充实马克思主义学院或思想政治理论课教学部的人员队伍，如计算机专业人才的加入，对此类人才可以经过短期专业培训就基本能够达到对思想政治理论课实践教学电子档案管理工作的需要。此外还有专业的档案管理人才的加入。很多高校的马克思主义学院或者思想政治理论课教学部的人员队伍构成中比较缺乏专业的档案管理人才，特别是掌握了电子档案管理技术的人才。档案工作的重要性毋庸置疑，无论是思想政治理论课的理论教学还是实践教学，都会产生大量教学档案需要及时整理和归档，做好保存保管和再利用。这项工作质量的提升需要比较专业的档案管理人才完成。二是加大继续教育投入，对与思想政治理论课实践教学档案管理工作有关人员，进行比较系统的后续档案管理基础知识、计算机知识、数字通信技术培训，使他们掌握电子档案管理的基本知识技能，改善思想政治理论课实践教学电子档案管理人才缺乏的现状。对于高等学校而言，给所有的马克思主义学院或者思想政治理论课教学部都配齐计算机专业人才和档案管理人才是不太切合目前的高校实际的。从理想层面来看，拥有专门的计算机人才和档案管理人才能够给马克思主义学院或者思想政治理论课教学部这样的二级单位带来工作上的极大便利和提升，但是限于财力物力等方面的因素，很多高校不可能在现阶段实现这样的目标。因此，对于现有人员的继续教育投入确实显得非常重要。对现有的相关人才进行有关电子档案及档案相关方面的知识培训并给予一定的物质激励，能够推动思想政治理论课实践教学的教学材料电子归档工作，能够促进思想政治理论课实践教学管理更加规范和高效。

（五）及时做好硬件设备的更新维护

由于计算机不断地升级、更新、换代，对所有的思想政治理论课实践教学电子档案来讲，它在形成时所依赖的技术往往是已经过时的技术，这是科技进步所带来的必然结果。很多存储设备在五年前、十年前看来是比较先进的存储设备，存储容量也足够，但是随着时代的发展，我们会发现这些设备若干年后变得比较陈旧和落后了，或者其容量根本满足不了当前的工作需求。因此，思想政治理论课实践教学电子档案也要不断地"迁移"和"复制"。同时，还必须保存其所依赖的技术及数据结构和相关定义参数等，或采用其他方法和技术加以转换，防止新技术不能处理旧问题情况的发生。当然，这需要不断持续地投入资金，以保障电子化数字化保存的实践教学电子档案的设备保持在一个合理的水平。高校只有根据自身的不同情况开展此项工作，尽量合理和最大限度地实现实践教学电子档案的有效保存、管理和利用。

（六）建立思想政治理论课实验室

依托实践教学资源和文档管理设备可以为以后的学生进行社会实践等实践教学提供经验和借鉴。以实验室建设为契机，实现实践教学文档电子化管理。实验室教师负责实验室日常管理、实验教学和电子文档的录入、管理等工作。如今，高校文科实验室的建设已经比较常见，并且取得了一定的成效。高校思想政治理论课的教育教学强化针对性，突出实效性，增强学生的获得感，借助实验室的建立建设，寻求高校思想政治理论课理论教学和实践教学的质量提升也是一个不错的突破口。高校思想政治理论课是培养中国特色社会主义接班人的重要方法，肩负着理论武装、价值引领、立德树人的重大使命。长期以来，如何加强思想政治理论课的亲和力与针对性，激发大学生的学习兴趣，提高他们的课堂参与度，以说理代替说教，用润物无声代替"满堂漫灌"是该课程教学所面临的重大课题。国内一些高校，如首都师范大学、深圳大学、江苏科技大学等高校就有一些尝试。江苏科技大学的"基于情景模拟的体验式实验教学"就在思政课实验室建立方面有一些有益的探索。运用"情景模拟"，即有针对性的设计情景，并让学生参与情景角色，模拟情景过程，让学生在高度仿真的情景中获取知识和提高能力。以前，实验教学往往在理工科以及管理学等学科中被使用，具有覆盖面广、管理精准、过程规范、评价客观等优点，而这正是过去思政理论课教学中所缺乏的。江苏科技大学投入200多万元，在马克思主义学院建设了"思政课体验课堂""舆情调查与研究实验室""素质拓展实验室"和"模拟法庭实验室"等硬件设施，编写出版了《思想政治理论课实践教学学生手册》，设计了4门课程8个大类78个思政课体验式实践项目，其中"模拟时事报道""同红军在一起"等广受学生欢迎，初步探索出一条与传统思政课实践教学截然不同的新路。

当然，思想政治理论课实验室的建立非常具有挑战性。建立思想政治理论课实验室是作为高校思想政治教育重要组成部分的社会实践活动提出的新要求，也是在信息网络技术、虚拟现实技术等高科技推动下思想政治教育新形式新路径的具体拓展。高校肩负着培养政治立场坚定的社会主义事业的合格建设者和可靠接班人，这是高校教育质量的核心所在，也是高校思想政治教育工作的重要任务。充分利用高科技和新技术，提升思想政治理论课的吸引力，探索思想政治理论课的教学新手段，不失为一种有益的尝试。但是运用高科技和新技术来提升思想政治理论课理论教学和实践教学对学生的吸引力是一件难度较大的工作。还需要很多高校和相关人员的不断尝试和总结，需要对教学效果进行科学评判和评估。建立思想政治理论课实验室，也能够让思想政治理论课实践教学相关的文档比较容易实现电子化保存和再利用。实验室的相关设备和专业人员就可以成为思想政治理论课实践教学相关文档电子化保存的场地和管理人员。可以设想思想政治理论课实验室包括两个子实验室：教师能力发展实验室和学生实践实验室，同时以独立网站为建设载体。一是通过教师能力发展实验室，使思政课教师获得更加全面、先进、实效和可持续发展的教育教学能力。其功能主要有集体备课、教学资源开发、多媒体电子课件制作、观摩教学等。思政课教师可以在实验室进行集体备课，集思广益，取长补短，共同研讨本门课的教学重点、教学方法；利用实验室进行考试试题的编制、优秀教学法的采集、教学设计和教学成果电子版的展示、优秀教学课电子版展示；制作各种格式及文件的网络课件制作、视音频信号的采集。加工制作课件作品，刻录光盘；用于教师间的交流评价，使思政课老师可以学习吸取其他教师好的经验和做法，同时对有待改进的方面进行完善和提升。二是学生实践实验室，指导学生深化对思想政治理论的认识，用思想政治理论分析个人思想实际、专业实际、社会热点问题。可以实现实践作品的制作，学生可以在实验室内完成其各种形式表现的实践题目。例如，排练、拍摄相声、小品、情景剧、访谈节目等形式的图片、音像的拍摄、制作等；实现实践成果的展示。对学生实践活动的成果可以拍摄图片、录制音像做成光盘等保存下来，也可以为以后的学生进行实践活动提供经验和借鉴。三是思想政治理论课实践教学网站建设。可以开展思想政治理论课基本内容的展示，包括各门课的教案、教学课件、教学录像、历年考试题等，以便学生课下自学使用；开展多媒体素材的采集展示。文字、图片、视频、音频、动画等信息媒体资料的分类保存、自制多媒体课件的存档、网上信息源的检索、学生实践成果的展示等；开展教师与学生交流沟通。开辟专门的思政课教师和学生沟通交流的板块，便于学生和教师的交流沟通，及时解决学生的各种学习生活中的问题；开展全校教育资源的整合。通过设置友情链接，与学生处、团委、宣传部等部门的网站相连通以及与其他院校、部门的相关网站相连通，共同行使思想政治教育的职能。

第六章　高校思想政治理论课教学的实施

高校思想政治理论课教学的实施是一项系统工程。在这项工程中，大学生、思想政治理论课教师、马克思主义学院（思想政治理论课教学部）、校领导乃至学校各部门的态度和作为情况都将影响思想政治理论课实践教学的运行，决定着思想政治理论课实践教学的实际成效。思想政治理论课实践教学的理念保障、物质条件、运行机制、师资保障等要素都是不可或缺的。而思想政治理论课实践教学的具体设计和实施过程则直接影响高校思想政治理论课实践教学的教学效果和大学生的获得感。

第一节　高校思想政治理论课教学实施的条件

高校思想政治理论课是具有鲜明的政治教育、政治宣传和思想引导功能的育人课程。思想政治理论课实践教学又是其中非常重要和不可或缺的一个重要环节。思想政治理论课实践教学实施过程中要坚持党的教育方针，贯彻实践育人的理念，坚持社会主义方向，弘扬社会主义核心价值观。让学生通过多种多样的实践教学形式接受实践教育，就需要相应的实践教学的实施条件。这些条件既包括相应的思想政治理论课实践教学的理念保障，也需要大量的物质资源的支撑。需要科学的、运转流畅的思想政治理论课实践教学运行机制，也需要一支能够指导大学生有效开展实践教学的师资队伍。

一、思想政治理论课实践教学的理念保障

思想政治理论课实践教学，旨在帮助学生学会做人和提升自身的社会文化认知，使大学生形成正确的世界观、人生观和价值观，增强教学的实效性，提高思想政治理论课教学质量。开展思想政治理论课实践教学要树立这样的理念作为开展教学的理念保障。社会实践是大学生思想政治教育的重要环节，对于促进大学生了解社会、了解国情，增长才干、奉献社会，锻炼毅力、培养品格，增强社会责任感具有不可替代的作用。通过实践教学，培养适应知识经济和社会经济发展所需要的具有一定创新精神、创新能力的思想政治素质和科学文化素质都比较高的社会主义事业合格接班人和建设者，以适应时代的发展和社会的进步。思想政治理论课实践教学是为了教师更好地教、学生更好地学、教学活动更好地开展，是为了发挥教师与学生双方的积极性与主动性而进行的活动。在实践教学中，必须

始终贯彻"以人为本"的教学思想，坚持面向社会、面向学生、面向实践第一线全方位地为学生的实践教学做好基础和保障工作。思政课教师要提高对思政课实践教学的认识，树立实践育人的德育观念。思政课实践教学是理论和实际相结合的有效形式。大学生通过思政课实践教学环节，使理论和实践有机结合，能充分理解党在改革开放以来所制定的路线、方针、政策的正确性，增强贯彻的自觉性；充分了解改革开放的巨大成就，树立改革的信心；充分认识中国国情和中国特色社会主义建设的艰巨性，增强建设中国特色社会主义的坚定性。同时，通过实践教学，进一步弘扬和培养民族精神。这对上好思政课，提高思想政治理论课的教学质量，真正做到"入耳入脑"极为重要。只有牢固树立这样的理念，提高认识，才能建立完整的实践教学的组织管理体系。只有从根本上认识到实践教学的重要性，在思想政治理论课实践教学过程中坚持这样的理念，才能在教学中真正建立实践教学体系，改变思想政治理论课实践教学实效性不强的状况，提高思想政治理论课实践教学质量。社会实践是大学生思想政治教育的重要环节，对于促进大学生了解社会、了解国情，增长才干、奉献社会，锻炼毅力、培养品格，增强社会责任感具有不可替代的作用。在思想政治理论课实践教学的实施过程中一定要坚持这样的理念，促进实践教学的具体开展并取得实效。

此外，高校要形成重视实践教学的文化环境建设。良好的、积极向上的文化环境能够为实践教学的理念提供隐性的支撑。环境对人的思想品德的影响是不容忽视的，它具备一种隐性的、潜移默化的作用。利用环境对学生产生思想政治理论课实践教学的影响，不仅包括校内环境，也包括校外环境，不仅包括自然环境，也包括社会环境，不仅要建设现代化、园林式的校园，建设功能齐全的各项配套设施，加强学校的"硬件"建设，还要加强学校的"软件"建设，加强学校的精神文明建设和校园文化建设，营造学校的健康、积极、开放的文化氛围，让大学生能够在校园文化氛围中处处感受到当代社会精神的熏陶感染。同时，社会大环境的影响作用也不可忽视，不仅要把我们的环境建设得更加美丽、整洁，对城市进行规划整治，让人在其中能感觉心旷神怡、心情舒畅。通过环境建设促进思想政治理论课实践教学是一种隐性教育，可以把思想政治教育的内容渗透在物质、活动、信息等载体之中，长期对大学生的思想进行熏陶和感染，从而提升大学生的思想素质，促进人的全面发展。

二、思想政治理论课实践教学的物质条件

（一）保证思想政治理论课实践教学的经费投入

高校应当保证相对稳定的思想政治理论课实践教学经费，根据具体情况适当增加投入，这是思想政治理论课实践教学有效开展的必要条件。高校在制定实践教学制度的过程中就应该明确规定思想政治理论课实践教学经费的来源，确保专项专用，以保证思想政治理论课实践教学的进行。思想政治理论课的实践教学与其他大学课程一样需要科学地计划和系统地实施，而不应被边缘化。在培养大学生的思想政治素质以及培养他们的社会责任感和

奉献精神等方面，理论课的实践教学具有其他大学课程所不可能与之相比的优势。因此，从应受到的重视程度来讲，应该与其他大学的课程相同。但现实情况诚如有的学者所言：思想政治理论课的实践教学一直处于"说起来重要，做起来次要，忙起来不要"的境况之中。《关于进一步加强高等学校思想政治理论课教师队伍建设的意见》中指出：各高等学校要建立思想政治理论课教学专项经费，列入预算，并随着学校经费的增长逐年增加。各省市区的教育行政部门相继出台了按照不低于年生均15～20元的标准设立思想政治理论课专项经费，主要用于教改、教研、学生实践和教师培训交流，并随着学校经费的增长逐年增加的实施意见。但是有一些高校由于各种各样的具体原因，还没有能够按照这样的政策要求实施。因此，各高校应自上而下地转变观念，尽快落实上述文件提出的要求。设立理论课实践教学的专项基金，为全面、系统、规范地开展理论课的实践教学提供经费保障。尝试建立多种形式的投入保障机制，保证思想政治理论课实践教学所需经费的落实。此外，高校马克思主义学院或者思想政治理论课教学部还可以通过积极组织申报各级各类课题，包括思想政治理论课专项或思想政治理论课教育教学改革专项等课题来积极争取更多的经费资助。高校还可以利用各级政府及职能部门的资源，加大对思想政治理论课实践教学工作的指导和经费支持。例如，中宣部、教育部负责培训学术带头人、各地宣传部门、教育部门负责培训本地骨干教师，各高校积极争取名额并参加，也相当于为实践教学的师资培训争取更多机会和经费支持。还可以积极争取各种社会力量的支持。通过校友和产学研合作企业，积极为思想政治理论课实践教学提供一定的资金支持和实践平台，同时也能够实现高校服务社会的职能。在多渠道、多方面筹措资金和合理利用各方面资源的同时，确保思想政治理论课实践教学经费的合理使用与科学的经费管理，都能够在一定程度上促进思想政治理论课实践教学的物质条件丰富。

（二）加强思想政治理论课实践教学基地建设

在思想政治理论课实践教学中，实践教学基地起着非常重要的作用。实践教学基地是进行实践教学的重要场所和战略依托。要保证实践教学的规范性与持久性，思想政治理论课应当以实践教学基地为依托。高校应根据思想政治理论课教学内容和人才培养目标的要求，结合学生实际状况和本校当地的现实条件，遵循教育性、典型性和就近性等原则，有针对性地建立起形式多样、设施健全、规范稳定的社会实践教学基地。学校既可以利用自身资源优势自主投资建设一些与教学内容联系紧密的稳定教学场所；也可以结合本地特色，与政府有关部门或企事业单位相关部门合作共建部分实践基地；还可以与企事业单位协商，直接将学校学生选派到该单位实践锻炼。学校在借助企事业单位及社会各类实践资源促进人才培养的同时，应当坚持资源共享、合作共建、互惠双赢的原则，尽量减少接收单位的压力和负担，把帮助企业解决实际问题，促进企业发展作为实践活动的目的之一。企业也应该增强社会责任感，转变用人观念，努力构建科学合理的管理机制，以开放的姿态接纳大学生参与企业实践活动中来，为大学生提供更多展现和锻炼自己能力的平台。

为了确保实践教学的有效开展就必须增加投入，建立多样化的思想政治理论课实践教学基地。成都工业学院一直在努力实现此目标，努力使实践教学制度化、长久化。建立稳定的思想政治理论课实践教学基地，确保思想政治理论课实践教学切实有效开展。为使思想政治理论课实践教学更富有实效性，成都工业学院致力于实践教育教学基地的规划和建设，将校内外的教育资源整合起来，充分发挥各类实践教学基地在思想政治理论课教育教学中的作用。根据思想政治理论课实践教学的教学内容和社会的需要，有针对性地建立起形式多样的实践基地。这些实践教学基地从总体上可以划分为校内和校外两种类型。第一，校内实践教学基地建设。主要着眼于多部门齐抓共管，发挥校院系两级的领导、组织、协调和整合功能，形成德育合力，它有利于提高教师和学生的参与度，体现师生双向互动效果。主要的校内思想政治理论课实践教学基地是陈毅纪念园，这一四川省级爱国主义教育基地能够有效支撑思想政治理论课的实践教学。此外，成都工业学院在一百多年的办学历程中，形成了优良的传统和独特的文化。从建校初期的染织、应化两科，发展到现在进入全日制本科办学阶段，其间虽12次更名，5次搬迁，但历代学人形成的"手脑并用、学做合一"的校训、"严谨、朴实、勤奋、创新"的校风、"艰苦奋斗"的办学精神、"卓越创新"的价值追求、"敬业乐群"的人文情怀仍薪火相传，成为学校宝贵的精神财富。学校的校史馆、模具科技馆、机械博物馆等场馆也同样成为学校重要的思想政治理论课实践教学基地。高校思想政治工作是一个系统工程，要求各门课程、各类教师相互配合，不失位，不越位，既发挥思想政治理论课课堂教学在大学生思想政治教育中的主渠道作用，又充分发掘综合素养课程、哲学社会科学课程、自然科学课程的思想政治教育资源，使各门课程与思想政治理论课同向同行；既重视辅导员、班主任这支思想政治教育的骨干力量，又调动思想政治理论课教师、专业课教师等参与日常思想政治工作的积极性。多角度、多维度实现高校各门课程与思想政治理论课同向同行的途径与方法，探索思想政治理论课教师、辅导员、专业课教师的有效整合路径，真正体现全员育人。第二，校外实践教学基地的建设。主要着眼于充分利用社会实践教育资源，通过书本理论知识学习与社会实践活动相结合，培养学生观察、思考、分析、解决理论问题和现实问题的能力。学校充分利用成都及周边地区思想政治教育资源丰富的区位优势，努力将校内教育与基地教育、理论教学与实践教学结合起来，使宝贵的精神财富尽可能地发挥育人作用。学校注重通过建设与课堂教学相互促进的实践教学第二课堂教学体系来提升教学效果。学校在大邑、乐至等地建立了实践教学基地。分批组织在校师生到基地去参观调研，并进行实地教学。随着教学改革的深入，在思想政治理论课实践教学基地的建设过程中，还采取学校与联系单位"共建"的模式。成都工业学院和建川博物馆、陈毅故里进行共建思想政治理论课实践教学基地，对于提升思想政治理论课的吸引力和实现课程的实效性有着重要的意义，对于思想政治理论课实践教学效果的提升有着重要的意义。由于本书的第三章专门就实践基地的建设问题进行了论述，此处就不再赘述。

三、思想政治理论课实践教学的具体运行机制

上文分析了思想政治理论课实践教学的组织和理念保障、物质条件等内容，有了科学的理念，有了科学的组织，有了一定的物质条件，思想政治理论课实践教学应当形成一个相对稳定而科学的运行机制，这样才能让思想政治理论课实践教学发挥最大的教育功能。通过近年来我国各高校思想政治理论课教学的状况来看，全员化、规范化、系统化的理论课的实践教学运行机制能够让大学生都成为最大的受益者，能够使他们主动参与、亲身体验，主动探究和发现现实生活中的问题，并运用所学理论研究和解决问题，在社会实践的过程中解决具体问题，坚定理想信念，不断完善自我。因此，构建一个完善的理论课实践教学的运行机制十分重要。

由于我国高等教育中重理论轻实践的教学理念影响深远，重专业课知识、轻公共理论课的现象仍普遍存在。再加上受思想政治理论课实践教学实施时间短、经费紧张、场地不足等客观条件的限制，使得各高校在主观上对实践教学认识不清、计划中缺乏系统的安排、操作流于形式的现象比较严重。社会实践活动是思想政治理论课实践教学的重要方面，每一名学生都应该参与其中。但多年来，许多高校的社会实践活动只是少数学生党员和学生干部参加的、在假期集中进行的短期性和阶段性的活动，大多数学生没有机会参加。常常是学生骨干队伍的实践活动开展得轰轰烈烈，实践报告也写得有模有样，但大部分学生的社会实践却没有实际进展。这样不能达到理论课教学的基本目的与基本要求，而且大多处于无教学计划、无教学大纲、无时间保障的状态中，随意性较大，目的性不强，导致学生既不能获得在时间上的量的积累，又难以形成思想上质的飞跃，对学生良好素质的形成不能起到应有的作用。成都工业学院近年尝试实施"全员实践教学"的思想政治理论课实践教学运行机制。将实践教学纳入思想政治理论课教学计划，积极组织教师开展社会实践和学习考察活动，不断提高教师实践课教学水平，充分发挥实践课教育教学功能。一是在教务处支持下根据本科教学的需要，制定并实施了思想政治理论课实践教学实施方案，指导本科生顺利完成了暑期社会实践工作。在此基础之上，经过认真总结，组织编写出版了《"毛泽东思想和中国特色社会主义理论概论"社会实践学生指导用书》，规范了学生社会实践，提高了学生实践能力，巩固和提高了思想政治理论课的教学效果。二是把"走出去与请进来"结合起来，加强省内外各高校考察交流，从中了解本科院校思想政治理论课部门的管理情况、各课程的开设情况、课程的建设与改革情况、实践教学的开展与社会实践基地建设情况、思想政治理论教育工作者的培训情况等，并具体深入课堂进行教学观摩。三是进行组织教师社会考察与红色考察。拓展了视野，积累了素材，提高了课堂教学的针对性与实效性。

四、思想政治理论课实践教学的师资保障

思想政治教师是高校教师队伍中的特殊群体，肩负着用马列主义、毛泽东思想和邓小

平理论，用科学的世界观，人生观和价值观教育武装学生的使命。高校要开展好思想政治理论课实践教学，一支高素质高水平的思想政治理论课实践教学师资队伍至关重要。师资队伍的好坏，决定了高校开展思想政治理论课实践教学建设与改革的成功。高校一定要高度重视思想政治理论课实践教学队伍的日常建设和发展，通过相关政策和各种激励措施，真正建设好思想政治理论课实践教学的师资队伍，为实践教学的开展学生的成长成才提供有力支撑。从学历、职称、专业、年龄等方面综合考虑，形成一支科学、协调的实践教学师资队伍。

（一）建设高水平的思想政治理论课实践教学队伍

思想政治理论课实践教学要由相应的教学队伍来组织完成，因此，思想政治理论课实践教学水平的提高，首先要重视这支教学队伍的水平提升。首先，思想政治理论课实践教学的教师要充分重视实践教学的重要性。教师对思想政治理论课实践教学的意义要有科学的认识。只有在工作态度上真正重视实践教学，才能够更加有效推进实践教学的开展。思想政治理论课教师是实践育人的重要教学实施者，教师要充分认识到思想政治理论课实践教学是大学生的必修课程，是通过具体实践增强大学生马克思主义理论水平的重要课程。而且，实践教学和其他的大学课程一样，有具体的教学目标，有专门的教学大纲，有自己的内容体系，有特定的学分和学时。参加实践教学，并积极思考怎样提升实践教学水平是每一个思想政治理论课实践教学教师的职责。教师不仅要重视思想政治理论课的理论教学，同时也要重视思想政治理论课的实践教学，不断探索更加科学和有效的教学方法、教学手段。其次，要认真组织思想政治理论课教师进行深度的社会实践、学习考察。思想政治理论课实践教学的开展有赖于实践教学的教师。如果很多实践教学的教师自身缺乏社会实践经历，缺乏相应的学习思考，很难对大学生的实践教学进行有效的指导。所以，要指导大学生参加社会实践，进行实践教学，教师必须具备较强的社会实践能力和比较丰富的社会实践经验。思想政治理论课实践教学的教师亲身经历社会实践，积极学习考察，对于开阔视野、增加认识有着积极的意义，对于提升个人水平、丰富教学素材有着积极的意义，对于增强课堂教学效果、提升实践教学指导能力有着积极的意义。高校应该充分重视思想政治理论课实践教学教师的个人实践能力提升，利用好思想政治理论课教学科研专项经费，科学安排、有效组织，有计划和有目标地组织思想政治理论课实践教学教师进行充分的社会实践、学习考察，让教师真正增强个人在实践教学方面的各种能力，这样才能更好地指导学生，才能更好地开展实践教学。最后，还要不断增强思想政治理论课实践教学教师的指导能力培训。思想政治理论课教师要坚持先培训后上岗，要着力提高新任教师适应岗位要求、胜任本职工作的能力。开展思想政治理论课实践教学，对教师的指导能力要求高，高校需要不断增强实践教学教师的指导能力，加大培训力度和深度，提高教师的实践育人水平。目前，各级各类的思想政治理论课培训中，实践教学方面的内容还很少，应该适当增加思想政治理论课实践教学方面的指导培训。高校马克思主义学院或思想政治理论课教学部也要积极开展实践教学方面的指导培训。由本校或者外校的具有实践教学指导经验的教师来培训，还可以由社会科学研究方法课的教师来培训。通过这些培训，促进指导教师的能力提升，促进实践教学教师的交流，真正提升思想政治理论课实践教学水平。

（二）尝试建立专兼职结合的思想政治理论课实践教学队伍

实践教学教师队伍如果仅仅依靠思政课教师，则过于局限。实践教学还可以依靠高校及企业、科研机构等很多方面的人员为其师资支撑。以"大思政"的视角审视实践教学，我们就需要构建"大思政"教学队伍。思想政治理论课实践教学是一项系统工程，应该建立起一支党政干部、共青团干部、思想政治理论课教师为主，高校辅导员、专业课教师、社会各界有关人士广泛参加的实践教学师资队伍。

高校辅导员是一支重要的兼职实践教学队伍。高校辅导员在承担思想政治理论课实践教学方面有更了解学生，组织管理能力更强的优势，这无疑有助于提高思想政治理论课实践教学的针对性、全面性。辅导员承担思想政治理论课实践教学，无论是在提升思想政治理论课教学的实效性，还是在推动辅导员队伍发展方面都能产生积极效应。思政课教师和辅导员是开展高校思想政治工作的两支主要力量，是高校开展思想政治工作的主要队伍。这两支队伍在高校思想政治工作中的系统整合还有很多可以改进和完善的方面。科学整合高校思政课教师和辅导员两支队伍，整体推进思政工作队伍建设，能够形成有效合力，在思想政治理论课实践教学中发挥积极作用。高校辅导员开展大学生思想政治教育工作，同样需要提升个人的教学和科研能力。而辅导员的教学科研能力可以借助思政课兼职教师的身份进行提高。高校可以鼓励符合相应条件的辅导员担任思政课实践教学兼职教师，这样既为辅导员提高自身的教学科研能力提供了发展平台，也为思政课教师队伍发展提供了后备力量。一些高校辅导员科研的方向是大学生思政教育，而担任思政课实践教学兼职教师正好可以给辅导员的科研助力。高校可以鼓励辅导员并给予制度支持，高校辅导员要能够担任思政课实践教学教师，要提高思政教学和科研水平。以往在对高校思政课教师和辅导员的培养过程中，融合培养、共同提高相对少一些。高校可以通过一定的学校制度安排，给予高校年轻的辅导员一定的教学科研平台，在日常的培养培训过程中，让更多的辅导员能够接受马克思主义理论的专业培训，让两支队伍融合、交流、共同培养。科研工作上把两支队伍进行有机整合，不要形成"两张皮"的现象。高校思政课教师和辅导员这两支队伍在开展高校思想政治工作中可以相互配合、实现共同育人。在实践教学过程中以及科研工作中高校思政课教师可以多与辅导员合作，一起进行实践教学，一起开展科研项目的申报和研究。辅导员可以将班级学生对任课的思政课教师的评价和希望及时反馈给思政课教师，和思政课教师一起探讨大学生日常思政教育中出现的新情况和新问题。即要建立起相应的高校思政课教师和辅导员两支队伍的联系和沟通机制，在一个学期期中、期末通过相应的反馈机制，在实践教学完成后通过相应的反馈机制，及时实现相互的信息交流和及时反馈，共同形成高校思政工作的合力，通过相互配合来实现这两支队伍共同育人的目的。

第二节　高校思想政治理论课教学的设计

一、做好顶层设计和教学计划、教学大纲

人才培养是高等学校重要的职能之一，而思想政治理论课对于中国特色社会主义高等教育而言具有特殊的意义。我们国家的高等教育兴办的是社会主义大学，社会主义大学培养的是中国特色社会主义合格建设者和接班人。也就是说，我国高校的人才培养职能的发挥有着非常明确的社会主义方向。因此，高等学校要充分认识到思想政治理论课实践教学的重要性，把思想政治理论课实践教学纳入高校人才培养的总体方案中，加强领导，统筹安排。高校思想政治工作是一个系统工程，要求各门课程、各类教师相互配合，不失位，不越位。这需要除了思想政治理论课程之外所有高校课程的同向同行，既要发挥思想政治理论课课堂教学在大学生思想政治教育中的主渠道作用，又要充分发掘综合素养课程、哲学社会科学课程、自然科学课程的思想政治教育资源，使各门课程与思想政治理论课同向同行；既重视辅导员、班主任这支思想政治教育的骨干力量，又调动思想政治理论课教师、专业课教师等参与日常思想政治工作的积极性，真正体现全员育人的教育理念。在我国，高校培养社会主义事业的合格建设者和接班人，这是高校人才培养职能发挥的重要内容。而思想政治理论课的理论教学和实践教学则是高校坚持社会主义办学方向、培养社会主义事业人才的重要环节。因此，高校要充分认识思想政治理论课的重要性，而且思想政治理论课的理论教学已经得到高度重视，实践教学的重要性还没有真正得到高等学校的重视。2008 年 9 月中共中央宣传部、教育部联合颁布了《关于进一步加强高等学校思想政治理论课教师队伍建设的意见》，其中就明确提出："从本科思想政治理论课现有学分中划出 2 个学分、从专科思想政治理论课现有学分中划出 1 个学分开展本专科思想政治理论课实践教学。要探索实践育人的长效机制，提供制度、条件和环境保障，确保不流于形式。"[1]因此，高校应当将思想政治理论课实践教学放在与思想政治理论课课堂教学同等重要的位置上，将其纳入学校人才培养方案中，纳入学校教学体系和学分管理规程的课程之中。思想政治理论课的教师要从培养学生的实际需要出发，制定出思想政治理论课实践教学的大纲，并根据教育的规律，为不同专业、不同层次的学生有"个性化"的制订思想政治理论课实践教学的内容和形式。应该克服随意性和盲目性，确保思想政治理论课实践教学的质量，使学生在接受高等教育期间都能够参加相应层次的思想政治理论课的实践教学活动。高校成立实践课程领导小组，负责课程顶层设计和整体协调。马克思主义学院思想政治理

---

[1]　中央宣传部、教育部《关于进一步加强高等学校思想政治理论课教师队伍建设的意见》[N].长安大学报，2008.

论课教学部负责协调教师力量，组织相关课程教学并为社会实践提供智力支持；校团委联合各学院辅导员负责相关组织保障管理工作，让社会实践教学形成从决策到实施、从教师积极指导到学生自主参与的德育新模式。成都工业学院根据教育部的要求和自身思想政治理论课教学开展情况，在"毛泽东思想和中国特色社会主义理论体系概论"课中拿出 2 个学分，用于思想政治理论课实践教学。

二、突出实效性和针对性

思想政治理论课实践教学的实施中应当注意实效性和针对性。实效性就是指思想政治理论课实践教学实施过程中要遵循教学客观规律，把思想政治理论知识学习和实践运用结合起来，让转变学生的思想和解决实际问题结合起来，达到思想政治理论课实践教学实际效果的最大化。针对性和实效性紧密相关，高校思想政治理论课教学应当在思想政治理论知识指导下让大学生有具体目标和具体指向地进行实践。

思想政治理论课教育要让大学生全面掌握马克思主义的基本原理和立场、观点、方法，不断提高大学生的思想觉悟和政治理论素质，培养合格的社会主义事业建设者和接班人。因此，思想政治理论课本身就与其他知识类、技能类课程教学存在着根本性的差别。思想政治理论课强调的不仅仅是思想政治理论知识和技能的传授，还要将科学理论内化为大学生的自身信念与修养，实现其思想上的升华。这种知识理论的内化过程需要有实践的依托。有了实践才有内化科学理论的途径和场所。实践教学的内容、形式等要与大学生所学习的具体课程相结合，根据各门思想政治理论课的具体特点及教育任务，设计有针对性的、个性化的实践教学内容和形式。要和大学生的本专业、高校的定位及所在区域的特点相结合，充分利用高校所在区域的各种社会资源。真正激发大学生的参与热情和兴趣，调动大学生主动进行思想政治理论课实践教学，积极参加各式各类的实践教学，让大学生从自己熟悉的领域去感知实践教学给自己带来的收获和感悟，让思想政治理论课实践教学真正鲜活起来。

三、教师指导结合学生自主实践

在思想政治理论课实践教学中，指导教师为主的教学模式是比较常见的。其实在实践教学过程中，指导教师可以根据课程中的重点难点以及学生所关心的热点问题给出主题，指导学生利用课余时间查阅资料、调研调查并将自己得出的结论进行宣讲。鼓励学生自主实践，这种教学方法避免了简单说教，让学生成为课堂的主角。许多原本枯燥难懂的专业问题、理论话题在学生自我研读的过程中被更好地理解、消化，教学效果较单纯讲授好得多。还可以让大学生组建团队，开展实践。组织大学生以宿舍、班级、党团支部、社团等为单位，围绕主题或课题形成跨专业、跨年级的实践团队。每支团队需制定详细的实践计划，并聘请一位指导教师，经课题组审核通过后进入实践环节。大学生还可以根据社会热点、重点问题，制定题目，由教师进行把关。教师根据学生所关心的、感兴趣的问题，有针对性地制定实践教学方案，确定实践教学方案后，大学生要组成实践教学团队，选定负责人，教师给予全程指导，最终学生通过老师的指导，小组的调研、讨论等方式形成实践教学任务报告。思想政治理论课作为我国高校德育教育的主渠道、主阵地，反映了社会主义意识形态特征，就决定了它必须遵循理论与实践相统一这一马克思主义的基本原则。因此，思想政治理论课的实践观是其首要的基本观点，思想政治理论课教育目标的实现，归根到底是学生"知、情、意、信、行"的和谐统一，落脚点在学生的行为上。让学生自主开展实践，把高校思想政治理论课的课堂教学与实践教学有机结合起来，在课堂理论灌输和启迪的基础上，让学生带着课堂上的问题，自主去参加各种方式的、丰富多彩的带有实践性的教学活动，通过亲身感受和体验来印证马克思主义基本理论的正确性和指导性。只有学生在日常生活中能把课堂上所学到的社会要求、道德准则、行为规范等加以自觉的行为表现出来，并具有某种程度上的稳定性，掌握了一定的自我教育的能力和社会生活的能力，我们的道德教育才算"达标"。内因是事物发展变化的根据，它规定了事物发展的基本趋势和方向，外因是事物发展变化不可缺少的条件，对事物的发展起着重大的作用，外因必须通过内因起作用。而学生的自主实践就是实践教学的"内因"，外在的思想政治理论、实践教学理论等只有通过"内因"才能转化成大学生用马克思主义理论指导自身实践的动力，并最终帮助大学生形成科学的世界观、人生观和价值观。世界著名教育家苏霍姆林斯基指出："只有能够激发学生自我教育的教育才是真正的教育。"实践是思想政治理论课教育目标的本质特征，实践既是高等院校思想政治理论课教育教学的出发点，也是思想政治理论课教育教学的目的地或归宿。

四、形式与内容的结合

思想政治理论课实践教学的实施过程中要注意形式与内容的结合。实践教学的形式可以多样化，通过多种有效形式开展。实践教学形式一般是指在实践教学中借助各种教育技术手段和环境条件，激励学生主动参加，积极参与实践并进行探索和创造，从而实现实践教学的内容，达到提升大学生思想政治素质与理论修养的教学方法、措施等等。而思想政治理论课实践教学的内容则决定形式，形式服务于实践教学的内容。国内的学者对实践教学的形式有很多划分方法："二维说"，即体验型和研究型；"三维说"，即社会实践、课堂实践、科研实践；"四维说"，即基地教育、社会实践、案例教学、研究实践；"五维说"，即感知性、内化性、探索性、体验式、合力性等五种实践教学形式。本书中就不具体探讨这些划分方法哪个更加科学，仅列举主要的思想政治理论课实践教学形式，供读者参考。

实践论文研究，即学生在教师的指导下，紧密结合教学内容，根据各自的兴趣、爱好和特点，从所学学科或跨学科领域选择和确定论文独立地进行资料收集、整理、分析和归纳，并在研究过程中主动地获取知识、应用知识、解决问题、接受教育的一种教学方法，是以写论文报告等实践活动为重要途径。老师对于实践论文报告应及时批阅和点评，对于优秀的作品可以让学生在课堂上演示、交流。

辩论，即教师将某些社会现象问题设为辩题，分成正反方组织论辩，说明彼此对事物问题的见解，揭露对方的矛盾，从而得出正确认识的一种方法。操作时不照搬辩论赛模式，自由辩论由全体同学参与。

讨论课，即在教师的指导下，全班同学围绕某一中心问题发表自己的看法，以进行相互学习的一种教学方法。通过课堂讨论，可以集思广益，交流信息，互相启发，加深对知识的理解，培养训练学生的观察力、想象力、思维能力和分析和解决问题的能力。

案例分析，即对现实生活中某一具体现象的客观描述，包括有一个或多个疑难问题，同时也可能包含有解决这些问题的方法。在实践教学中引入一些典型的事例。学生从中可学到许多解决实际问题的经验。案例可以把抽象的原理、概念等具体化，把它们置于一定的实际情境之中，学习者可以清楚地认识到这些原理、概念在实际生活中的用处、表现，增进其学习兴趣和动力，同时也会恰当地掌握它所具有的特定含义和意义。案例教学以学生的积极参与为前提，以教师的有效组织为保证，以精选出来的能说明一些问题的案例为材料，而要做到这些方面的有机结合往往较为困难，有时会有耗费时间较多而收效甚微的结果。

艺术欣赏，即人们通过艺术欣赏活动，受到真、善、美的熏陶和感染，在潜移默化的作用下，引起人的思想、感情、理想、追求发生深刻的变化，引导人们正确地理解和认识生活，树立起正确的人生观和世界观。在实践教学中，借助一些经典剧目的重现，将思想政治教育寓于艺术教育之中，无论从艺术教育的过程来看，还是从思想政治教育的效应来看，都是课堂教学难以比拟的，让学生感受到："我们形成了我们自己，同时也形成了我们的材料。"

影视体验，即发挥优秀电影电视剧的教育作用，让学生在观看中获得虚拟性生活体验在美的欣赏中接受正确的道德观，树立正确的价值观、人生观和世界观。

虚拟性实践，即借助影像符号和计算机网络支持进行实践教学，对于条件好的高校可以借助计算机进行辅助实践教学，但也可以用一般方式实施，如角色模拟。教师与学生承担着更多的教与学的责任，要求有更多的投入和参与。通过虚拟性实践，让学生学会像某一特定的专业人员一样思考问题、分析问题、解决问题，这是传统课程不能涵盖的。学生不仅可以从中获得认知的知识，而且有助于提高其表达、讨论技能，增强其面对困难的自信心，从而大大缩短了教学情景与实际生活情境的差距。虚拟性实践作为沟通现实世界与学习世界的桥梁，无疑可促使学习者更快地适应工作情境的挑战。

参观见习，即教师根据一定的教学内容和目的，通过知识点的讲授，选择具有典型教育功能的基地或场所，组织全班同学进行参观，从而获取并验证所学知识，接受社会教育的一种教学方法。参观突出了社会教育功能和学生自主学习精神，通过参观让学生在情境体验中获取知识、培养能力、升华情感，使学生的思想和心灵受到直接触动。

社会调查，即组织大学生开展城乡调查活动，利用学习期间或寒暑假深入社区、厂矿、商场、公司、农村，了解改革开放以来我国在各方面发生的深刻变化，进一步认识党的路线、方针、政策的正确性，从而增强对党的热爱和信任，拥护并自觉执行党的路线、方针、政策。

勤工俭学、课外科技活动等，即通过让学生亲眼看见，亲自动手，达到加深、检验认识、强化记忆，自觉践行的目的，使大学生重新认识自我，发现自我，领悟到自我的价值，学到书本上所学不到的东西，看到自己与现实的差距。

多种实践教学的形式，其内容离不开思想政治理论课实践教学的内容，以马克思主义理论为指导，按照教育培养目标的要求，有组织、有计划、有目的地引导大学生校内实践或走出校门、走进社会，开展社会调查、生产劳动、志愿服务、公益活动，提高大学生的综合素质，让大学生更好地理解并践行思想政治理论课的理论教学内容。

五、校内实践与校外实践

思想政治理论课教学涉及全校的学生，人数众多，还涉及经费的问题，所以要采取灵活的方式组织实践教学活动，把校内实践与校外实践结合起来。校内实践与校外实践相结合的模式具有可操作性，又能调动每个学生的积极性和主动性。校内实践，即统一组织学生进行校园内实践教学，明确实践教学的场所和实践的内容，由老师带领整个班级集体进行的一项实践教学活动。社会实践具有直接性、生动性的特点，相比较理论教学而言，会更让学生喜欢。社会实践对于促进大学生了解国情、民情，增强社会责任感有重要的作用。通过校内的参观考察，由教师结合思想政治理论课，充分利用校内教育资源，组织学生参观校内的实践教育基地、校史馆、图书馆、档案馆等场地，然后由学生完成参观的感想和体会等。学校小天地，社会大课堂。思想政治理论课实践教学重在让学生关注社会、走向社会、了解社会，开阔眼界，进一步锤炼思想、提高认识。与此同时，也应该利用了解社会的机会对学生进行提高服务社会能力的训练，也就是要把了解社会与服务社会有机地结合起来。只有这样，才能使学生真切地体会到社会生活，在社会实践中真正形成劳动观念、群众观点、集体主义观点。因此，校外实践则可以更加丰富，通过思想政治理论课实践教学教师的组织，让大学生参观博物馆、纪念馆、革命烈士馆、监狱、法庭、大型国有企业、社会实践基地、贫困地区以及改革开放的前沿地区等，然后要求学生完成参观的感想和体会等。还可以充分利用"三下乡"活动，由教师根据自己讲课和研究的内容，结合当前的形势，确定调研内容，然后与"三下乡"活动组织教师一同带领学生到农村、农场、企业去宣传理论知识，考察这些地方改革开放以来发生的变化，调查社会的热点问题等。然后在完成调研报告的基础上，要求每个学生完成"三下乡"的感受和收获。校外实践还可以充分利用课余时间和寒暑假组织学生进行社会调查、参观访问、社会服务、志愿者服务等活动。灵活性强，具有可行性，覆盖面大，而且实践资源丰富、实践时间充裕，支出经费较少，同样可以收到较好的效果。通过参与实践活动，拓展了学生对社会的认识，增强了他们了解社会和服务社会的主动性，培养了他们吃苦耐劳和艰苦奋斗的精神，提高了社交能力和组织协调能力，使他们在实践中素质得到提升。

六、部分人员实践与全员实践

思想政治理论课实践教学实施过程中，大学生的全员参与、全员实践是高校开展思想政治理论课实践教学的应有之义。但是在高校开展思想政治理论课实践教学的进程中，部分人员的实践成为一种过渡性、临时性的选择。因为很多高校没有条件或者需要实践教学更加科学合理之后才能实现全员参与的实践教学。实践教学是深化思想政治教育教学效果的重要途径，中央"05方案"精神指明了思想政治理论课实践教学的重要意义所在，然而，思想政治理论课实践教学研究的起步与高校大学生社会实践相比就晚了很多。1987年中央已经将大学生社会实践列入高等教育计划，高校团委等组织大学生在课余时间接触社会了解实际，运用所学知识为社会服务；而思想政治理论课实践教学则是在"98方案"，即中共中央宣传部、教育部《关于印发〈关于普通高等学校"两课"课程设置的规定及其实施工作的意见〉的通知》颁布之后逐步开展起来的，所以在实践教学实施过程中，部分人员实践就成为实践教学逐渐走向成熟的一个阶段。有的高校由于对实践教学的组织还没有形成科学化、系统化的体系，面对思想政治理论课实践教学需要教育的数量众多的大学生，因为经费的有限，时间的有限，只有部分大学生参与实践教学活动，以部分人员参与取代全员参与。还没有实现实践教学的过程和结果惠及所有大学生。每一位大学生在党的教育事业面前都是平等的，教育也应该让每一个人平等地接受教育、提高自我。因此，思想政治理论课实践教学的部分人员实践只能是高校的暂时性选择、过渡性政策，从实践教学本意来看，全员参与的实践教学才是真正的实践教学。

七、过程与结果并重

高校思想政治理论课教学实施过程中，组织者、管理者要高度重视实践教学开展中的过程与结果并重。实践教学是相对于理论教学而言的，应该是在教师的指导下，采取实践的方法，使学生亲身参与各种活动，学生通过眼、耳、手、身等感官亲自参与和感受客观世界，学到课堂上难以获取的东西。这样的实践教学实施过程，其过程本就十分重要，因此，实践教学的实施过程和结果都要得到教育者的重视。教育的理念中本就具有实践性品质，在思想政治理论课实践教学中，我们要防止"重结果、轻过程"的教学实施。对于思想政治理论课实践教学中的过程和结果，既要坚持"两点论"，反对"一点论"，同时又要坚持"重点论"，反对"均衡论"。具体问题具体分析是马克思主义的本质和活的灵魂，也是思想政治理论课实践教学理论研究和实践活动的指导原则。导读实践教学中"过程与结果，到底谁更重要？"同样需要我们具体问题具体分析，理性分析具体的实践教学中过程与结果各自的教育价值，在此基础上比较确定实践教学中过程与结果的相对权重。"过程和结果是一对永恒的矛盾"，我们应当以马克思主义唯物辩证法为思想政治理论课实践教学的指导思想和行为的指导，只有承认矛盾并分析矛盾，才能更好地把握矛盾和驾驭矛盾，既要看到实践教学中过程和结果的差异，又要看到两者的统一，做到既重视思想政治理论课实践教学的结果，又重视思想政治理论课实践教学的过程；既要看到统一，又要权衡轻重，做到具体问题具体分析，准确把握思想政治理论课实践教学中过程与结果的相对权重。只有这样，才能培养出全面发展的大学生，思想政治理论课实践教学的目标才能达到。

第三节　高校思想政治理论课教学的具体实施策略

开展高校思想政治理论课教学是马克思主义理论与实践相结合的必然要求，同时也是引导大学生积极投身社会实践，提高大学生思想道德素质的必要途径。让大学生在"做中学"，即大学生从经验和实践中学，对提高思想政治教育的教育效果作用重大。思想政治理论课实践教学的管理重在落实，包括健全的组织机构，充足的物质及经费保障，有力的实践教学机构，思想政治理论课实践教学实施方案、教学大纲、学生手册、评价体系等方面的制定和具体的课时、学分、指导老师的落实等等。下面就思想政治理论课实践教学的具体实施过程进行简要论述。

一、面向大学生的思想政治理论课实践教学布置、动员、宣传

按照《现代汉语词典》的解释，理论都是一种客观的规划，是人们由实践概括出来的关于自然界和社会知识的有系统的结论。没有理论指导的实践活动最终会成为盲目的实践，会偏离其最初的方向。在大学生开始进行思想政治理论课的具体社会实践之前，十分有必要将思想政治理论课实践教学的相关内容向大学生进行一次详细地布置、动员和宣传。大学生的社会实践活动需要理论上的指导，需要具体开展思想政治理论课实践教学的教师给予详尽的指导。这样能够保证大学生在开展思想政治理论课的社会实践时有的放矢，保证正确的方向，也为大学生答疑解惑，解答很多具体的细节问题。

（一）思想政治理论课实践教学动员的主要形式

开展思想政治理论课实践教学，可以引导青年学生深入学习党的历届会议精神，增强学生的综合素质，有效的思想政治理论课实践教学对青年学生来说，是一笔宝贵的财富。高校要高度重视学生的思想政治理论课实践教学活动，可以通过直接在学生中召开实践教学动员大会的形式进行。思想政治理论课实践教学动员大会的会议主要任务包括：动员大学生积极投入社会实践中去，动员大学生严格按照学校的思想政治理论课实践教学具体要求和手册的指引，认真开展思想政治理论课实践教学。一般由高校的思想政治理论课实践

教学教师来分专业、分班级召开社会实践动员大会。在动员大会上要把握的要点主要有：一是统一思想，动员大学生充分认识开展社会实践活动的重要意义。开展社会实践活动是加强和改进大学生思想政治教育的有效途径，是发挥大学生人才智力优势的重要举措。因此，在思想上必须高度统一，真正认识到社会实践的重要意义。二是明确任务，切实理解社会实践活动的指导思想、方法步骤、实践要求。要明确自己的任务，全面正确地认识学校关于社会实践活动的指导思想。在实践过程中，要不折不扣地按照学校提出的实践要求来开展活动。在活动的开展中，要做到方法合理，步骤清晰，目的明确。三是充分发挥专业特色和优势、突出社会实践活动的主题，增强社会实践活动的实际效果，健全社会实践活动的运行机制，推动社会实践活动的创新发展。四是精心组织，确保实践活动取得实效。各系部和学生组织可以采取灵活组队、有机结合的方式开展实践，从实际出发，对活动形式、地点、内容进行精心设计，合理安排，制定切实可行的方案，认真组织落实。如条件允许，高校的各院系可以为每位参加实践的人员提供人身意外伤害保险，加强社会实践安全培训和教育，对实践活动要制定安全预案，确保实践活动在安全中取得成效。五是加强宣传，营造氛围。各院系和学生组织要通过多种宣传方式，加强社会实践活动的宣传工作，为活动营造良好的舆论氛围，激发大学生参与社会实践的积极性、主动性；要高度重视社会实践过程和成果的宣传报道和信息报送工作，扩大实践活动的影响面，提高学校的声誉。

（二）思想政治理论课实践教学动员的难点

首先，由于思想政治理论课面向全校学生，涉及面广泛，思想政治理论课教师的配备一般都略显不足，在开展思想政治理论课实践教学动员活动时只能采取大班制宣讲的形式。大班制的动员和宣讲容易使师生交流互动受限，影响动员的实际效果，同时学生人数众多使得实践教学的安排也难以有效协调。而且思想政治理论课教师在教学、科研任务的双重压力下时间有限，很难再分身组织实践教学。因此，怎样有效组织思想政治理论课的社会实践动员大会，由专人面向学生进行有效的宣讲，这是思想政治理论课实践教学动员的难点之一。其次，一定要确保在大学生开展社会实践过程中，大学生的安全没有隐患，让大学生增强自身安全意识。

二、思想政治理论课教师的实践教学实施准备工作

（一）为大学生提供社会实践的前期指导

教师应当熟悉思想政治理论课的基本原理和内容，为大学生提供有效的前期指导。例如，实践方向的确定、具体实践内容的指导、理论的支撑、具体社会实践题目的选择等等。思想政治理论课实践教学本就是教师根据和结合思想政治理论课的基本内容，密切联系社会实际和学生实际，通过有目的、有计划的各种社会实践活动，不断提高学生思想觉悟和认识能力，磨炼意志，使学生从思想上和行为上强化思想认识，提高政治素养的教学活动。

有的高校组织的社会实践,需要在平时设计跟学校所在城市或者社区需求相关的活动项目,给学生有利用空余时间参与这种社会实践。可以参照美国、新加坡等国的社区服务计划。学校,和社区签订相应的合作框架协议,让学生到社区中去,参与社区服务。例如,儿童看护、老人陪伴、读书活动、普法宣传、法律援助、医疗咨询、环境知识宣传等等。这些活动对学校的要求是,首先要确保社区的这些服务是公益性的,不是以某些机构盈利为目的而设置的项目,要能够保护学生参与的积极性。高校要和社区达成一种机制,学生的服务时间和内容能够被如实地记录,学生能够获得客观的评价。除了社区长期的服务以外,大学生还可以认识城市和服务城市。认识城市是了解国情的一个重要方面,除了知识上的学习,学生需要在实际生活中了解城市。设计不同专业的学生针对城市的经济发展、城市建设、社区成长、文化活动等各个方面的调研研究,城市支柱产业的参观活动以及市民生活情况的综合性了解都是社会实践需要全面涉及的内容。

(二)强化大学生在社会实践中的诚信意识

一定要在大学生开展思想政治理论课实践教学前不断强化大学生的诚信意识。要让大学生在完成社会实践和撰写社会实践调查报告前,明确了解学校的有关规定,恪守学术规范,告诫大学生一定要在个人完成社会实践的基础上认真并独立地完成社会实践调查报告。调查报告所使用的相关资料、数据、观点等内容要真实可靠,所有引用他人的观点和材料、数据、图表等要注释并标明来源。教导大学生撰写社会实践报告不得抄袭、剽窃他人的成果。可以在社会实践前学生签订社会实践调查报告诚信承诺书,明确内容,告诫学生。也可以在调查报告完成、定稿时由学生自行签订。

(三)要树立大学生的安全意识

在正式开展思想政治理论课的社会实践之前,一定要强调整个社会实践过程中的安全问题。做到防患于未然,杜绝安全事故的发生。大学生在开展社会实践活动的过程中,一定要严格遵守国家的法律、法规,尊重各民族的风俗习惯,自觉遵守实践单位的各项规章制度,特别是保密、操作规程和劳动纪律等方面的制度。在大学生开展社会实践期间,高度重视自身的人身和财产安全,在实践过程中避免违纪违法行为和安全事故的发生。要注重大学生的礼仪礼节,礼貌待人,体现出当代大学生应有的素质。要对准备进行社会实践的单位、所在地区的情况有一定了解,对可能存在的风险和安全问题有清楚的了解。建议为大学生购买人身意外伤害保险,建议在开展社会实践活动前学生签订社会实践安全承诺书。

三、思想政治理论课实践教学实施过程中的检查、督促、指导

在思想政治理论课实践教学教师对各自所指导的班级进行前期的相关准备工作和在召开动员大会后,教师要重点就大学生参加实践教学的目的及意义、学分学时、方式方法和

安全教育实施过程中的检查、督促与指导。由于社会实践开展形式的多样化、地域的多元化，教师无法详细跟踪每一位大学生的社会实践情况。在现有条件下，教师也无法亲自参加参与几十位、上百位大学生的社会实践过程中去。因此，在思想政治理论课实践教学实施过程中，教师更多的是从远程监控、远程督查和远程指导的角度对大学生进行实践教学实施过程的把控。因此，教师要主动掌握学生的联系方式，适时跟踪大学生的实践教学实施过程。充分利用网络等手段，加入班级 QQ 群、微信群，远程督导大学生进行社会实践，并且及时掌握大学生的实践动态，进行比较具有针对性的指导。教师要尽量保证电话的畅通，也要提醒大学生尽量保证电话的畅通，以保证能够及时有效地联系。每周或不定期在学生班级的 QQ 群、微信群中发布社会实践的相关重要内容提示，同时掌握部分学生的社会实践开展状况，及时对大学生提出的问题进行解答。

此外，思想政治理论课实践教学教师要与大学生所在班级的班主任、辅导员保持有效的长期沟通与交流。大学生的社会实践过程需要与班主任、辅导员形成互通有无的联络机制。班主任和辅导员与本班的学生联系更多，对本班学生的情况非常熟悉，因此，社会实践过程中一定要重视发挥班主任和辅导员的积极作用，通过与班主任、辅导员的合作来完成好大学生的社会实践活动。

四、思想政治理论课实践教学成功案例的教育功能发挥

思想政治理论课实践教学实施后，一定会出现大量的学生社会实践成果。面对这些社会实践成果，高校思想政治理论课教学教师要有保留、保管并发挥其教育功能的意识。大学生的思维是活跃的，是多元化的，是新鲜的，通过思想政治理论课实践教学的具体实施，结合大学生各自社会实践的具体内容，会产生一些优秀的、成功的实践教学案例。这些案例一是要做好相关的归档工作，有侧重、有意识地把一些具有较强的教育功能的学生社会实践作品保留下来。一方面是为学校提供一批宝贵的教育教学过程中的成果记载，另一方面也为以后的大学生提供教育和学习的资料。二是要将这些优秀作品通过一定的分类方式进行恰当分类，分析其中的闪光点，为今后思想政治理论课实践教学的开展提供改进和发展的方向。三是通过一定程度和时间的积累，将这些优秀成果进行整理、升华、汇总，可以形成富有特色的本校思想政治理论课实践教学科研成果，为推动思想政治理论课实践教学改革的不断深入发展起到推动作用，也可以为其他高校开展实践教学提供有益的参考和借鉴，为大学生提高社会实践学习效果提供帮助。四是可以选择学生优秀的社会实践成果以班级或者专业为展示交流的对象，提升思想政治理论课实践教学的影响，并给予大学生一定的精神奖励或物质奖励，激发大学生参与和学习思想政治理论课社会实践的积极性。

第七章 高校思想政治教育模式构建

第一节 高校思想政治教育思维模式存在的问题

一、高校思想政治教育思维模式存在的弊端

高校思想政治教育思维模式，指的是思想政治的教授主体在进行教学活动时所使用的方式方法、遵循的程序以及主观态度。思想政治是我国高校的一门传统课程，由于具有较强的政治属性，因此在教学过程中所使用的方法一直都相对固定，然而时代在发生变化，面对新时代的大学生，相应的教学模式、思维必须予以变更，以更加适应实践的需要。近年来，国家对于大学生的思想教育给予了更高的重视，高校为了取得良好的教学效果，不断地进行探索，在这一过程中已经形成了一定的经验。但由于受到多个因素的限制，在教学的思维模式上相较时代仍然存在较大的滞后性，这也使得教育的效果未达预期。所以对于高校而言，积极发现当前教学在思维模式方面的问题，然后提出相应的改善建议至关重要。众所周知，思维决定了事情的发展路径，同时决定其结果，对于教育而言就是这样，如果教育思维出了问题，那么学生就不能够按照教学目标的设定掌握相关技能，那么教育的意义就无法实现。

（一）封闭、静止的思维模式

由于大多数学校的思想教育课程都是由马克思主义专业的老师进行讲授，而这些老师基本都经历了思想意识受到严重限制的年代，因此在教学思维上较为封闭。在老师的指导下，思想政治课程趋于僵化式地发展，教师仅仅是"照本宣科"，按照传统的教育方式进行授课，而完全无视该课程在新时代下的作用。对于新形势下自身的情况及问题，未能在思想政治课堂上进行积极的引导，导致相关教育脱离实践，不能发挥相应的教育作用。这种教学严重脱离生活，且不能为学生带来启迪，对于教师而言，仅仅是完成相关的教学任务，对于学生而言，这种枯燥、传统的教学内容只会引起他们的反感。另外，封闭式的教学思维也决定了教师仅仅专注于课本内容，以及相关文件精神的传达，却忽视了实践中，真正能够对学生起到教育作用的案例。这种教条主义的教学思维将学生和社会现实、国家

政治完全隔离，导致教师无法掌握学生的思想动态，学生的精神需求也无法得到满足。同时，不仅教学内容存在偏差，对学生思想品德进行检验的标准也存在同样的问题，在这种背景下，高校的思想政治教育具有假大空的特点，其本身根本难以实现对大学生进行思想教育、引导的作用。

（二）单维、求同的思维模式

在教学实践中，高校开展思想教育活动所采用的思维模式，往往都是单维度的，也即对于产生的问题，仅仅从一个方面、一个角度进行思考。这就导致学生在生活中或者走入工作岗位后，面对出现的问题仅仅进行单方面的考虑或尝试，导致生活工作严重受阻。高校政治教育的单一性，不仅仅表现在思维上，还有教学观念、方法、手段及评价标准等方面。在这种背景下，开展相关教育的形式就局限于课堂教育、知识讲座、文件传达，而完全忽视主体所具有的能动性。这种僵化性的思维模式，将促使学生将思维模式固定在某一角度，不仅仅会对思想政治的教学效果产生影响，更重要的还会对学生思考问题的方式、方法产生影响，一旦对学生的心理模式、思考方式产生的影响，那么后果就十分严重。对于高校学生而言，思维多样性、价值的多元化是他们在新时代社会背景下生存发展的基础，过于片面、僵化地看待问题，会使他们陷入困局，对于高校教育而言，如果延续这种旧化的思维模式，最终就会影响到政治教育的发展前景。

（三）保守、滞后的思维模式

政治教育所牵涉到的问题十分广阔，因此在开展相关教育时，不少教师仍然沿用着保守的思维模式。具体的教学实践中，就表现为教学内容陈旧、教学方法落后，教师仍然按照自己过往的教学经验，开展教学活动。实际上，这是一个多变的时代，每一年、每一天，这个时代都在发生深刻的变化，过去的视角、标准根本无法对现状进行衡量与评价。教师用这种落后的思想来引导学生对政治的看法，只会造成相反的结果。时代在不断发展，人也在不断前行，思想也在发生着变更，沉迷于过去的思想只会与发展步伐相背离，并且使高校的教育目标无法实现。许多高校思想教师正是基于这种求稳的心态，不敢在教学上轻易地创新，而是选择与大多数人走同样的道路，这实际上是为尽到职责的一种表现，从而使学生没有得到应有的引导、教育。在学校中没有获得相应的思想启迪，进入社会之后形势更加复杂，滋生的问题种类也就更多，由于缺乏相应的处理经验及思想引导，不少学生表现得不知所措，从而难以处理相关问题。老师作为教育的具体实践者，他们所存在的态度、行动直接决定了教育的效果及相应的教学机制，鉴于这种情况，高校必须采取相应的改革措施，进行积极的反思和创新，保障思想教学获得理想的教学效果。

（四）主客二分的思维模式

在传统的思想政治教育课堂中，学生当然得处于劣势地位，教师作为课堂的引领者，往往只是将相关知识与理念直接灌输给学生，从形态上看，学生是一种被动式的接受。这种教学模式又可以称为主客观式的教育模式。但实际上，它与教学理念完全背离，从教学上看，这种理念是错误的、不可取的。学生和教师作为教学的主体，是相互依存的，不存在相互分离的情况，更不存在地位的不平等。然而在现实中，教师认为自己是高于学生的，在进行教学时，并不关心学生的感受，而是仅仅为了完成自己的教学任务，粗暴地进行知识的灌输。这本质上也会对学生的思维模式造成影响，在社会中，他们会下意识地对相应主体进行划分，并想要成为主体一方。思想政治教育本质上就是一种主观上的教育，只有学生产生了相应的共鸣，并发生内心的认可某种观念，才能实现对学生思想进行引导的作用。如果说学生无法体会到相应思想的内涵，那么他们就不可能产生相关的兴趣，并积极投入其中，对于思想政治课程来说，就会严重影响其教学效果。

二、当前高校思想政治教育思维模式问题成因分析

如上所述，高校的教育者在思想政治中所使用的教学模式是在长期发展的过程中所形成的，其实是人类思维的一种体现。从特征上来看，其具有群体性、稳定性。人的思想与国家的政治本身就具有许多的影响因素，为了分析相关教育思维模式存在的问题，就必须从思想、政治的范围以及他们之间的关系进行把握，可以适当参考本时代的背景，从而更加清晰地分析出具体问题的产生原因。

（一）相关理论研究的滞后

早在 19 世纪，著名的政治学家马克思就曾经提出过，对于思维的研究，需要按照历史沿革进行细致分析，而其本身也是历史组成的一部分。人在社会中生存，想要对世界有清晰的认识，并积极地改变世界，主要依靠的就是其思维模式，它能够对人类的认识及实践提供相应的指导，并在内心、行为上对人类产生影响。高校在开展思想政治教育的过程中，最核心的问题就是教学的思维模式，可以说它影响着整体的教学效果。如果说思维模式存在问题，那么教学方法本身就不可能正确，可以说思维模式就是一切的源头。实际上，有关思维模式的讨论也是一个哲学问题，值得进行理论的深度研究。在我国，相关研究开始的较晚，直到 20 世纪初期，学者叶青在其研究中使用了"思维科学"这一表述，由于主观上的错误，其将思维科学纳入哲学消灭论的讨论范畴中，而正是由于这种认识错误，他一直没有更多的研究成果。到 20 世纪末期，钱学森重新提出这一概念，并将其积极运用到航天动力等科学研究中。从逻辑上来说，思想政治学科中的思维科学是思维科学的一个子概念。从客观来说，思想政治理论具有较强的阶级性和政治性，但思维科学也是一种单纯的科学，完全与阶级无关，从表面来看，二者之间并不存在关联，至今对其进行研究的人也减少。实践中，研究最多的还是开展思想教育的方法以及其合理性，而对于更深层次的思维模式则被忽略。毫不夸张地说，20 世纪 70 年代之前，相关的研究数量为零，随后，改革开放的浪潮使得人们的思想更加开放，对问题的思考也更加深入，慢慢地教育的思维模式开始得到重视，最典型的表征之一就是相关的文献资料开始出现。到了 80 年代，

研究思想政治的学者们陆续发表著作，有不少至今还在产生影响力，主要研究的内容就是传统教育者的思维方式概述，以及如何改造传统思维存在的问题，进而促进相应的教学效果。进入 90 年代，教育的科学性给予更多的重视，因此相关方法论的研究爆发式的增长，且当时改革开放的成果已经逐渐显现，因此不少作者开始结合政治、经济上的变革来探讨思想政治教育思维模式变革的必要性。进入 21 世纪后，如何使教育思维实现现代化则又成为另一个研究重点。

（二）社会历史条件的局限

思维模式，指的是人在掌握基础认知的基础上，思考问题的方式、方法。思维、思想都是非常主观的概念，因此一旦时代背景、生活条件、社会客观现实发生了改变，相应的意识也会随之改变。因此，某一时期所采取的思想政治教育思维往往是和相应的历史背景、社会条件相对应的。但这种对应也会存在偏差，或者说二者呈现着一种张力性的发展。有时思维模式会符合或者超越社会发展的要求，呈现出超前性、现实性，并积极推动社会向前发展；但也有可能表现出一定的滞后性，从而制约着社会的前行与发展，这也充分反映了两者间的紧密关系。

对于高校的思想政治教育而言，其思维模式具有较强的时代性，这种时代性并不是说教师主观积极地对思维模式进行调整，从而使其与客观现实相匹配，而是基于政治的客观要求。大学生是国家未来生产的主力军，对他们思想、政治观念的引导至关重要，在某些历史时期，必须将思想站位统一。从这些经验中，我们可以看到正确的，或者说对历史发展具有推动作用的思维模式都与社会现实有着紧密的结合，只有真正从人们的现实精神需求出发，才能发挥最好的效果，这也就解释了为什么不同历史阶段具有不同的任务。21世纪以来，科技事业迅猛发展，我国也实现了翻天覆地的变化，各地都呈现出了勃勃生机，这种卓越的建设成果不仅使国人惊叹，就连世界都为之瞩目。与过去的人向时代靠拢不同，当下，人的思想意识明显更为超前，因此准确来说，应当是时代在追寻着人的思想而不断向前发展。对于大学生而言，他们的生活相较过去，变化显著，而其中最典型的变化就是实践的比例在不断上升，他们所面对的现实问题明显更多，且需要及时得以解决。而传统的思维模式根本不能满足学生们的实际需要，具有明显的局限性，为了尽快改善这一局面，对于高校的教育者而言就要积极的转变思维模式，转而秉持"不断发展"的思维模式。目前，高校思想政治教育最突出的问题莫过于未能和社会实践紧密结合，虽然说传统的思维模式相较于社会发展已经具有了明显的滞后性，但是对于教育者而言，传统的思维模式还在影响着他们的价值取向以及行为方式，这种转变还需要较长的时间，相应的教学思维的更新也将是一个漫长的过程。

（三）传统思维方式的束缚

思维方式指的是人在一定的历史背景下，受到文化、社会等方面因素影响下，所形成的思考问题的一种惯用路径。以中西方为例，两个民族在文化背景、文化传统上具有显著区别，且生产方式也不尽相同，那么思维方式当然就具有较大差异。在这种差异的作用下，民族风格以及科学、文化的发展方向也不同。在过去，这种差异对彼此并不具有较大的影响，但是随着全球化的推进，中西方国家注定要在思想文化上进行激烈的交锋，且由于受到思维的指导，另一个民族在行为方式、价值取向上也存在重大分歧。在当下高校中，思想政治的教师往往都具有深厚的文化底蕴，他们已经充分吸收了传统文化中的精华，那么相应的就难免受到传统思维局限性的影响，从而不再积极追求思维的创新。

（四）现代社会变迁的挑战

从唯物主义的观念来看，对于政治变革或者社会发展的根本原因，人是不可能通过不断的思索就得出结论的，而是要在实践的过程中进行摸索、探寻，任何一本著作，在其出版时实际上就已经具有了滞后性，且相较于抽象的理论知识，社会经济往往是反映时代发展动因的根本指标。从 20 世纪开始，人类的物质交换就已经十分频繁了，相应的在思想发展上，单一的、片段化的思想时代已经结束，人类必须面对开放且复杂的时代。在 21 世纪，大学生们不再具有革命的任务，而是要更好地投入到建设中，不仅仅追求经济增长，而是要致力于全面发展，以上都反映了高校政治教育的思维模式必将进行变革和发展。

相较于过去的社会，当下的社会具有崭新的发展特点，通过归纳主要表现为四个方面：一是世界处于激烈的变动中，人们的生活节奏肉眼可见的加快，相应的思维方式以及侧重点都要相应配套。二是世界呈现整体化与个体化的矛盾发展。也即人要与整个社会环境和时代环境相同步、相匹配，但是也要追求自身的个性化发展。三是世界科技呈现迅猛式发展，对于个体而言，有了更多的认识自己、提升自己的路径。四是个体的自由度越来越大，每个人都拥有自由实践的权利，能够自由决定自己的思维方式及发展路径。以上种种都决定了高校的教育者必须实现思维模式的更新，摒弃传统思维模式，追求现代化的发展理念。当下，世界迅猛发展，我国也在不断地转型，对于思想政治的教育者而言，思维方式的转变必然艰难，且面临着较多的选择。比方说西方国家一直企图使他们的文化进入我国，并对国人的思维方式、文化观念等产生影响。相较而言，大学生的基础判断能力减弱，那么教师在对学生进行引导时，是要坚守传统，还是要全面接纳西方文化？在对党的各项政策以及我国所采取的政治制度进行讲解时，要如何讲解？是否要和盘托出。这些问题对于教育者而言，确实十分值得深思。

（五）主导主体素质的欠缺

对于高校思想政治的教育者而言，其思维模式是建立在其认知基础上的，面对社会实践不断积累形成的一种惯常的思维模式，其中不仅关乎教育者的知识储备，政治信仰、内心信念也是影响因素之一，或者可以说思维模式是由人的综合素质所决定的，而思维模式又影响着教育者看待问题的态度以及对于问题的处理结果。实际上，对于大学生进行政治教育的主体并不仅仅包括高校教师，社会实际上也是主体之一，大学生作为社会的一分子，在生活、实践中必然会受到相应政治观念的熏陶，但本文将研究对象限缩到高校的教育者，希望能得到更加客观、真实的结果。高校的思想政治教师是高校对学生进行政治培养、心理引导的具体实施者，他们普遍具有良好的受教育程度和专业能力，能够科学地解读党的各项政策，并将党部署的思想教育工作得到落实，可以说在学生思想政治教育方面发挥了不可替代的作用。但是，时代在变化，人的知识就必须进行同步更新，而现实中不乏教师缺乏自我提升意识，仅仅沉浸在自己过去掌握的知识，不更新储备知识和教学方法，在进行具体案例的分析时，能够明显感受到他们的吃力，严重影响了教学效果，也阻碍了思维模式的创新。

第二节　高校思想政治教育思维总模式的构建

高校思想政治教育具有特定的思维方式，这些思维方式熔炼成为程序十分丰富的思维总模式。高校思想政治教育思维总模式的含义十分丰富。从内容角度出发，高校思想政治教育的主导思想和出发点是党的核心思想路线，主要内容是概念推演，教育对象是学生。从形式角度出发，高校思想政治教育是一门艺术，是一门综合运用多种思维方式的高度凝练的艺术。

一、构建高校思想政治教育思维总模式的前提

从本质上看，思想政治教育思维总模式是逻辑领域和思维领域的科学模型与思想政治教育领域相关内容的有机结合，因此思想政治教育思维总模式的质量取决于三个方面。首先是相关工作者对思想政治教育相关理论内容理解的深度和学习的广度，其次是思想政治教育理论本身内在的逻辑和思维的严谨程度，最后是相关工作者对逻辑和思维两个重要的领域的科学知识的了解的程度。根据上述内容可知，要建立行之有效的高校思想政治教育思维总模式需要遵循三个前提。

第一，对情感模式中的主要内容有基本的了解。情感模式中关于思想政治教育内容的主要是动作、理性、创新三个思维模式，教育相关工作者有必要了解每一个思维模式独特的优点和缺点，进一步掌握每个思维模式能为思想政治教育提供何种价值。唯有如此，教育工作者才能够合理安排每种思维模式，恰如其分地使用，有效构建思想政治教育思维总模式。否则，即使侥幸构造出自己的思想政治教育思维总模式，但构造者也不能充分运用它。

第二，深入了解思想政治教育内容。思想政治教育内容中最为关键的部分是五个核心理念，相关工作者只有对每个核心理念的具体含义都了如指掌并且对它们相互之间严谨的逻辑关系知之甚深才能为高校思想政治教育工作奠定良好的理论基础，才能为国家、社会

和民族培养合格的社会主义事业接班人，才能促使大学生为建设国家和民族复兴贡献自己的力量，才能激发大学生深藏的潜力。因此，扎实掌握思想政治教育内容是相关工作者的基本功和义务。

第三，掌握将思维、逻辑与思想政治教育三个领域的科学有机融合的能力。逻辑、思维和思想政治教育三个领域的理论都十分严谨和丰富，融合运用并不是一件简单的事情，相关工作者需要十分清楚何时使用思想政治教育领域的思维方式；何时需要感情投入；何时需要创新思维的参与，应该说，这些都是新的问题，需要我们思想政治教育者结合以往的工作实践进行认真深入的思考，才能准确地在思想政治教育中，找到他们发生作用的位置，以及发生作用的阶段或时间点。

只要我们对上述三个前提都已经熟稔于心，构造和灵活使用思想政治教育思维总模式就是一件容易之事。

二、关于高校思想政治教育思维总模式的诠释

（1）思维模式中主体和客体的身份决定了该种思维模式的根本性质。

思想政治教育主体是指实施思想政治教育的工作者，思想政治教育思维总模式包含两个主体。

一个主体是个体主体，个体主体是指在进行具体的思想政治教育工作时，采取行动的是独立的思想政治教育者。例如，在针对误入歧途的青年的一对一教育中，整个谈话是由一个思想政治教育工作者主导的，是由其决定思想政治教育的内容和形式，是由其组织整个谈话。

另一个主体是群体主体，群体主体是指在进行某个思想政治教育的项目时，是由一群思想政治教育工作者，即群体，共同合作、分工协作来完成实施的。例如，在关于思想政治的辩论中，两个辩方是由多个辩手和指导人员为同一个目标共同努力，并在其中担任特定的角色来完成的。鉴于群体的特殊性，思想政治教育的群体必须有相同的核心思想，必须在工作中团结协作，既将自己的工作围绕主体思想进行，又在具体实施中发挥自己独特的功能。

思想政治教育客体指的是思想政治教育所针对的对象，与思想政治教育总模式中的主体相似，思想政治教育客体包含个体和群体两个客体。思想政治教育工作中无论对象是以个人为主的个体客体，还是以集体为主的群体客体，都需要遵循以下三个原则才能卓有成效：

第一，降低思想政治教育中客体精神的紧绷度。人在对抗的状态下是不能接受对方的理论的，因此思想政治教育工作的第一要义就是放松客体的精神状态，增强其接受度和开放度。

第二，与思想政治教育客体建立基本信任联系。信任有助于提高思想政治教育工作的

效果，因此思想政治教育工作者应当通过展示对客体的关怀和宽容，降低客体的防备心理，夯实主体和客体之间的信任基础。

第三，思想政治教育工作中应当贯彻平等守则。平等和尊重有助于实现交流的有效性，在思想政治教育中，客体有可能对主体表达的内容提出疑问，此时主体应当给予客体申辩的可能，并在实践中展现出自己追求真理的决心和直面错误的勇气。

（1）主体与客体的地位在法律上一律平等，在思想政治教育领域，也要遵循这样的原则。主体在思想政治教育中要讲究方式方法，不能片面使用说教的方式将自己的思想传达给客体，应当采用以自己举例、平等讨论等方法感染和说服客体，让客体自己发觉和接受相关思想，让客体将思想政治教育内容内化为自身的思想。在思想政治教育工作者，主体应当秉持基本的尊重，即使面对的是犯过错误甚至是违背法律的客体，也应当赋予其作为人类的尊严。

（2）在思想政治教育思维总模式的构建中，由于思维领域的内容十分丰富，因此不可能将每一个细节都展示出来，只能为思想政治教育工作者提供思维角度的如何创新的大体框架，提供包含粗略的出发点和终点及过程的蓝图。

（3）上述思想政治教育思维总模式总是有一条主线的，这条主线便是思维的内容和形式相互交融形成的螺旋式关系，这条主线贯穿整个系统，决定了思想政治教育思维总模式的特点。虽然思想政治教育思维总模式有其主线，但是还有诸多丰富而多样的分支内容，思想政治教育中的理论知识、表现方法多种多样，每个部分在思想政治教育进程中不同的阶段发挥的影响力度是不同的。例如，在思想政治教育工作中有一个重要阶段是观察客体，在这一阶段的初期，发挥决定性作用的是情感思维模式中的动作思维，思想政治教育工作者有必要仔细观察客体的思想状况和现有问题。教育者在进行这一工作时隶属于创新思维模式之下的直觉思维也将随之发动，通过五官观察到的客体相关讯息被快速传导到主体大脑，主体便将根据已有的经验获得某种结论，接着再与中国共产党的核心思想作为参考的标杆，找到问题。教育工作者对教育对象的问题情况有了一定了解之后，将运用抽象逻辑思维进行严谨的推理，深入发掘问题表面背后在世界观和人生观等方面的本质问题，从而提高思想政治教育工作的准确性和效率。

思想政治教育工作在具体实施过程中，情感、理性和创新等思维模式将发挥重要作用，而诸如上述三种思维模式之下又各自存在三种思维形式，因此思维模式的内容十分丰富。在思想政治教育工作中，在哪个阶段要采取哪种思维模式成为一个复杂问题，基本原则在与因人制宜。某个具体的思想政治教育工作采取了何种思维模式，哪种思维模式是最优解，理论领域的界限十分模糊，只有在实践中不断对比、探究和总结才能找到其背后的规律。对于探查思维客体在价值观、人生观等方面的问题也应当通过实践来总结经验，得出结论。

（4）思想政治教育工作具有不同的发展阶段，不同的思维方式在不同阶段的实力强弱是有差别的。因此，掌握各种思维模式、思维方法的基本内容，对于在思想政治领域将多种思维模式综合运用至关重要。思想政治教育工作者要明晰了解和使用思想政治教育思维总模式是一个长期的过程，需要习惯和实践才能达到目标。当思想政治教育工作者能够熟练运用各种思维模式、思维方式的时候，他们便能够实现思想政治教育的可持续发展和长期有效。

（5）思想政治教育的基本内容之间，尤其是有关中国共产党的核心思想部分，存在着稳定而逻辑严谨的确定联系，在某种程度上是因果关系。例如，某人的世界观大致反映其政治观，某人的政治观大致反映其人生观，某人的人生观大致反映其价值观，某人的价值观大致反映其道德观。根据上述信息大致可以推定该人处理与他人、与世界的关系的原则。类似地，前文论证认为一个合格的社会主义现代化公民应当具备十八种意识，这十八种意识之间也是相互联系的。一个公民如果拥有把国家作为自己第一家园的思想，那么该公民一定会热爱祖国，一定愿意为国家奉献自己的力量，一定会关心社会和人民，一定会在国家生死存亡之际挺身而出。所以，一个公民如果具备社会主义性质的国家意识，那么他自然会配备对应的政治、法律、公共等领域的意识。总而言之，思想政治教育思维模式是思想政治教育中的规律性认知，是普遍存在的。然而，需要警惕的是上述一般认知总结归纳出的对客体的思想政治品质的判断存在差异性和独特性，不能一概而论，也不能先入为主，否则科学的思维模式将成为生硬无效的束缚和规矩。

（6）前文已经详细论证思想政治教育领域内的内容之间存在相关的内在联系，但除联系之外，以中国共产党核心思想为主的思想政治教育各部分内容有一定的独立性。人是智慧的生物，其意识与实践之间往往存在不一致性，有时候人的行为与其真实想法甚至是相悖的。有的人不仅有着与社会主义核心价值观相符的世界观，有着与此一脉相承的正确的政治观、人生观，有着水平相当强的公民意识，而且其行为符合他的思想，言行合一，这样的人是一个高尚的人，是一个脱离了低级趣味的人，是事实意义上的共产党员。真正有追求、有目标、有理想的人应当具备这样的品质，他敢于面对事实，敢于说真话、做真事，他对事实有着发自内心的尊重，他对真理有着不灭的热情，他对谎言有着最深的厌恶。

有的人他的世界观看似非常优异，理论知识十分丰富，但是他的行为却深深违背他的言论。例如，在政治观方面，有的人在公开场合讨论社会和政治问题时，他对现有的状况持绝对的赞赏态度，但在私下却信奉资本主义制度，认为资本主义社会的所有领域都优于社会主义。在人生观方面，有的人在面对个人利益时，信奉利己主义，不仅自己不愿意为他人奉献，而且认为别人的奉献是虚伪的。在价值观方面，有的人认为经济利益既是市场也是个人追求的最终目标，是人生唯一的价值所在。在道德观方面，有的人认为人生最好的状态就是相互之间互不打扰，既不帮助别人也不要别人帮助自己。综上所述，社会中存在形形色色的人，既有诚实守信、言行合一的忠实之人，也有口是心非、面甜心苦的假仁假义之徒，所以思想政治教育的目的就是将教育对象培养成有着正确三观并且行动上与之相符的人。

（7）高校思想政治教育工作有多个进程，根本上是从客体到意识思维模式，再从感觉思维模式到理性思维模式的循环往复，其中涉及不同的客体，客体之间存在知识基础、个人性格、道德品质、交际能力等方面的差别。此外，随着教育的个人和群体客体在对思想政治教育的学习过程中接触的内容和实践的方式的不同，客体的思想也将发生不同形式和不同程度的改变。有些客体的环境氛围变得积极向上，其中学生的思想面貌也获得巨大的提升，充满活力和激情。有些客体受到来自网络、社会等方面的消极影响，使得部分学生沉溺于消极情绪，使得一些学生拉帮结派、不注重自我的提升和发展。为了改善后一种情况，我们有必要逐个击破，找到出现问题的学生，运用合适的思维形式和形态，有针对性地解决对应的问题，有重点、有方法地对这些学生进行思想政治教育。其中最常见的是在世界观领域出现问题，因此思想政治教育者应当对世界观方面的教育多下功夫，当然还有大量的学生在人生观和价值观领域受到冲击，所以也不能放松在这些方面的深造。思想政治教育工作者在为学生解决世界观、人生观和价值观等方面的问题时，首先，要有针对性，要对学生出现的问题提供对应的药方而不是所有问题都用一样的思维模式和教育方法；其次，应当设置系统性的教育方式，不能期望一次教育就能帮助学生，要设置长期、中期和短期的教育目标，循序渐进；最后，在思想政治教育工作中贯彻辩证思维模式，每个学生的思维都存在变化的倾向，每个学生的问题都有其独特性，因此在进行思想政治教育的过程中要相信学生的潜力并且针对不同的学生采取不同的方式。

（8）采取以下三种方式对思想政治教育进行评估是较为科学的。

第一，组建具有权威且客观的评估小组。评估小组的组成成员主要包含两个原则，一是权威，因此选择职能部门的领导是合适的；二是客观，因此应当选择思想政治教育理论知识丰富且与评估对象没有密切关系的专家。组建好的评估小组将与教师和学生两个主体进行谈话，获得一定的意见，然后对这些意见进行科学分析。

第二，组织举办座谈会。座谈会的主体必须是单纯的，要么是学生座谈会，要么是学生干部座谈会，要么是督学教师座谈会，这样收集到的数据对评估教师的评价才是客观的。

第三，制作评估问卷。制作经过逻辑检验、符合评估要求的问卷，内容主要是接受评估人员对课堂的掌控力和对思想政治教育工作者的评价等。将问卷分发给参与思想政治教育的受教育者和督学教师填写之后，再由评估小组进行数据方面的分析，得出整体性的结果。

（9）思想政治教育的思维模式，表面上看似乎是封闭的、固定的，其实不然，在本质上，它是开放的、螺旋式的不断发展上升的，上一次思想政治教育过程的完成，同时又是下一次思想政治教育的开始。所以，绝不可以将思想政治教育思维模式视为一种僵化的、永无变化的模式，相反，它在思想政治教育者不断总结经验的基础上，一定会一次比一次用得更好，取得更大的成功，不断使思想政治教育思维模式释放新的活力，永葆思想政治教育的青春与持久的效益。

（10）思想政治教育总模式第一种全新的方法论系统，它将情感、理性、创新思维模式与思想政治教育融会贯通，使得思想政治教育思维总模式以思想政治教育为主线、情理兼具，能够有效提高教育者对情感、理性和创新思维模式的适用能力。

综上所述，思想政治教育思维总模式是一个以中国共产党核心思想为主线的思维集合体，其内容是思想政治教育与逻辑学、身体语言学等多个学科的理论知识交融，在整个思想政治教育体系中发挥举足轻重的作用。除思想政治教育思维总模式外，思想政治教育体系中还存在不少思维方式和模式，这些内容在战略意义上是辅助性的，但在思想政治教育程序的某个阶段却有可能占据主导地位。比如，在探查思维客体的过程中动作思维模式和身体语言是必不可少的，动作思维模式的基础理论和观察技能是思维主体获得感性材料的基础，只有获得感性材料才能进行概括。后续对感性材料的加工工作中除抽象、辩证和立体思维模式发挥主要作用外，意象、形象和创新思维模式也发挥必要的辅助功能。所以，掌握思想政治教育思维总模式的理论知识并不是终点，而是思想政治教育工作的起点，只有把理论知识运用到实践中，经历或成功或失败的实践我们才能把所学知识内化，才能熟练运用技能。

三、思想政治教育思维分模式与总模式的关系

思想政治教育思维分析模式是构建思想政治教育思维总模式的基石，它们之间存在着以下三种重要的关系：

1. 局部与整体关系

情感思维模式、理性思维模式和创新思维模式都属于局部，是构成思维总模式的组成部分。虽然各种分析模式的自身都有自己丰富的内容，都对思想政治教育发生重要的作用，例如，情感思维始终是理性思维的"伴侣"，在不需要它的时候，默默地站在主导思想的身旁，一旦需要它的时候，它不是给学生带来欢笑，就是让学生陷入沉思，甚至悲痛。又如理性思维，它一生来就是为思想政治教育者服务的，因为它总是教导我们，教学、科研，必须先有一条正确的思路，这条正确的思路，要求讲课、写文章、做事情，必须主题明确，论据必须能够充分说明主题；论据可以生动、有趣，但不能与主题无关，论据与论题组织起来，务必要像连锁推理那样，一环紧扣一环，组织严密，天衣无缝，强大的逻辑组织力、表达力不是让你完全吸引，就是被它完全说服。再如辩证思维模式，它像你的思维中的精灵，告诉你，不论对什么事物，都不要做绝对的武断，要看到，任何理论体系由于历史背景、生产力水平所限，都既有它的优势，又会有它的不足。百分之百的、绝对正确的真理是没有的，正因为这样，一些被视为颠扑不破的真理，随着时间的推移，时过境迁，原来被神化的、碰不得的理论，终于被触动，被人发现它存在瑕疵。你们看，这些思维模式的内容不是很丰富吗？它们作为思维的工具，不是很有用吗？

而且，它所有内容连同它的模式本身，也都进驻了思维的总模式中，成了思维总模式的重要组成部分，但是，只要它独立出来，被人当作一个独立认识的客体，它就是思维总模式的局部，思维总模式则是思维的整体或全局。思维的整体或全局或思维的部分或局部具有什么性质呢？可以说：整体包含着部分，部分只是整体的一部分，整体具有的性质，部分未必具有，但个体具有的性质，整体一定会具有。例如，脚是人的局部，局部具有的

属性，整体也一定具有（但要限定脚是脚的主人），而整体有的，局部未必也有。例如，某人常头疼，它是发生在头上，这个人头会难受，但他的手或脚未必也难受。

2. 分析与综合的关系

什么是分析？分析是一种哲学的或思维的方法，任务是对组成某个事物的各种要素或阶段进行分别深入的研究，这些要素或阶段是思维从某一事物或过程中分解或剥离出来的，目的是更好、更全面、更深入、更细致地认识这些要素或阶段。

将高校思想政治教育思维总模式的要素或模块暂时分解独立出来，是为了更多地了解它们的本质、它们的内容、它们的方法以及它们的细节。我们如果不了解情感思维模式的细节，就可能不会了解情感思维中的眼睛，面部表情显现中的神奇的作用，我们也就不懂得一个人的肢体的不同方式，可以反映着复杂的内心情感，因而错失了解开他的心灵奥秘的机会。我们如果不将理性思维从思维总模式中独立或分解出来进行深入细致的考察，就不会深入具体地了解理性思维中的逻辑思维是可以为思想政治教育提供正确而有效的组织和表达思想工具，使思想政治教育在逻辑规律的引导下，做得有规有矩，思想严密，论证充分，令人心悦诚服。如果不将思维总模式中的创新思维分解或独立出来，去了解创新思维必备的个人素质，了解创新思维常用的形式与手段，如联想、直觉、灵感、顿悟、逆向思维等，我们对于创新思维内容的理解或认识几乎为零，那么，我们就不会在创新思维方面做些什么，或者做得盲目与艰难。哲学家们提醒我们，如果不去对某事组成的模式或要素进行细节上的也就是对它的内容进行具体的把握，那么，我们也就失去了对整体或过程研究的基础，我们只有事先对于组成整体的各种要素做出了实事求是的客观分析，才能对其整体进行正确的综合，从而正确地认识思维的对象。由此可见，思维是综合的基础，从时间段说，它应在进行综合之前。从思想政治教育的思维分模式与思维总模式的关系看，先把情感思维分模式、理性思维分模式、创新思维分模式，从思想政治教育总模式中分解出来或独立出去，并加以研究，正是科学的、哲学的方法在思维科学上的运用，其目的是为随后的综合打下坚实的基础，让人们知道，这些思维的分模式具有多么丰富的内涵。

综合是与分析对应的哲学的或逻辑的方法，它们的哲学性质是矛盾对立统一的关系，相互区别，又相互渗透，相互支持。综合就是将经过分析或研究的要素，按照它们本来固有的联系结合起来，因而组成一个有机体的思维过程：根据关于综合的上述规定，思想政治教育思维总模式就是在分析的基础上形成的综合体，这个思维综合体，是一个依其思想政治教育活动规律的客观要求而进入思维总模式的。在思维总模式这个综合体中，它们并非没有内容的一些空壳，而是带有丰富内容的能够帮助思想政治教育主体进行有效思想政治教育的工具，它们之间存在着一种互补互助的关系，轮到谁起作用时，谁就会挺身而出地站出来，为思想政治教育尽职尽责地服务。有时候，情感思维模式在思想政治教育的过程中大显神威，时而又是理性思维在思维过程中大唱主角，主导思想政治教育的顺利进行，帮助思想政治教育者在遇到突发事件时，叫你迅速转换思维视角，学会临场发挥、灵机应变；在积累相当多的经验之后，自主地进行理论上或方法上的创新。综合的结果，并非只是一个空壳，而是充满逻辑的思维与思想政治教育核心理念的各种相关的内容，这些内容绝不是随意的凑合，而是依据工作需要的一个有机的整体。

在分别对情感思维、理性思维、创新思维进行了层层剥离式的研究之后，我们又重新依据它们的内在联系以及它们和思想政治教育核心理念之间主导与被主导、服务与被服务的关系，重新形成一个综合的整体，因而这个整体不是空壳，而是内核，不是外在的综合，而是本质的综合。思想政治教育思维分模式是思想政治教育思维总模式的基础，思想政治教育思维总模式是对思想政治教育思维分模式的提高，拥有更加强大的认识能力与组织能力。

3. 简单与复杂的关系

在论述简单与复杂的关系之前，必须先搞清楚这样一个问题。何谓"简单的"？何谓"复杂的"？它们彼此之间存在什么联系？这些都是必须理清的概念。所谓"简单的"又称简单性，一般来说是用来形容简单的事物或思维状态，这些事物或思维状态呈现孤立、单一的特征。在内部缺乏系统性，与外部事物也缺乏联系。因此简单的事物是一种孤立的、缺乏联系的存在。所谓"复杂的"又称为复杂性的，通常来说是形容复杂的事物或思维状态，从内部来说包括的系统数量很多，从外部来看与外部其他事物的联系较多而且关系庞杂。

立足于思想政治教育领域，根据"思维分模式"与"思维总模式"这两个名词来分析，它们哪一个是简单的？哪一个是复杂的？依照前面的定义来比对，"思维分模式"显然属于一个简单的事物，原因在于"思维分模式"中不论情感思维模式还是理性思维模式抑或创新思维模式，从内部来看，尽管分别构成相应的体系或系统，但这些所谓的体系或系统相对于"思维总模式"来说在数量和规模上要小得多。从外部来看，这些体系或系统与外部事物的联系也不够多，所以从上述两方面情况考虑，把"思维分模式"视为简单的事物更为妥当。相比较而言，"思维总模式"则呈现出截然不同的特征。从内部来看，它不仅囊括思维分模式的整体内容，还包含了感性思维模式、理性思维模式、创新思维模式三者之间的关系以及相应的方法论。从外部来看，思维总模式作为思想政治教育中的核心概念，与外部事物之间存在较多复杂的联系。因此把"思维总模式"视为复杂的事物。

通过思想政治教育领域的当前研究成果，可以发现：简单与复杂的事物存在着四个不同的显著的特点，了解它们，对梳理思想政治教育中的思维分模式和总模式之间的错综复杂关系具有重要意义。

第一，持续性、不间断性作为简单性思维的突出特征，在逻辑上必须根据顺序按部就班进行，要求思维过程呈现单线性，而不能随意跳跃。相比较而言，复杂的事物或复杂性思维，由于内部系统的复杂和外部联系的庞杂，在发展变化中存在大量不可预知的因素和随机性。所以在认识复杂事物或思维的过程中可以呈现出不连续性和跳跃性。以思想政治教育思维总模式来说，它的内涵中包括了三个自身就已形成庞大系统、有着很多子系统的学科群，如情感思维模式系统中，就包含了三个子系统；理性思维模式系统也是如此；创新思维模式系统也包含智力支持系统和非智力支持系统。这些内容究竟怎样为思想政治教育服务，如何做到让带有鲜明马克思主义色彩的政治观、世界观、人生观、价值观、道德观内化为学生自立、自强、自爱、自信的要求是值得深思的，要达到上述目的，绝不是通过笔直的线性教育方式就可以实现的。

第二，必然性和确定性作为简单的事物或思维的突出特征，使得简单的事物或思维通常在遵循了相关的规律和推理的要求，满足了由前提到结论的相关规定，结论的得出就具有必然性质，将这种逻辑思维（即通常所说的抽象逻辑思维）加以推广，很容易产生一些对应的方法论。然而几乎任何领域都是入门容易精通却非常困难，在思想政治教育领域也是如此，我们努力实践这种思维模式是无可指责的，但要人人在一个早晨都成了思想政治理论课的高手，那是肯定不可能的。我们构建思想政治教育思维模式的目的之一，就是要研究复杂事物——思维总模式，怎样使不确定的因素转化为确定的、易于我们控制的局面。例如，提高学生听课的出勤率，减少心理障碍者，为贫困生减压而使他们自信、有体面、有尊严地学习。

第三，依据简单的事物或思维的视角，万事万物都可以认识，万事万物都可以预见。自古希腊的哲学家亚里士多德建立经典形式逻辑以来，直到今天都是这种基本观点：思维中只要是逻辑的前提真实、推理的形式有效，我们对于未来的推断就是必然正确的。所以，人们又把这种逻辑称为必然的逻辑。

长期以来，经典形式逻辑的信徒们都认为未来可以通过线性思维而预见。然而逻辑上看似无懈可击的理论，在实践中却很难得到检验。如果观点成立的话，几乎每个人都可以通过线性思维来预见未来，如果真是这样的话，那么几乎人人都可以成为预言家了！但现实显然不是这样，因为随着时间的推移会出现一些不可不知的变量带来冲击，导致今天不可能是昨天完全的复刻版。

相比较简单的思维认为未来是可知的观点，复杂的思维则明确认为：我们不仅做不到人人都是预言家，而且任何人都无法成为完全正确的预言家，因为未来是根本无法预测的。以最简单的天气预报为例，当代人类社会的科技水平已经有了突飞猛进的发展，发展许多前所未有的技术和设备，诸如全球遥感、卫星等，把它们运用到天气预报中，然而遗憾的是，尽管投入那么多先进技术和设备，天气预报依然存在各种误报现象。天气预报尚且如此，地震就更别提了。在有记录以来的诸多地震中，几乎没有预报准确过。也许会有人归咎于当代科技依然不够发达，有待科技的进一步进步，才能预测准确。然而混沌理论认为，之所以预测不准，更多原因在于对于世界这个系统来说，内容千头万绪太过庞杂，"差之毫厘谬以千里"的蝴蝶效应，导致未来的世界无法得到精准的预测。人类发展过程中存在的变量之多、系统之繁杂远远超过人类所认识和理解的程度。只有承认这一点才能更好地适应未来的发展变化。了解这一点后，我们就应该明白为什么对于思维总模式这类复杂的事物，不能用简单的线性思维模式来预判和推论，因为思维总模式本身就是千头万绪的复杂思维，投射到不同的时间与空间里，高校学生肯定还会出现这样那样的问题，绝不可以有了今天的成功就可以一劳永逸，所以早早抛弃"毕其功于一役"的思维模式和绝对方法是理性的选择。

四、构建高校思想政治教育思维总模式的模块

这里的模块指的是构建高校思想政治教育思维模式的元素或材料，通过对这些材料或元素的使用，能使高校思想政治教育思维总模式鲜明地呈现在平面之上。

1. 思维模式的模块
（1）情感思维模式的模块。主要包括：动作思维模块、意象思维模块、形象思维模块。
（2）理性思维模式的模块。主要包括：逻辑思维模块、辩证思维模块、立体思维模块。
（3）创新思维模式的模块。主要包括：联想思维模块、直觉思维模块、灵感思维模块。

2. 高校思想政治教育内容的模块
马克思主义世界观、政治观、人生观、价值观、道德观。

五、构建高校思想政治教育思维总模式的流程

何谓"流程"？如果从字面的意义来看，所谓"流程"是指河流经过的历程。以长江来说，它发源于青藏高原唐古拉山，途经青海、云南、贵州、四川、重庆、湖北、湖南、江西等11省而流入东海，但是这里我们所讲的"流程"，不是上述含义，而是指设备生产、企业管理中的专用名词。

我们都知道"无规矩不成方圆"，说的是做任何一件事都要依据一定的规律，借助一定的设备。实践经验和人生阅历告诉我们，大凡要做好一件事情，决不能心浮气躁，必须按一定的规矩来做，而且使用一定的仪器或设备，按照生产的程序，一步一步地来做，才可达到目的。否则，杂乱无章，产品质量就没有保证，弄不好还会出安全事故。那么，构建高校思想政治教育思维总模式的"流程"是什么呢？这是一个全新的问题，没有现成的回答，在查阅资料的基础上，我们做出如下定义：高校思想政治教育思维总模式的构建流程是指在构建过程中应当遵守的程序或步骤，也就是构建过程的相对客观与合理的次序。对此，我们有如下认识：

1. 确定起点与终点
高校思想政治教育的思维如同一个环形跑道，必须设立起点和终点，思维过程才有意义，没有起跑线的跑道是没有意义的。思想政治教育中的起点，自然是高校大学生。由于师与生是一对矛盾，是矛盾的对立统一。既然我们已经知道思维客体是大学生，那么，根据逻辑就必然可以推出：高校思想政治教育者就是思维的主体。有些学者提出，中国大学的行政化过于强势了，这对办好学校不利，应当坚定地贯彻大学以学生为主、以学术为主、

以校友为主的思想。真要贯彻这一主张，是否以教师为主体的情况就不复存在了呢？以我个人的看法，实际上这是同一问题的两个不同视角的看法，前者是讲学校在总体上应该以谁为主或以谁为中心的问题，这是涉及培养什么样的人的中心问题。要把学生培养为业务一流、政治合格的人才，当然要以学生为中心，学校的各个部门所做的一切工作都应服务于这个中心，做到教职员工的工作直接地或间接的都是为学生的成长成才服务的。至于教师的主体性的问题，只要目前这种系统讲授知识的局面继续存在，以教师为主体（讲课）就不会改变，而这种情况并不否认学生也可以是另外一种主体，即课堂讲课内容接受的主体，因为学生这个主体，存在着智力、记忆力、知识面、兴趣、注意力集中等方面的差异，因而反映在每个同学身上，这些主体接受来自教师传授的知识是有很大差异的。

2. 确定高校思想政治教育思维总模式的主轴

如果把高校思想政治教育思维总模式比作一座富丽堂皇的宫殿，那么思想政治教育的主轴就是这座宫殿的主干顶梁柱。一般来说，主轴至少应具备以下三种特点：其一，它应当是处于这个模式的中心，其他的要素或模块，都是为它服务的；其二，它应当成为这种模式的本质，由于它的需要，其他模块才有用武之地，并找到自己发挥作用的位置；其三，它应当对整个模式的发展、变化起着主导、决定的作用。

从理论上说，任何一个模块在思维总模式中都有担当主轴的概率，只要它们同时具备上述三个条件。但事实上，在所有模块中，只有思想政治教育核心理念才具备以上三个条件，第一，思想政治教育核心理念是处于引领、指导的位置，其他模块都是服务于思想政治教育核心理念的宣传与传播的；第二，思维总模式的本质特征是思想政治教育的核心理念决定的，核心理念成为思想政治教育总模式和其他模式的最大区别标准；第三，思想政治教育核心概念模块与总模式中其他的思维模块是被服务与服务的关系，即情感思维模式、理性思维模式、创新思维模式融入总模式当中，就是来当思想政治教育核心理念的服务员并为其服务的，而思想政治教育核心概念则是被服务的。

3. 确定思维模块在总模式中的势能

这里的"势能"不是指物理学概念上的势能，而是指情感思维模式、理性思维模式、创新思维模式在思想政治教育中发挥自身力量的强弱。通过研究发现，上述三种思维模式发生的作用在地点和时间上缺乏确定性，在发出的频率上也有很大的差异。

由于思想政治教育是属于理性思维的范畴，是基本概念、命题的严密的逻辑推演。在这种背景下，理性思维模式自然是一马当先，思想政治教育一启动，它就紧紧地跟了上来，让头脑里的逻辑思维、辩证思维都动了起来，并且拿出十八般武艺，为思想政治教育的有效性出谋划策，可以说，思想政治教育进行多久，理性思维模式就伴随多久。

在拟构建的思想政治教育思维总模式中，我们将用"+"表示作用的强度，亦即势能的强度，用作用表示"弱度"，即势能的弱度。

4. 模式构建

按照上述三个步骤做好工作，然后依照一定原则进行操作，把上述提到的符号与连线把思想政治教育模块与情感、理性、创新思维分模式组织成一个动态的有机整体，即高校思想政治教育的思维总模式。

六、构建高校思想政治教育思维总模式的原则

高校思想政治教育思维的总模式，是思维形态、思维方法、思想政治教育内容及其工作的方式、方法的综合应用，是一门综合的艺术。其中，辩证法和由辩证法派生的辩证思维，在形成这一总模式中具有支配性的、导航性的关键作用，因为只有以辩证思维作为构建模式的灵魂，模式中的各种元素才会相互联系并相互渗透，才会使这种模式成为鲜活的模式，并能解决构建中的各种难题，而且，辩证思维自身及其他的方法，就是构建高校思想政治教育总模式的根本的或核心的元素。因此，在构建高校思想政治教育思维总模式中，必须遵循以下基本原则：

1. 情感思维与理性思维辩证统一的原则

我们必须看到，在人类思维世界中，情感思维与理性思维是一组对立统一的辩证关系，也是人类交流情感、传递信息、认识世界与改造世界的两大思维形态，由此形成人类的情商与智商。它既是人类个体能力高低的重要标志，又是人类生存与发展的根本条件。把情感思维与理性思维融合起来而形成的情理交融的思维方法，是有效进行高校思想政治教育的法宝，具体表现在以下几个方面：

（1）将口头的语言与形体的语言巧妙地结合起来

众所周知，人是社会化动物，人的社会化属性决定了人与人之间需要一定的相互往来和思想交流。这种交流的方式一般分为两种：一种是通过语言、文字把自己的思想传递给对方；另一种是通过形体的各种姿势或动作的语言进行信息的传递，其中，特别是人的眼睛，眼神和恰如其分的手势，可以大大强化说话的感染力。一个成功的思想政治教育者要使自己的思想观点为学生愉悦地接受，必须拥有一定的知识功底和语言表达能力，同时还要善于适当应用面部的表情、会说话的眼睛，以及有力的手势来强化自己思想的表达，列宁的讲演之所以会打动人心、像"万能的触角"，紧紧地吸引住观众，除了他的思想的深邃之外，还与他生动的面部表情有关。

（2）将抽象的思维与形象、具体的思维辩证地统一起来

形象思维与抽象思维之间，并无绝对不可逾越的鸿沟。两者之间是对立统一的关系，彼此之间互为表里。从抽象思维来看，作为它的理论体系——传统的逻辑科学，尽管它的规律、具体规则的制定，一些逻辑方法的应用，主要都是为保证思维的确定性服务的，然而，一些逻辑规律、规则以及逻辑方法的巧妙设计，也有增加语言思想生动幽默的作用。

通过马克思主义哲学，我们可以知道，科学的、具体的、亦即辩证的概念是用来论证

自然、社会与思维的抽象理论的，但在一定的条件下它也可以变成形象的手段。例如，一个思想政治教育者文学知识丰富，逻辑学中的类比、修辞学中的比喻用得恰到好处，就可以妙笔生辉。人类的肉眼是有局限性的，必须使用辅助的工具以弥补人眼的不足，望远镜和显微镜的发明和运用恰恰是为了弥补我们在视力上的不足。望远镜与显微镜是人类用来扩大自己视野的科学仪器，马克思主义就是政治上的望远镜和显微镜。在这里，借用这两个科学概念来比喻马克思主义在政治思想上的功能，使抽象的东西转化成了形象化、具体化的东西，效果自然迥异。

从形象思维来看，形象思维的形式及其方法，一般被认为只运用在文学创作领域，运用在小说、诗歌、音乐、电影、戏曲、舞蹈的创作中，普遍起着作用，但是，它对理论思维生动地论述或表达方面，也有重要的意义。例如，《将革命进行到底》一文中，为了说明反动派的本性是不会改变的观点时，就不是进行纯粹理论的论证，而是借用古希腊的一则《农夫与蛇》的故事来说明的，这不但使抽象的道理形象化了，而且有利于永久性的记忆。一个诗人，曾用以下诗歌来描写张志新的坚定信念、视死如归的品质。

> 你不是
> 被抽打的陀螺，
> 不会在皮鞭下旋转。
> 你不是
> 大海中的卵石
> 不会被潮水磨得光圆。
> 你不是
> 原野上的风车，
> 逆风转不动你的轮盘。

这个例子很好地说明：抽象的与形象的或具体的是可以互相转化的，利用这一原理，可以提高思想政治教育的效率。

（3）高校思想政治教育须将"晓之以理"和"动之以情"有机结合

人不仅是理性的动物，也是感性的动物，这要求我们在思想政治教育工作中，不仅要晓之以理，更要动之以情。在各项工作中，做好人的思想政治教育是做好其他一切工作的前提，是增强广大学生乃至全国人民的思想政治共识与凝聚力的前提。要做好思想政治教育，有两种方法是不可或缺的：一是说理。就是要把进行思想政治教育的必要性与重要性说清说透，要把正确树立三观同个人的命运与前途结合起来，说明两者的内在关系和必然关系，本质上是促进社会发展、把握历史潮流的根本性问题。二是感化或动情。高校思想政治教育工作者必须爱岗敬业，对于自己所从事的工作充满热情，千方百计地把它做好。要使别人爱之，先要自己真爱，才能满怀深情地把它做好。让高校大学生在言传身教、耳濡目染中受到教育。在讲道理的时候，要充满阶级感情的陈述，要对学生充满了亲情，面对原则、大是大非的时候，要爱憎分明，旗帜鲜明地表达自己的意见，对就是对，非就是非。例如，资本主义发达国家的制度、放任的自由主义、极端的民主并非十全十美，恰恰是因为这些东西而使它们陷入了当前的深刻的经济危机，而社会主义社会，只要实行社会主义市场经济、实行改革开放、实行有序化的自由和民主，实行资源优化配置，实行宏观调控，我们就可以比资本主义制度做得更好、更优胜！光讲大道理，干巴巴，毫无感情，不可能使思想政治教育引人入胜，也不可能使主体与客体的思想发生共鸣。只有感情的投入，而没有旗帜鲜明的理论观点，党的思想政治路线就不会深入人心。

2. 原则性与灵活性辩证统一的原则

构建高校思想政治教育思维总模式要遵循的第二条原则，就是要坚持原则性与灵活性的辩证统一。原则性的要求是传统形式逻辑即抽象思维规律的本质性要求，也是形式逻辑同一律的要求的间接反映。对于高校思想政治教育者而言，它表现在以下几个方面：

（1）对于我们的工作对象即思维客体来说，他在思想政治修养方面，在个人理想、人生价值、道德取向方面存在什么问题就是什么问题，必须坚持原则，不可以既认为有这个问题，又认为没有这个问题，自打嘴巴，互相矛盾，否则，我们就无所适从，无法对其进行有针对性的工作或教育，也会丧失应有的立场。

（2）对于我们每一个具体的思维过程来说，它的思考方向、思考目标必须具有确定性、单一定向性的特征，这是原则性的要求，是不可动摇的。换句话说，在研究高校思想政治教育中的问题时，在从事思想政治教育中的某个课题的研究中，必须有一个清晰的、确定的研究中心。在这个问题或课题的研究没有获得突破前，或者得出明确的结论以前，思维主体的主要的思维活动都要围绕这个中心进行而不得随意改变，否则，浅尝辄止、水过鸭背，东一榔头西一锤子，问题就难以深入，办事就会丧失原则，还会白白浪费大量时间、财力与物力，得不偿失。

（3）灵活性的要求，是辩证思维或者说辩证逻辑规律的活的灵魂，对于思想政治教育而言，主要表现在：

①当我们的工作对象即思维客体的问题已弄清楚之后，进一步考虑如何解决这个问题时，讨论解决问题的方法就应该灵活多样，即便是同一性质的问题，反映在不同学生的身上也会出现不同的情况，例如，思想内向的同学与思想外向的同学，乐于接受意见的同学与爱面子、虚荣心强的同学，其工作、谈话的方法就应该有所区别。所谓因人而异、量体裁衣、个性化教学就是这个道理，如果不从每个同学的家庭影响、个性气质、品德修养的不同出发，采取千篇一律的工作方式或谈话方法，那么，思想政治教育的效率是难以提高的。

②当我们就思想政治教育的规律、内容或问题进行思考的时候，我们就应当围绕党的思想路线、执政党的要求、现状以及诸多的现实或热点问题来进行深入的思考。虽然此时作为高校大学生的情况也会作为部分内容而在考虑的范围内，但它已不是考虑的重点或中心，考虑的重点或中心是包含广大大学生在内的高校思想政治教育的规律、运行或程序问题，它与大学生有内在联系，但是不同的两个问题，不可以混淆。思维原则性的要求是逻

辑对任何一个具体思维过程都要有一个思考的中心和明确的目的，思维的灵活性的问题，是在思维的目标确定之后，如何进行多路思考，并从中找出最有效地达到思维目标的问题。所谓多路思考，就是对认识的对象和解决问题的方法进行全方位的立体思考，要从不同的视角、不同的侧面、不同的方位、不同的层面，以及不同的时间与空间去分析和把握对象，找到解决问题的最佳方案。假定我们的目标是从长沙到武汉，那么，前去武汉的路径至少有铁路、公交、水运、航空四种方法可供选择，而就具体的交通工具来说，就还有更多选择的可能，我们不能因气候不佳，甚至雷电交加而去选择坐飞机出行，对于如何实现去武汉的目的，我们必须依据安全、有效、可能的要求进行筛选。同理，大学生的思想政治教育，由于工作对象的个性、修养、家境、性格等种种差异，其工作的或教育的方法就应该多种多样，绝不可以工作对象变了，或同一工作对象的思想发生了质的变化，我们还是用陈旧的、过时的方法来做工作。

3. 内容与形式辩证统一的原则

马克思主义辩证唯物主义告诉我们，任何事物都是内容和形式的有机统一。离开形式的内容和离开内容的形式都是抽象意义的产物，是不存在于现实生活的。任何事物都需要一定的形式和内容，形式是内容的载体，内容是形式的归宿。

在内容与形式的关系中，内容是主要的、决定性的方面。内容决定形式，形式依赖内容，形式随着内容的改变而不断调整，因而，有什么样的内容，就会有什么样的形式；内容发展变化了，形式就会随之发生相应的变化。但是，不论是内容还是形式，虽然都具有一定的独立性，但两者之间也是相互影响、相互依存的。例如，形式对内容具有一定的反作用。当形式适应内容的时候，该形式会对内容的加速、发展、完善、传播起到促进作用，如果形式背离了内容，则会对内容的发展、传播产生严重的负面影响。以思想政治教育方法为例，"填鸭灌输法"曾是进行思想政治教育的形式，在俄国十月革命的前夜和十月革命胜利后的初期，当广大无产阶级由于缺少文化、不知马克思主义为何物时，为了尽快提高无产阶级的思想政治觉悟，采取带有某种强制性的"灌输式"的马克思主义教育，以使他们懂得无产阶级要想真正解放自己，首先就要解放全人类的无产阶级意识是必要的，也是符合当时历史需要的。但当无产阶级政权建立起来以后，并且已经进行了数十年的社会主义经济文化建设后，无产阶级的绝大部分都已有了一定的文化基础，马克思主义也逐步深入人心，全体国民的思想素质都具有了很大提高，我们仍然强调对于马克思主义的宣传、教育必须进行"灌输"就不那么适宜了，这时，最需要的是就广大学生、人民群众普遍关心的热点问题，通过理论的透彻性与强大的说服力，以及社会主义社会优越性的示范作用，方能使理论的宣传深入人心。

今天的高校思想政治教育中，已不再讲究什么师道尊严，在教育过程中师生之间是完全平等的，已经不再宣扬灌输，而是强调在互动中传输思想政治教育知识，弘扬主体、客体两个主动性的前提下"灌输"的这种教育形式，客观上会影响师生两个积极性的发挥，也与能者为师、师生互相学习相悖。在我们弄清了内容与形式的哲学内涵之后，我们认为思想政治教育的内容就是党的核心价值理念，表现在现实生活中可以简单归纳为我们熟知的"八荣八耻"。从公民的角度来看，思想政治教育包含的内涵更加丰富，主要包括国家、民族、政治、法律、权利、生态意识在内的十六种意识。在某种程度上，这些意识可以笼统视为党的核心价值理论在生活中的具体化，上述意识在本质上一脉相承，由于内容的丰富与广泛，不可能在一门课里全都涉及，但是可以根据需要而进行不同的组合。

思想政治教育思维总模式，即是指包括各种思维形态及其相关思维形式、思维方法的思想政治教育内容的运行方式，思想政治教育的内容，是在思维总模式运行中起着支配、主导、决定的东西；思想政治教育的思维模式则是思想政治教育内容的载体及其运行的工具。

依据思想政治教育内容与思想政治教育思维总模式的辩证法，任何一种模式都应具有一定的稳定性，也就是说有其一定的规律性，能够重复地应用，但又没有绝对的稳定性、条件性与时间性。如果时间性与条件性发生了变化，从而使模式所反映的内容——概念系列或理论的逻辑推演发生了质的变化，那么这种模式就不再是这种模式，而是转化为其他的模式。例如，当思想政治教育思维模式中的思维主体与思维客体发生了变化，由思维客体推演出来的概念系列，已由思想政治教育的范畴，转化为自然科学或生态环境科学概念的范畴，这种思维的模式，也就随之转化为自然科学或生态环境科学的思维模式，是我们认识自然界或生态环境保护的工具。以上三条原则，乃是我们构建高校思想政治教育思维总模式的思想指导，体现了思维模式的构建要以马克思主义的世界观为指导，而不能以形而上学思想或唯心主义乃至神学的思想作为指导。这种思想的指导，存在于思维主体的头脑里，体现在思维模式的构建中，运动于思维模式的运行里，并不一定要以文字、语言的形式表达或说出来。马克思主义哲学认为，意识对物质有反作用。思想作为意识的一种，对我们认识和改造客观世界和主观世界，也具有一定的反作用。或许思想是种看不见、摸不着的抽象事物，来无影去无踪，但在生活中又无所不在，甚至决定我们在日常生活实践活动的成败。

第三节　高校思想政治教育的创新思维模式

创新不仅是一个国家民族的灵魂，而且是思想政治教育工作者的思想精神核心。思想政治教育体现的是统治阶级最主要、最关键的主流价值思想，不仅关乎该阶级的统治是否能够长治久安，而且关乎执政党的工作是否顺利和有效。为了保证思想政治教育的效果，必须保证思想政治教育内容与时俱进、符合实际，因此创新成为思想政治教育永葆生机和活力的重要方式，这真正体现唯物辩证法的具体含义。

创新作为新时代最为引人注目的内容，受到绝大多数人的青睐，然而每个人的创新能力水平十分迥异，尤其是在对思想政治教育工作进行创新时。思想政治教育的内容涉及国家、社会和人民发展的方方面面，稍有不慎便容易导致巨大损失，因此思想政治教育领域的创新要求创新主体拥有十分审慎和负责的态度。

一、创新思维模式概述

（一）创新思维模式的界定

模式，在英语中被称为"pattern"，原本的含义是图案，但经过时代的演变延展出"模式"这一含义，总而言之，模式是指事物的表象背后稳定不变的规律。正如前文所述，模式包括两种类型，分别是物质模式和精神模式。创新思维，顾名思义，关于创新的认知或智力活动，明显属于精神范畴，因此创新思维模式属于精神模式。创新思维模式的根本目的是探究创新思维隐藏在现象背后的规律或者具体动作，达到这一目的的方式是运用相关且科学的含义、命题和推测。

创新思维模式的构建者本身的专业知识对创新思维模式的构建起着决定性作用，只有有着深厚的思想政治教育理论知识的人才能够对思想政治教育内容进行创新，否则就是瞎马临池，十分盲目和危险。

思维创新的分类基于思维创新的领域，思维主体如果是在概念领域进行新的思维发掘，那么新形成的思维模式的主要内容是概念的逻辑演绎；思维主体如果是在命题领域进行新思考，那么创新思维模式包括三个部分，分别是原始、中介和推出命题，此时逻辑推理成为从原始命题推演出新命题的方法；思维主体如果是在思想政治教育范畴内寻找新事物，那么无论思维主体提出的是新的概念、命题，还是新的理论体系，都属于马克思主义的下属概念、命题和系统，尽管思维主体提出的新概念、命题和系统拥有新的思想理念，但它们来源于马克思主义，与马克思主义是"源"与"流"的关系。

创新思维模式目前被认为属于科学范畴，近似反映了创新思维内在的、稳定的、不变的联系，即规律。科学从原意上来讲是对规律的客观、完整、一模一样的反映，为什么创新思维模式是"近似反映"？根本原因在于创新的主体是人，创新本质上是人的行为，因此创新思维模式往往包含人的独特形象。思维主体在创新的过程中虽然努力遵循创新的恒定的规律，但也不可避免地加入自己的个性、思维方法、认知差异等等。

（二）创新思维模式的特征

创新思维模式最终将促使创新思维的出现和发展，因此创新思维模式的特征蕴藏在创新思维表现出的特征内，现有的理论研究认为创新思维拥有三个特征，分别是产生的偶然性、出现的突发性和独创性，所以创新思维模式的特征与其类似：

1. 稳定性与非稳定性的统一

创新思维模式既有稳定的内核，又有不稳定的表现形式。创新思维模式已经形成了大致稳定的运行流程，但是其具体操作过程却又充满变化和未知的可能，所以当前对创新思维模式采取多角度、多方向的探究。但大体而言创新思维模式运行的过程是稳定的，创新思维模式的形成大致经过四个程序，一是对事物产生兴趣，二是为了解开谜题深入思考，三是解开谜题，四是运用实践检验。

首先思维主体对某一事物的存在、表现、某一特征产生兴趣，好奇这个对象背后是否有复杂而不为人知的神秘由来。这种好奇心将促使思维主体进行详细而深入的思考，从而到达思维创新模式的第二阶段。在历经或长或短、十分艰苦的沉思之后，思维主体突然找到了对象背后存在的奥秘，这便是思维创新模式的第三阶段。但思维主体本身得出的结论是否科学则需要实践的检验，实践是检验认知的真理性的唯一标准。如此，思维创新模式的四个阶段才最终完成，这也是思维创新模式稳定不变的内核。

但稳定的内核并不意味着思维创新模式在各个方面都是一成不变的，思维创新模式的四个程序之下还有各种各样的具体环节，环节中细微的改变就可以改变整体的思维创新模式。现有的研究状况表明，思维主体的创新环节多种多样，已经形成"三阶段论"等多个理论，相关内容将在后文具体阐述。

2. 确定性与非确定性的统一

创新思维模式的固定流程既有其本身可以确定的内容，又有可以变化的灵活的不确定性。总体而言，创新思维模式的固定流程主要包含下列两个部分：

一方面，对于特定的创新思维过程，其创新对象不能轻易更改，倘若思维主体没有针对同一个思维对象凝思、深入挖掘，而是高频率更换创新对象，那么只能导致思考浅薄、找不到事物本质规律的后果，令创新主体浪费自己的精力却一无所获。

另一方面，在一个具体的创新思维过程中，思维的最后归宿应该是确定的。即无论结论正确还是错误，都应该是关于思维对象本质的认识，绝对不允许出现研究对象是A，研究结论却属于非A，这种情况只能表明，我们的思维走错了方向，离开了原来的主题。

创新思维的对象和最后归宿是确定的，并不包含"创新思维整个过程是确定的"这一隐喻。创新思维不仅涉及对象和最后归宿，而且涉及思考的方式方法等内容，因此创新思维必然是不断变化、充满可能的。正因为创新思维具有确定性和不确定性相统一的特点，因此我们在实现创新目标时既遵循一定的科学规律，避免谬误，也能采取各式各样的渠道，在其中选择最为高效的方式。如此，不仅能够为实现认识目标提供科学性保障，而且能够节省精力。上述认知十分有利于思想政治教育工作。例如，针对教育不慎走入歧途的青年的问题，思想政治教育者可以采取多种方式，一是教师对其谆谆教导、以情动情，对他进行关乎尊严、独立等内容的人生观教育，促使他成为"四有"青年；二是教师直接依据学校、国家规定对他的不良行为做出适当处分；三是教师关心学生，深入了解学生本身的家庭情况和个人状况，为其提供相应的帮助。上述方法都是可以采用的方法，但确定效果最好的方法却需要经过比对和考量。

3.普遍性与个体性的统一

创新思维并不是曲高和寡的东西，每个人都有创新的潜力，每个人都可以在自己所在的领域、所处的位置进行创新，每个人都能够发现生活中的新事物，都能够在旧事物中找到发展的方向和可能，相应的事例在人类发展的进程中数不胜数，创新思维是普遍存在的。

创新是人类个体活动的产物，因此创新思维及其模式又带有每个人不同的印记，有着自己独特和个性的标志。创新思维模式可以被复制，被群体所使用，但也运行在思维主体中，因此受到思维主体的智力、基础知识水平、个人爱好等因素的影响。思想政治教育模式拥有其固定的大体标准，但实际操作，如高校和军队思想政治教育就十分不同。军队和高校的思想政治教育目的都有为受教育者培养正确的世界观、人生观和价值观，都会采用如计算机等教育媒介。但军队的思想政治教育目标中还包含为战士培养正确的战争观，使用计算机技术制作的红蓝双方的对战，从而培养战士的勇敢、热血等精神，培训战士的政治和军事能力。而高校的思想政治教育内容中却不会出现红蓝双方对战的形式，也不包含对学生的战争观教育。

创新思维模式具有个性化的特点在于思维主体在使用创新思维模式的过程中受到自己的智力水平、与人的互动能力、专业素养的影响。人的智力水平被称为智商，是指人理性思考问题的能力；与人的互动能力被称为情商，是指人处理自己与他人情感关系的能力。当人的目标是挖掘出隐藏在事物表面背后的根本规律时，智商高的思维主体将能够集中注意力、深入思考，通过高度理性的分析找到事物认识的突破点，最终得出科学的结论；当人追求高远的目标时，高情商的思维主体将会凭借自己坚强的意志力和高昂的情绪、激烈的感情提供的强大动力，克服自己在实现理想途中的艰难险阻，从而实现目标。所以，高智商的思维主体在强大的辩证思维能力的基础上构造出行之有效、切实可行的逻辑思维模式，并且运用这些模式充分探索研究对象的本质规律，探索事物发展的基本准则；高情商的思维主体在人文社科领域构造符合社会发展规律的思维模式，将这些有益的模式推广，从而使大量人文工作者从中受益。专业素养是思维主体发现新事物的前提和基础，只有拥有深厚的专业知识才能够从旧事物中找出发展前进的可能，从而实现创新。此外，专业素养还是思维主体判断事物是否有无限发展潜力的基础，是判断创造是否符合实践的基础。总而言之，每个思维主体都遵循一定的大致类似的创新思维模式，但具体详细的创新方式却受到自己个性化的情商、智商、专业素质的制约，思维主体的个人特色深刻影响思维创新模式的塑造。

（三）创新思维模式的功能

创新是国家、社会和个人不断发展的重要动力，因此创新思维模式对国家、民族、社会和个人的可持续发展有着难以忽视的影响。

1.社会不断进步的动力源

人类社会进步的动力有着诸多讨论，根据马克思主义基本原理，人类社会进步的动力是阶级斗争。要时刻牢记、讨论、参与，但是阶级斗争并不是与人类社会相生相伴的，既不是人类社会一产生就孕育出阶级斗争，也不是人类社会只要存在就有阶级斗争，最关键的是阶级社会中的阶级斗争也不是促进社会进步的根本原因。社会进步的根本原因是人类社会的基本矛盾中的一对，即生产力与生产关系的矛盾。生产力是生产力与生产关系这一对矛盾中的主要方面，生产力决定生产关系。生产力不断发展，达到一定阶段之后将使得社会中产生剩余财富，剩余财富促使社会出现不同分工，而社会分工孕育出不同阶级。在出现阶级社会之后，倘若生产力仍然不断发展，人类社会的物质和精神财富将随之不断丰富，那么阶级社会将不再适应生产力水平，从而得到消失的结局。所以，生产力是社会发展的终极原因，生产力既能促进社会发展也能制约社会发展。那么，促进生产力发展就变得十分关键，生产力发展的根本因素在于劳动力、科学技术两个方面。科学技术是第一生产力，目前影响整个社会进程的最显著的事件便是两次科技革命，科学技术的进步基于劳动者的创新。因此，要使社会生产力不断进步，要使社会不断发展，要使人类的物质和精神文明得到质的提升和飞跃，那么就应当不断促进科学技术的进步，科学技术是社会发展的不竭动力。

2. 促进人的创造潜能

创新思维是人类思想的终极形式和目标，任何其他类型的思维模式、形态、方法都是为了实现创新。创新为人类发展提供永不消失的能量，情感、理智等思维的研究目的都是进行创新。人类就是通过创新存活于地球之上的，人类通过创新创造出稀缺资源或者其替代品。除人之外的其他动物面对食物短缺的情况，不是开发出新的食物，或者培养已有的食物，而是吃完周边的食物再转向其他地方寻求食物，当气候等地理环境导致所需食物不能生长之后，这些动物便走向灭亡的绝路。

目前，地球上共有 200 个以上的国家，有超过 60 亿的人口，粮食、水源等资源变得越来越紧张，人类再一次面对关乎动物生死存亡的一关——食物。我国作为世界第一大人口国，仅有三分之一的水域没有遭到污染，其余水资源的现状并不能满足我国的饮水标准。为了解决水资源和粮食短缺的问题，创新成为每个中国公民必须采取的思维方式和手段。只有创新才能为人类的生存找到新的出路，才能为人类的美好明天贡献自己的力量。

创新思维的风靡有助于各种新的事物的诞生，有助于新的思想理论、新的科学技术井喷而出，有助于为社会主义现代化建设提供不竭的源泉和力量，有助于促进社会向更加健康、更和谐的方向发展。高校的思想政治教育在这一过程中起着举足轻重的作用。高效思想政治教育面对的是拥有水平较高的智力、情商和专业素养的群体——大学生，大学生有着良好的创新潜力。因此对其进行高水平的思想政治教育，如钱学森所倡导的大成智慧学，那么他们将能够把自己微小的星星之火融聚成熊熊火焰，为社会的创新事业增加巨大的助力，为社会主义现代化建设增添无穷的动力，从而促进社会的巨大进步和中华民族的伟大复兴。

3. 不断提高思想政治教育有效性的根本保障

创新高校的思想政治教育要从内容和方法两个维度出发。

（1）思想政治教育的内容方面。

思想政治教育的内容十分丰富，从实际落脚点——课程上来讲，包含课程的核心思想、内容设置、思想理论系统、与其他课程的联动关系等。思想政治教育内容主要围绕五个核心，一是关乎对整个世界的观点和看法的世界观，二是政治观点和政治立场的总称——政治观，三是对人生目的和意义的看法——人生观，四是对周围客观事物的意义的看法——价值观，五是道德意识和道德水平的统一体——道德观。从上述内容可知，思想政治教育理论十分广博和精深，因此思想政治教育工作有一定的难度。对现有的思想政治教育体系进行创新并不是一件轻松的事情，因为现有的思想政治教育体系是经过缜密梳理和实践检验的，拥有较为完善的设置。然而，从事一项事业途中的艰难险阻并不是停止创新的借口，这些困难存在的唯一意义就是提醒我们在创新思想政治教育内容的过程中要十分谨慎和认真，在正式工作之前要做好充分的心理准备。在现有的思想政治教育体系下创新需要付出艰苦卓绝的努力，需要坚忍不拔的意志和恒心，需要努力研究现有的思想政治教育内容和系统，发现其中存在的缺点，找到可以改进的地方。为了实现上述目标，我们应当转变自己的思维方式，不仅从教育者的角度思考，而且从受教育者的角度思考；不仅从国内思想政治教育体系出发，而且从国际思想政治教育中汲取能量；不仅对自己的院校深入研究，而且从周边院校的思想政治教育体系中寻求突破的机会；不仅从思想政治理论基础中寻找创新的可能，而且从政治学、经济学中的思想理论中探索潜力。唯有如此，我们才能发现思想政治教育体系中存在的漏洞，才能从社会现实中汲取发展的能量，才能扩宽思想政治教育的内容和领域。

（2）思想政治教育方法方面

方法是实现一个目标的现实基础，是实现理想的具体步骤，无数先贤都曾阐释方法的重要性。达尔文曾说"关于方法的知识是最为重要的知识"，斯威夫特认为"万事离不开方法"，所以要实现优越的思想政治教育工作，好的方法成为必要。目前思想政治教育的变化是十分多而快的，但剧烈而显著的变化却十分少，根本原因就在于对思想政治教育要进行创新的思想还没有得到广大的认可，大多数高校的思想政治教育工作者还没有认识到行之有效的方法对于提升思想政治教育工作效果的重要性。

无论是国际还是国内的思想政治教育工作的优秀案例都表明，虽然思想政治教育本身的工作针对的是精神领域这一较为虚浮的内容，但其实现的手段却是脚踏实地的，是作用于物质的，是需要通过物质来实现的。因此思想政治教育的传授工作，应当讲究实际，把课堂从教室转移到社会中，以社会为对象，向学生展示思想政治与其生活的相关性，从而增强教学的趣味性、实际性。总而言之，思想政治教育不仅有创新的基础，而且有创新的现实必要，创新能够促使思想政治教育工作焕发生机。

二、人类对创新思维模式的探索

（一）近代以来对创新思维模式的探索

怎样才能够将人民从烦琐的工作环境中解脱出来？怎样才能够扩展人们的思维？长期以来，中西方学者都在苦苦地探索。在经过了数百年的研究之后，学者们从不同的角度，运用不同的方法，研究出了大量的创新思维方法，常见的有五种：

（1）三阶段的创新思维模式。其代表性的模式主要有：

①美国当代著名创造工程学家、创造学奠基人奥斯本提出的模式：寻找事实—寻找构想—寻找答案；

②美国兰德公司的特戈和凯普纳的模式：发现问题—分析原因—最终决策；

上述美国学者提出的两种模式，有着一定的差异性但是，它们都有一个共同点，那就是，非常看重逻辑在创新中的应用。从创新的角度来说，创新当然是需要逻辑的，但是单一的逻辑要素是不能够满足创新的要求的。因为，从某种程度来说，创新是一个系统性的工程，需要其他综合性因素的介入。王国维在《人间词话》对人在某些方面的修养，提出了自己的看法：

昨夜西风凋碧树。独上高楼，望尽天涯路。（此第一种境界）

衣带渐宽终不悔，为伊消得人憔悴。（此第二种境界）

众里寻他千百度，蓦然回首，那人却在灯火阑珊处。（此第三种境界）

这三种境界其实就是一个人事业进程的三个阶段。第一句话的含义指的是，一个人要想干出一番事业，就必须有干大事的心理预期，以及高大的目标指引。而且应该做好上刀山，下火海的准备，寻找各种可能性的路径；第二句的意思是指，当作者找到并且确定了创新的路径之后，就应该心无旁骛，专心致志地冥思苦想。这一个过程无疑是非常痛苦的，能够让你变得日益消瘦，但是你必须以极大的毅力坚持下来；第三句话的意思指的是，经过一番激烈的思想博弈之后，你的思维豁然开朗，找到了自己内心的真正答案。实际上，创新是一个多因素构成的系统工程，包含逻辑和非逻辑因素。两者相辅相成。

（2）四阶段的创新思维模式。其代表性的观点是：

英国心理学家沃勒斯在《思考的行为》一书中，阐述了自己的观点：不管是自然科学的创新或者是艺术方面的重新构建，一般都要经过四个时期：

第一阶段，这个阶段是工作开始的筹备期。这期间应该对自己工作的目的，以及目前的条件和状况做调查研究。从各种方面获得关于创新的知识。

第二阶段，酝酿期。这个时期是一个明显的试错期，在这一阶段，创新者需要进行大量的思考，来明确创新的路径，探索未知。

第三阶段，明朗期。在有前述的两个阶段的铺垫之后，创新者已经恍然大悟。逐渐地意识到了创新的方法和路径，形成了成熟的创新式的思维。已经从旧有的思考模式中摆脱出来，提出了新的理论。

第四阶段，即验证期。这是创新阶段的最后一个时期，主要是对自己形成的理论见解进行进一步的验证。比如，可以用逻辑思维来验证自己理论是否存在漏洞和弊端，用双盲实验的方法，验证方法的有效性。然后进行深层次的修正。

（3）五阶段的创新思维模式

20世纪初，美国著名哲学家杜威在其名著《我们是怎样思维的》强调，创新式思维的养成并不是一蹴而就的，而是需要经历多个阶段。首先，需要意识到创新的紧迫性；其次，应该对创新面临的困难有清晰的认识；再次，阅读文献，提出理论假设；再次，去伪存真，去粗取精；最后，得出成果。

很长时间以来，人们认为杜威的理论是非常经典的，似乎，这种创新模式是一个最终正确的方法。但是，从中国学者的角度来看，杜威理论并不是合适的创新思维养成之路。他的这种理论完全将创新思维的养成看作是一个非常机械的过程，忽视了情感和形象方面的作用，这种模式缺乏灵活性，让创新者皓首穷经而不可得创新。所以，很多学者都在努力修正杜威理论，在创新的过程中加入大量的非逻辑、非理性因素，产生了更多阶段的思维模式。

（4）六阶段的创新思维模式

中国著名的逻辑专家苏越最早提出了立体思维创新模式，他写了《立体思维与现代管理》《现代思维模式丛书》《思路、逻辑、创造方法》等专著，而且还发表了大量的文章，认为创新思维的养成分为六个阶段：

①动力。这是进行思维创新的原始动力。只有存在这种因素，才能够进行存在创新的意识。你才可能在自己的专业范围之内，进行探索性的创新工作。

②质疑。巴尔扎克说："疑问的形状就是打开谜团的钥匙。"当你对一些不解的事物产生疑惑的时候，不要就此忽视，而是应该问自己，产生这个现象的原因是什么？

这种观念是否能够得到实际的验证呢？是否具备继续探索的意义呢？自己有没有解决这个问题的能力呢？只有善于发现问题，善于具备开拓性的思维，才能够促进问题的解决。

③采蜜。用这个词语是非常形象的，指的是当你去探索未知的时候，应该具备工蜂的精神，不辞劳苦，从各个方面寻找相关的文件资料，然后透过现象看本质，从资料中汲取本质的知识内容，然后取得甜蜜的结果。

④杂交。创新并不是闭门造车，而是应该积极借鉴其他的理论，举例来说，如果我们要论证社会主义是人类的选择，符合人类的社会形态，就必须从中国传统的儒家学说中汲取营养，如天下大同的思想，就和社会主义有异曲同工之妙。中国的历史文化非常优秀，还应该从不同的民族文化中汲取营养，然后让世界认同社会主义，体会社会主义。在实践中，感受一个没有资本家、没有贵族、没有剥削的时代，劳动者能够获得足够的尊重，没有任何人歧视劳动者。社会主义是一个真正的法治社会，一个真正的清廉的国度，而不是挂羊头卖狗肉式的假社会主义。

⑤检验。时间是检验真理的唯一标准，所以，应该将自己形成的思想理论做进一步的验证，看看这种理论解决实际问题中是否有效果？

⑥超越。如果自己得出的创新性的理论放在实践中取得了不错的效果，那么就应该极大地推广自己的理论，为人类造福。如果证明自己的理论是错误的，那么就应该进一步修正自己的理论，甚至推翻自己的理论，开始新的探索过程，从而找到一个正确的路径。从中国著名学者苏越的研究中可以看出，逻辑因素和非逻辑因素是相互结合相互渗透的，也是相辅相成的。

（5）七阶段创新思维模式

令人讶异的是，加拿大的内分泌学者同时也是应力学说的创始人 G. 塞利尔竟然把创新思维与人类生殖的过程相比较，提出了七个阶段的一个模式。

①爱情与情欲：也就是学者们对于创新的渴求，要像追求爱情那种程度的狂热以及热爱。

②受胎：也就是学者们要提出一个创新的问题并且还有充足丰富的材料证明作为支撑，让问题能够继续发展下去。

③怀孕：也就是学者们的创新想法已经在脑海中形成，但是他们自身还没有意识到这一点。

④痛苦的产前阵痛：也就是说灵感以及顿悟开始现身了，这是一种"答案临近感"，只有那些体会到了思维艰辛过程以及进入了神迷魂驻阶段，就好像感受到了孕妇分娩前阵痛的人才能够有此体会。

⑤分娩：也就是创新者们经过孕妇都会经历的分娩阵痛，终于在满足当中迎来的新思想的诞生，一直研究分析的成果终于落地了！

⑥查看和检验：也就是创新者应该学习医生为婴孩检查身体那样，全面、仔细、完善、极端、负责地印证创新的思维。

⑦生活：也就是创新者的新思想在接受实践与检验的双重认证之后，要让它进入一个自然生长的过程当中，融入生活中去，持续地发展并且为人类的美好未来做出巨大贡献。

诚然，以上各种模式各有特点，但从本质上说，都是沃勒斯最初所提出的四个阶段的架构，不一样的是，或者是在首部以及尾部两端都向外进行了延伸，或者是在中间部分增加了或者是细化了一些流程。对于新思想来说，准备阶段、酝酿阶段、明朗阶段以及验证阶段这四个阶段都是必经的过程，其他的阶段或者是流程，都是对这四个阶段的补充以及细化。

（二）创新思维模式构建

（1）构建创新思维模式的主要思维元素

情感思维元素：动作、形象思维的展示形式以及手段、意象；理性思维元素：辩证、抽象以及立体思维的展示形式以及手段；创新思维元素：思维的展现形式以及手段。

（2）构建创新思维模式的主要思想政治教育内容元素

马克思主义的世界观、政治观、人生观、价值观、道德观。

（3）创新思维模式图示，如图5-1所示。

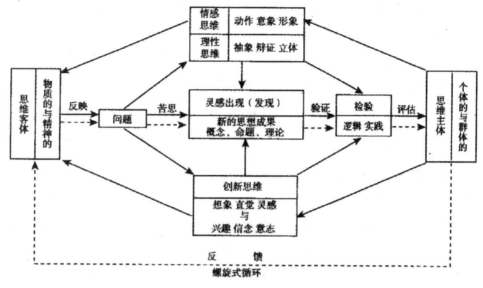

图5-1　创新思维模式

（4）对创新思维模式图示的诠释

①创新思维无法离开逻辑以及非逻辑思维而独立存在，创新思维的整个过程一直是逻辑以及非逻辑思维两者相互作用的过程。创新在某一个阶段，主要是非逻辑思维，在另外一个阶段主要是逻辑思维。在整个创新思维的模式架构当中，一定要把逻辑思维跟非逻辑思维之间的作用反映出来，同时要实现两者的交互作用。

②这种并不是在每一个阶段都是相对的，对称的，而是在某些阶段能表现得较为强势，而在某些阶段表现得较为弱势。

③在模式当中存在的问题指的是在想象之中、灵感之中、直觉之中，对于思维的客体的初见；新的思想或者是理论都是对于问题运用逻辑探讨出来的成果。

④在创新思维的整个过程当中，情感思维起着相当重要的作用。每一个阶段都有不同的表现，比如在灵感潜伏期的时候会焦躁不安，在灵感显现的时候会表现痴迷甚至是神志不清，在灵感出现之后会惊喜万分并且情绪高涨。

⑤模式当中的检验，意思是检验或者验证得到的新思想的成果，包括一系列逻辑与实践证明。

⑥通过一系列的逻辑以及实践验证，假如新思想或者新观点是正确的，那么就能够作用于客体，然后在新理论的指导之下进行新一轮的验证和实践，推动新思想向前进步；如果新思维或者观点是错误的，那么就要开始新一轮的验证与实践。

因此，图案当中的虚线不仅仅是表明了思维认识客体的各个阶段都是双向的，同时也表现出思想主体对客体的理解是螺旋形、否定之否定的一个过程，一个认识过程被解决之后，新的认识过程又开始了。创新思维就是随着实践、深入理解是不断上升并且升华的。

创新思想政治教育，尤其是当中关于个体的思想教育，和普通的科技创新特点不一样。最基础的就是人文关怀以及情感交流的方法，这里面有很多事情需要去做，并要深入总结如何注入感情才能够引起灵魂共振的问题。这里的创新空间比较大。

三、应用创新思维模式的前提条件

创新思维模式是终端的思维形式，在整个思维的运行当中，和所有的思维形式以及方式几乎都有涉猎，所以，想要掌握正确的创新思维方式，主体一定要拥有下面几点素质：

（一）敢于大胆质疑

质疑的意思就是在要深入调查分析的基础之上，敢于质疑那些大家司空见惯的态势以及情况，要提出新的思想、新的问题。善于质疑，遇事爱问为什么，这是通过创新思维模式并且创新思维不能够缺少的品质。马克思在解决他女儿的问题"你信奉的格言是什么"的时候答复道："我对一切保持着怀疑的态度。"马克思的怀疑态度并不是对一切都怀疑，而是将这种敢于质疑的态度运用到生活和工作当中，要深入调查，才能知道真相是什么，我们该肯定的就要肯定，该否定的就要否定。

创造潜能，人人都有，差异仅仅是在大小以及开发释放方面。如果方法采用得当，那么就算潜能较小，也能够释放出巨大的能量，如果方法采用不当，就算潜能较大，那么释放出的能量也很小甚至会产生负能量，这种能量不仅对社会的进步和发展没有丝毫的帮助，反而有可能给社会造成影响。如果想让自己的生命创造出价值，那么就需要不断地创新思维，想要做到这一点，首先就是要敢于质疑在生活当中、工作当中遇到的一切问题。例如，一个很长时间脱离集体并且寡言少语的学生没有得到别人的注意，而你却注意到了，并且找了这个学生谈心，明确地指出这个学生的心思过重，一定有心事，真诚的希望他能够告知心事，一吐为快，然后针对性地帮助他。在一阵沉默之后，这位学生终于在老师的怀里哭了起来，说道：我还不想死，我也想坚强一点，但是我想到了死，因为没有人能理解我的痛苦，没有释放自己压力的机会。我因我父亲被抓而痛苦，因为母亲的离世而感伤。如今将这一切说出来以后，我决心坚强与自立。正是因为质疑这个学生的一些言行举止，才能发现如此严重的问题，从而挽救一条对生活失去希望的生命。

对于身边发生的一切事物多质疑，多思考。这并不是多余或者是多管闲事，而是基于事实，有理论依据的。理论依据便是世界方法论，也就是辩证唯物史观。辩证法展示出一个道理：对一个事物的认识是由浅至深的一个过程，同样的，真理也是一个从浅到深的一个过程。不管是哪个权威创建的理论都不可能穷尽世间万物的各个方面；相反，他们提出的理论都一定程度上受到他们所处时代的局限和影响。所以，这些权威的学者高明就高明在他们洞察到的真理要比当代的其他人多很多，而不是指他们穷尽了真理。

所以，唯物辩证法的观点就是要对一切事物表示质疑，不断地创新思维。如果凡事都问一个为什么，凡事都先质疑，那么我们就会从很多大家默认正确的事情当中发现很多问题。比如，今天一些青年人什么都不学，偏偏要学习希特勒，要像希特勒一样做些遗臭万年的事情，这种志向一旦产生，自己就很容易进入历史的垃圾堆。

像这样的成语，如果我们从反面去思考，也能够发现一些问题来。比如"物极必反"这个成语，真的是物极必反吗？一个人得了不治之症，反而睡一觉便醒来了，就成了一个健康的人？为富不仁真的是为富不仁吗？那么多富豪都在努力地投身于慈善事业当中，几亿的身家都回馈给社会，这又怎么用常理来解释呢？作为一名大学生，应该养成凡事多质疑的优秀品质。

（二）拥有合理的知识结构和必要的实践经验

应用创新思维模式，要同时涉及创新思维知识以及对象的综合。在创新的过程当中，假如创新的主体同时拥有了创新相关的知识以及经验，他就能够在这种思维模式的引导之下，在思维的海洋当中自由畅游。

1. 合理的知识结构

所谓合理的知识结构，依据我的理解，应该包括以下几个要求：

①关于工作、业务实践的专业知识，应该有全面深入的了解，甚至对于某些知识的细节，都要精准的掌握。

②要熟悉了解与工作和业务挂钩的学科知识，并且还要在某些方面有深入的研究。比如，一个思想政治教育家可以不用对心理和社会学有专业的认识，但是这些知识对于研究思想政治教育十分有帮助，所以在进行教育时，这些看似不相关的知识反而是通往学生心灵深处的重要工具，系统地、全面地了解这些知识对于教育学生是大有裨益的。

③有些知识尽管和工作以及业务的实践相关，但是一般都相对不是直接的，不会对思想教育产生直接影响。比如，航天学、地质学以及考古学等相关知识，这些知识如果自身感兴趣的话可以读读，看看，不会影响思想教育。现在科学逐渐被细化，尽管是全能的科学家，也没办法做到对所有科学领域都有所涉及，并且达到相同的深度，总有部分学科是抽不出时间和精力去研究的，甚至也没有涉猎的必要。

英国侦探作家柯南道尔笔下的"神探"福尔摩斯的知识结构，值得我们借鉴。

文学知识——无。

哲学知识——无。

天文学知识——无。

政治学知识——浅薄。

植物学知识——不完善，但是对于莨蓿以及鸦片方面的知识研究比较透彻，对毒剂也有一定的认识，但是对于园艺却一知半解。

地质学知识——较为实用，但是使用范围有限。但是他能够看一眼便分辨出土质的差异。他在漫步的时候，能够对裤腿上的泥点子进行观察分析，推断出泥点子是在何时何地溅上的。

化学知识——精深。

解剖学知识——准确，但不系统。

惊险文学——很广博，他似乎对一个世纪中发生的一切恐怖事件都深知底细。

提琴拉得很好。

善使棍棒，也精于刀剑拳术。

关于英国法律方面，他具有充分实用的知识。

根据福尔摩斯梳理的知识结构，我们能认识到什么真理？回答这个问题之前，我们要指出这一系列知识中有一个不能够原谅的逻辑冲突，因为逻辑冲突在任何思维过程当中都是不允许的。第一个"文学知识"是"无"，但是第九个"恐怖文学"的知识却"非常广泛，他几乎知道一个世纪以来所有的恐怖事件"，所以"9"否定了"1"，因为"恐怖文学"是包含在文学中的，是文学延伸的一部分。因此，我们只能得出结论，福尔摩斯的文学知识是不完整的，但他惊人的文学知识是广泛的，甚至是深刻的，是用来指导实践的。

第一，与业务无关的知识无须了解，如天文学知识、实用园艺学知识；

第二，要懂得一些知识，但要注重实践，如地质知识、文献文学知识等；

第三，我们应该了解一些知识，但我们应该建立一个需要深刻理解的重点，如植物学知识；

第四，探究是紧密联系的，既要充分理解，又要深入了解，比如化学知识等；

第五，对一些知识无须系统了解，但关键部分要了解准确，如解剖学知识；

第六，对一些知识要做到充分适用，如英国法律方面的知识；

第七，掌握必要的自卫和娱乐手段，如棍棒、剑、拳击、小提琴等。这对身体健康大有裨益，也能增加侦察的掩护手段。福尔摩斯的知识结构是个性化的，并根据自己的需要进行调整，不一定适合所有需要的人；福尔摩斯的知识结构对其他人来说并不一定相同。因此，每个人都应该根据自身的特点和需求，构建最有利于自身发展以及创新的结构。

2. 必要的实践经验

必备的实践经验意思是思维主体在创新工作当中必须了解生产工艺、生产工序和生产设备的优缺点等。这样，他就可以找到提高设备和产品质量的关键，或者亲自参加科学实验。从反复的失败中吸取的教训，积累成功的经验，从中发现深层次或关键问题。比如，一些工人和农民是发明创造者，不是因为他们有着比较合理的知识框架，他们在思想上有所创新，是因为他们的实践经验十分丰富，为技术创新和农业生产提供了基础和充分条件。诚然，只要有较为合理的知识框架或十分丰富的经验，不管是科学家还是理论家、工人还是农民，甚至是喜欢破天荒地喜欢电视电脑的安装与拆卸的学生，都可以在本专业进行科技改革或理论创新，但在某些领域，思想上、科学上或理论上的创新，就算具备一定知识框架或丰富的实践经验都不能够达到创新目标。比如，今天我们的人工智能科学、计算机科学以及航天科学一定要有严谨缜密的知识框架以及丰富的实践经验相互结合。不仅要严格论证各种相关的科学理论，而且要在理论的基础之上反复试验创新的科技产品，比如航天器。思想政治教育者的理论创新也要考虑它们是否和党的思想是一致的、必要的，是否与我们党的思想路线相矛盾。对于某种新提出的教育手段，是成功的还是失败的，或者是不完整的，都需要加以完善才可以达到预期目的，这都需要反复进行理论与实践的检验。

（三）养成逆向思维的习惯

逆向思维是人们日常生活中的一种思维习惯，具体一点也就是喜欢挑刺儿，喜欢和人唱反调的意思。对每个人来说都是正确的事情，但是有的人能发现其中的缺点。这种不同的思维习惯是创新思维最为宝贵且急需的品质。

逆向思维作为一种十分有效的创造性思维方法，已经得到了充分的发展。首先，真理是绝对的和相对的。到目前为止，所有的科学研究成果，包括优秀的、权威的学术思想，都受到了不同程度的制约，因为一个人无论多么聪明，其知识水平都会受到当时社会的生产力水平以及研究深度的制约，所以总有一些局限性。例如，牛顿经典力学以及相对论的问世，就是对牛顿旧理论的发展以及否定。在运用马克思主义基本原理时，也必须结合中国国情实际，不能照搬。其二，指导人们生产、生活、生活的常用短语或格言，属于人们日常生活经验的总结。它们的科学性必须经过实践检验，因此怀疑其科学价值是合理的。第三，马克思说过他的座右铭是对任何理论以及事物保持合理的怀疑态度，并提出了更多质疑的理由，这为我们进行逆向思维提供了理论基础。所以，逆向思维是创新思维的必要前提。

（四）掌握创新思维的形式

创新思维与抽象思维、立体思维以及辩证思维相同，都有其自身的思维方式，是创新思维方式构建而成的重要组成部分。然而，在这方面学界有不同的观点。有学者的观点是创造性思维的思维方式是类比、直觉以及灵感，但传统的思维方式在逻辑当中存在类比；有学者的观点是，创新思维意味着想象、求异以及直觉。而在邢群林、王艳明看来，创新思维方式就是创新思维的方法。当概念在有差异的作品当中作为一个意义不同的概念在使用的时候，其是否正确以及是否合理是有争议的。所以，我们提倡的创造性思维形式有：联想思维、直觉思维以及启发思维。

1. 联想思维形式

联想思维（Association thinking）是一种渗透到思维过程中的感性形象。在联想思维过程中，必然受到理性思维的限制，理性思维已经成为联想思维尤其是创新思维的一种形式或者是工具。否则，思维运动和创新过程可能会受到阻碍。

（1）联想的定义

这意味着人们把事物现象与他们头脑中的某种本质联想了起来，找到它们的共同之处或者是规律。

根据此定义，在联想过程当中，思维主体应该在大脑中存储一定数量的联想参照系。这些参照系可以是事物的整体形象，事物之间的客观因果关系，也可以是某些形象身后隐藏着的潜在规律。

在中国南方的喀斯特地区的某处，经过多年炎热干旱，形成了干涸的河流和湖泊，一支地质队正忙着为村民们寻找饮用水。过了几天，他们的饮用水用完了，需要补充饮用水，但他们不想去饮水困难的村民家里。当大家都担心缺水时，一位老队员举起望远镜观察远处，然后发现了前方三公里处有一座山脉，山上覆盖着绿色，这座山被茂密的乔木和灌木所环绕。他认为这通常意味着隐藏的水库或山上的地下水道，他说："去吧。"几分钟后，他们来到山脚下，进入一山洞当中，终于听到了水声，找到了清泉喝。这位探险家观察并了解了四周的环境，由于他脑中储存了过去的经验，因此他能够确定几公里外种植良好的石山上是否有水。在思想政治的教育当中，尤其是在一对一的对话当中，多去运用联想，对于提高对话的说服力大有裨益，鼓励犯错的学生重拾勇气、轻装前行。比如，几位当踏入社会的大学生在学校和银行贷款还有家长的支持下，筹集了20万元的创业资金，成立了一家电子软件公司，开启了自己的谋生之路。起初，他们信心十足，雄心勃勃。他们希望开发出来的软件产品能在三年内畅销国内外。然而，他们低估了困难，购买了一系列设备之后，软件开发没有在规定的时间内完成，流动资金面临枯竭，公司即将面临破产。大家各奔东西，引起了团委书记和学校的注意，他做同学们的思想工作，鼓励大家坚强，勇于面对失败。他以中国的民营企业家史玉柱为例。这个例子当中的主人公赚了一大笔钱后，史玉柱有些飘飘然。他不听劝告，想在深圳盖高楼。最终，资金链被切断，到最后破产。相反，他决定从自己摔倒的地方爬起来，反省自己，努力变得坚强。最后，他开始振作起来。通过仔细认真的思想工作，这些毕业生对整个问题有了新的见解。经过认真思考，吸取教训，他们振作起来，终于开创了事业的新局面。

联想能够将一系列意想不到的事情连在一起，然后产生一个奇怪的想法。有一个逻辑的故事说，如果刮风，木匠的数量就会增加。乍一看，这种关联并不存在，但它确实包含一个合理的逻辑：

当大风吹起来的时候→沙石就会满天飞舞→以致盲人增加→琵琶师傅会增多→越来越多的人以猫的毛皮代替琵琶的弦→猫少了老鼠就多→老鼠多磨牙会咬木桶→为修补或新造木桶→木匠必定会增多。这是上述联系的内在逻辑，但推理的前提是不成立的，所以结论不成立，但它告诉我无论发生什么，经过千百万次的转化，都是可以联系起来的。

（2）运用联想要遵循的原则

联想是心理活动的基本形式，是创新思维方式的重要组成部分，但是在运用的过程中要遵循下面几点原则：

首先是接近原则。也就是说，在时间和空间上，一定有相互接近的两个元素，将人脑内外的事物自然连接起来。例如，我们可以在学生和学生之间建立联系，或者在学生和老师之间建立联系，而不是在学生和大海之间建立联系。

其次是相似性原则，也就是思维主体的外在事物，和储存在大脑中的概念性以及精神性的事物，都具有一定的外在和内在的相似性，如本质的相似性。因此，这种联系很可能使我们深刻理解事物的本质。例如，如果一所大学两个的班级有许多本质上的相似之处，那么这两个班级的发展前景往往是相似的。

最后是对比原则，也就是没有一定历史背景或条件的情况下，同一语境中没有对比，就没有意义。

2. 直觉思维形式（简称直觉）

同意直觉思维的形式和直觉有相同的含义，因为这是思维世界所说的。

（1）直觉思维形式的界定

直觉的形式，拉丁语是 intueri，意思是观察和注意问题。后来，英语直觉的字面意义也是观察。翻译成中文是直观的、直观的或者直觉的。自然科学家在科学创新中总是重视直觉。伟大的法国数学家庞加莱说，这项发明可以看作是基于直觉的科学选择。直觉是一种突然的理解，"逻辑是证据的工具，直觉是发现的工具。"知识的最高使命是理解事物的内在规律，但这不是理解这些规律的逻辑途径，而是建立在对经验的共鸣和理解基础上的直觉。上述直觉观点不是对直觉的严格科学定义，而是对直觉的体验或描述。

20 世纪 90 年代后，钱学森先生将思维科学带入下一个热潮当中，由此涌现出了很多名著。在创新思维的探索当中，人们试图对直觉下一个科学的定义。其中一本是田运主编的《思维词典》，第二本是卢明森编辑的《创新思维学引论》。

根据《思维词典》，直觉思维的意思是思维主体在没有逻辑程序和经验积累的情况下，透过物体表面，直观地看到物体深层状态的认知活动。卢明森指出，"直觉是认识过程中的一种突变、跳跃和升华，即在某些新现象或新事物没有严格逻辑程序的情况下，我们可以直接理解思维活动的内在本质或规律"。田运认为，没有逻辑程序和经验，直觉是有问题的。直觉不需要逻辑工具，但也不需要经验去怀疑。不需要经验，事物的存在如何产生直觉？这是一种虚无主义的直觉？显然不是，这种排斥感官体验的一种观点，也与直接进入表面深层状态的理解相互矛盾，这种状态存在，但并不存在于表面，而是通过表面的直接顿悟来理解事物的本质。

所以，笔者不同意。田云更愿意接受卢明森教授下的定义。如果用我的理解来表达，直觉思维的形式是在体验和感知事物的前提之下，通过冥想和冥想而产生的顿悟，理解事物和概念的内在本质或者规律的思维过程没有严格的逻辑推理，而是对经验或感性概念的直接感知。

（2）直觉的特征

按照爱因斯坦的看法，直觉是对于经验的共鸣和理解的结果，具有如下特征：

第一，出现直觉必须有长期的思维积累和学科研究。

著名精神病理学专家在长期的心理咨询和教学实践中积累了相当多的经验，所以他很容易发现，学生和年轻人来心理病理学咨询的心理状态，虽然他不能肯定地分辨出同班同学的确切生理差异，究竟是抑郁、怀疑、冷漠、躁狂、焦虑还是恐慌？但可靠性还是很高的，这与他几十年来与各种精神障碍的接触和交流有关。

第二，直觉的出现，要以思维主体如痴如狂的研究为前提。

这些人热爱事业，对事业的献身精神常常显得奇怪和近乎病态。正如我们所知，牛顿饿了，当他看到别人的鸡肉渣子在盘子里时，他以为他吃了早饭。在爱迪生的新婚之夜，他不顾客人和新娘，躲在实验室里痴狂的做实验。高斯的妻子快死的时候，他还靠在桌子上，对告诉他的人说："别管她，等等。"

希腊著名的数学家阿基米德让被派来杀死他的士兵们稍等一下，他要证明几何定律。中国著名的数学家陈景润有一次在上班的时候，因为痴迷于哥德巴赫的猜想，过于沉醉而撞杆，他没有责怪自己太粗心，而是问是谁撞了他。

所有这些看似荒诞夸张的故事，其实都是因为这些人对自己工作的痴迷和沉醉。因此，有人说，科学家或作家在专注于自身作品或工作的时候，往往像精神病人一样，像疯子一样！

在此，我们要说，如果你想要获得更多的顿悟，那你就要掌握科学的直觉，而要有直觉，你对你研究的，或学习的，想想你在学什么，或者你在研究什么，或者希望得到一些想法或知识，然后面对你所想的，你想要的，要做一个不食烟火的疯子。

（3）直觉的意义及其缺陷

直觉思维的重要性是不可低估的，但是它所存在的缺陷也是不能忽视的。

第一，直觉的重要意义，主要表现在以下三个方面：

首先，直觉是普遍存在于所有认知领域的一种思维形式，这意味着直觉不是艺术家独有的，也不是科学家们垄断的。只有在不同的层次、不同的职业和实践思维（行为）中，直觉的类型和性质是不同的，经验的直觉是主要的；艺术家们的实践中，艺术直觉是主要的；在科学家的实践当中，科学直觉是最为重要的。一般来说，不同部门、不同工作组的人，只要有创新思维，就离不开直觉。

直觉是推动科技和文学创新以及发展的思维工具。大量数据和案例证明直觉在科学发现、技术发明以及文学创作当中起着重要作用。很多文艺创作、技术发明以及科学发现都是直觉的产出。鲍恩指出，"实验物理学中所有的伟大发明都来自某些人的直觉"，这似乎有点让人难以接受。

如果把所有这些都改成"大多数"和"很多"，就合适了。普拉特和贝克研究显示："7%的科学家说他们的直觉总是正确的。10%到90%的人的直觉在后来被证实确实是对的……"

　　最后，直觉是在观察思想工作当中思想对象的外在表现，也是发现思想秘密，获得创造性认识的一种手段。在一个大课堂上，你应该根据大部分同学的思想集中与否察觉到是否自己的教学存在问题？在与其他学生交谈时，应通过判断学生的微表情以及强烈的反抗行为，来察觉和反省自己的语言，如果语言不正确，严重损害到学生的自尊，就应该及时调整。善于使用或捕捉火花的人能够根据学生的课堂表现来判断自己的教学效果。

　　第二，直觉的不足。

　　当我们充分确认直觉的价值的时候，我们也必须意识到它的缺点与不足。以下是几点不足：

　　首先，直觉可以发现思想，但是不能证明思想，缺乏证明的力量，需要科学家实验或社会实践去检验。

　　其次，直觉中的一部分是常识。常识往往是保守的，因为直觉的基本知识往往来自过去。比如，在社会体制改革前夕，由于制度惯性太强，多数人的直觉大概率是消极的或被动的。

　　最后，直觉通常是近似的，轮廓的或者是粗略的。为了使它成为科学真理或经典作品，需要精细的雕塑，捕捉者们必须继续努力。

　　3. 灵感思维形式（简称灵感）

　　灵感是创新思维中最为重要的思维形式，是人脑中最复杂、最高级的思维活动，至今它产生的机制依然是一个未解之谜。

　　（1）灵感的界定

　　灵感这个词来自英文 inspiration 翻译。在古代，原意是"采集天地精华"，也就是艺术家借助不朽的精神来写作的能力。中国学者朱狄的观点是，灵感最早出现在中国的文坛。"灵感"在汉语中的原意也是"心灵感应"，意思是吸入"神仙"般的"精神"。"灵"一词的传统特征包括"神"和"巫"的含义，尽管这不是一个科学的定义。

　　我们的观点是灵感是非常复杂的现象，是创作主体基于现有的各种理论以及经验知识，自发或者不自发地通过各种情感理性思维形式和方法凝结而成的思维火花或思维结果。灵感的主要内涵如下：

　　灵感的瞬间是不可预知的，但它的出现是不可避免的，因为灵感的本质上是人脑对客观事物或认知对象的性质和规律认识的产物，是人类知识不断沉思冥想和陶醉的飞跃和突破。这是一种质变。我们不知道什么时候它会发生变化，但我们知道不管它发生得或晚或早，都必然会在 A、B 或 C 身上发生。

　　灵感的生成不仅需要行动思维、形象思维和情感思维的参与，更需要理性思维中抽象思维、立体思维以及辩证思维还有主体的兴趣参与。因此，灵感闪烁是各种思维形式、方式、兴趣爱好，还有意志协调以及综合实力的最终结果。

　　第三，从显性或潜在的意识的维度看，灵感是显性意识在精神中断后，在创新者的"思维"的作用之下，激发潜意识"冲刺"的成果。人的意志力是不可估量的，在人坚定的意念以及意志的驱动下，他能完成一些人永远无法成功完成的工作。例如，上甘岭战役中的一名士兵受重伤之后，肠子暴露在外面，鲜血几乎要流干，但他坚持到救援队到来；在四川汶川大地震当中，一位母亲为了保护孩子，用双手撑起了将近千斤重的石板。

第四，激励必须伴随着创新者事业的进步，对创新的执着、近乎疯狂以及痴迷的想象。没有这个前提条件，灵感就永远不会光顾你！

（2）灵感的主要特征

傅世侠先生曾在自己的作品中描述过灵感，他认为灵感主要具有以下这几种明显的特征：

第一种：灵感一般都是突然出现或是随机出现的。也就是说，它的出现存在不确定性，不是说你想让它出现就出现，你不想让它出现它就不出现，即使你通过逻辑或是想象推理的方式，它也不是一定就会出现的。如果硬要说的话，只能用"随缘"两个字来形容，可能只是因为一个突如其来的偶然因素，就让人们的灵感突然乍现。而这种偶然的因素可能是你没有想到的机遇突然来临，也可能是在你长期的努力积累之后，突然想明白了。

第二种：灵感一般存在于休息时刻的顿悟，灵光一闪。当创新者被长期的困境打扰时、需要转换一下思路时、找寻新的方法时等等，他们就会选择去休息一下，做一些和工作没有关系的事情，比如在休息的时候去散散步、泡泡澡、听听音乐、和朋友聊聊天、睡一睡等。而往往在这些时候，他们的脑子中就会突然冒出想了很久却想不出的办法。这样的情况在一些名人的生活中也曾经出现过，比如：数学家笛卡儿、物理学家高斯、物理学家爱因斯坦等，他们都有过在休息的时候去随意做些别的事情，而突然产生灵感的体验。

第三种：灵感的出现一般还伴有强烈的情感思维。灵感不是随便一个人都会有的，它还需要这个人有强烈的意志，对自己的工作充满热情，想要做出一番事业。当人们有了为事业不顾一切的信念时，灵感才会降临在他的身上，他才可以战胜一切工作，而对于我们这样的教育工作者来说，这种精神尤为重要，必须达到的。

（3）灵感产生的前提与途径

关于灵感产生的前提与途径，在前面的内容中实际上多有触及，这里我们将其集中地概述如下。

第一，必须具有创新思维。也就是说，你想要产生灵感，你的脑子就必须灵活，必须去大脑的想象，如果你做不到的话，那你也不会产生灵感。因此，创新思维是必须存在的，只有拥有它你才可能得到你所需要的。这就是：

在自己从事的专业里，对其从事的专业要有精深的了解，对于与专业相关的知识，要有尽可能广博的了解。

对于一份工作来说，如果你并没有经过系统的学习，不了解它的理论知识，那你就必须有着丰富的实战经验，比如说当一台机器突然发出奇怪的声响时，你要根据你的经验判断出是机器的哪个地方出现了问题。当然，对于一个创新者来说，如果他两者皆有的话，那他一定在工作中会有更出色的表现，也更能产生灵感。

除了需要过硬的硬件之外，软件方面也不可缺，你需要有一颗热爱工作的心和坚定的信念，这样的态度可以促使自己的工作条件不断变好。

在工作的时候，我们要有一颗求知的心和敢于质疑的态度。不管是对于过去还是现在，我们所拥有的理论知识和设备都还不是最完善的，它或者受到生产力的限制，或者受到各种条件的限制，因此我们在工作的时候要学会质疑，学会思考，只有发现问题，才能改善问题。而在人类科学的发展史上，人们也一直是这样做着的，不断更新理论、更新技术等，才有了今时今日的进步。

为何现在对教育越来越重视？是因为经验告诉我们，一个人懂得的知识越多，掌握的信息越多，他也就越容易产生灵感，去做一些创造性的工作。当脑子里有了大量知识后，它们就像是积木，可以将它们去重新拼装成新的东西，也就是新的灵感、理论等。所以一个满腹经纶的学者，他就可以想象到旁人想象不到的高度。对于一个教育者来说，如果我们既不了解学生是怎么想的，又没有丰富的知识储备、敏感的思维、专业执着的研究精神，那我们就很难产生灵感，很难发现学生身上的情况，反之则容易提出新的命题与概念，使自己的学术研究总是具有超前或别出心裁的地方。

第二，了解它出现的场景。灵感是一个非常淘气的小精灵，让你很难去找到它，当你想要见它的时候，它可能会藏得很深，让你找不到；而当你没有迫切想寻找它的时候，它却会突然出现在你的身边，让你惊喜。当然，你也别想要不劳而获，根据科学家们的说法，灵感往往都是出现在长期思考之后的，当他们思考累了去休息的时候，也是他们灵感乍现最多的时候。概括起来有以下几种情况：

有一个学生的想法十分固执，因为这个问题已经和他交谈了很多次，可每次都是无疾而终。有一次突然想到了曾经看过的一本关于固执产生危害的书，将他送给学生后，通过交谈彼此的读书心得，把问题圆满地解决。

在写作的时候，总会因为一个词语打断自己的思路，会觉得这个词不够合适、不够准确，可想来想去却也想不过更好的词语，而在睡了一觉之后，就会突然有一个更合适的词语跳进大脑里。

除此之外，生活中还有很多相似的情况，在下棋、看书、旅游的时候茅塞顿开。通过这些情况就可以说明，当你正处于大脑想不通被堵住的时候，你就可以让你的大脑休息一下，说不定会看到柳暗花明又一村。

（五）掌握创新思维的方法

创新思维包括广义和狭义两个方面的方法，前者的范围比较广泛，只要是指在思考过程中所有用到的思考方法，不管是有逻辑还是没有逻辑的，它们都被包含在内。而后者仅仅是指在创新过程中所想到的独特、新颖、有突破的方法时所用的思维方式，而且它们大部分是没有逻辑可循的。下面我们主要来分析一下后者所常用的三种方法，当然，这并不是它的所有方法，只是一小部分。

1. 智力激励法

（1）智力激励法的定义

这是由美国人奥斯本所提出的一种方法，它主要是通过激励大家的方式，让大家各抒己见，提出各种有趣、新颖的点子，这其实就是我们现在经常使用的"头脑风暴法"。

（2）智力激励法的运用程序

先是选择10人左右来参加这次的会议，其中有一个人负责主持，一到两个人负责记录，开会总时长为半小时左右。在开会的前十天就需将这次的主题告诉大家，让大家有足够的时间去思考，主持人本身也需要做出一些设想，这才能保证在会议出现困难的时候及时启发大家。发言的时候可以拿着事先写好的演讲稿，一次只能提出自己的一种设想，记录员需要将这些设想按照顺序标上序号，以便主持人可以随时掌握全场的情况，在需要的时候提出一些要求，比如设想数量之类的。

在开会的时候不可以相互讨论，如果想要发言的人比较多时，可按照座位的顺序进行发言。在散会之后也不要忘了继续思考，以便在之后提出新的想法。为了保证大家在会上可以保持轻松愉悦的心情，会准备一些零食甚至是啤酒，让大家边吃边说，少了一些约束感，可以让自己的大脑更放松，更活跃。

在举行完会议之后，为了可以从这些设想中找出具有价值、最实用的方案，还需再召开一次审查设想的会议，对之前提出的诸多设想进行审核、评估与完善。

上面这些就是这种方法的主要做法，同时它也在西方国家被推广和应用。这种做法虽然刚开始是源于管理行业，但它同样也可以用于教育行业。

（3）智力激励法实施中要遵守的原则

一是不可以评论。在有人提出设想的时候，其他人不可以对这个设想说三道四，更不可以去随意的指责和讥笑，这种做法会让大家不愿意再去想到什么说什么。

二是追求数量。提出的想法越多，就越有可能在其中找到最有价值的想法。

三是自由设想。也就是要求大家可以放飞思想，提出各种各样的点子，特别期待大家提出一些稀奇古怪的设想，即使是一些不可能实现、没有价值、十分荒唐的设想，也都可以提出来。

四是引申综合。即可以对别人提出的设想进行加工、改进，重新组装成一个新的设想。

通过激励方法去让大家畅所欲言，提出各种想法，这是一种很容易操作的方法，也就是我们经常所说的"集思广益"。这种方法的关键在于要给人们创设一个轻松的环境，让人们可以在这种环境中畅所欲言，放飞思想去创新。

2. 移植方法

（1）移植方法的定义

顾名思义，这种方法就是指将某个学科、领域中的方法等移入其他学科中去，通过它所带来的启发、工具等解决目前存在的问题。在研究科学的时候，人们就采用移植的方法，将社会学的原理用在生物学中，创立了社会生物学，帮助人们了解猕猴乃至蜜蜂、蚂蚁等群体的社会群体，看它们像人类一样，明确自己的分工，各司其职。又比如说将物理的研究原理用在化学上，从而产生了交叉学科的物理化学。

这种方法先运用在自然领域，后来又运用到了社会领域，像自然哲学等。同样的，这种方法应该也可以用在教育中。如将系统科学的系统方法用来研究思想政治教育等。

（2）移植方法的特点

移植法的基本特点主要有两个：

第一，综合性。在运用这种方法之前，必须先对两个或者两个以上领域进行综合的研究，先对他们的本质进行深入了解，比如它们的物理以及化学性质，当发现它们的内在有所联系，可以互相转换之后，才可以将它们综合起来研究。这更加深入地了解了事物的这些本质。

第二，成功率较高。当研究的这个课题达到瓶颈，无法再继续研究的时候，就可以移植某些比较相似的其他课题的概念、方法等，通过这种方法来解决问题；学科之间可以相互渗透，通过假设、类比、分析等方式来进行研究，而不是生搬硬套，强行将两者结合到一起。用这种方法来解决问题一般比较容易成功，同样它也被运用在教学行业，有的学生就运用科学交叉的方法写出了《思想政治教育的心理过程的研究》。

（3）移植法与思想政治教育

这种教育本身就是要用理性思维去思考，它需要运用辩证、逻辑这种思维，通过概念、命题的推导，实现该教育的目的。它的整个逻辑演绎的过程是以抽象思维为主，因此整体过程都十分枯燥，让人不容易听下去，但如果你的课讲得比较好，推演过程严密，也可以减少推到过程中的枯燥。那在教育学中应该怎么样去做，才能既有严密思维，又显得十分有趣生动呢？是否可以从其他学科中移植一些方法，来把政治教育变得生动活泼呢，这也不失为一个好办法。比如：在讲关于军人方面的思想政治内容时，就可以引用一些比较流行的电子游戏，这不就是通过大家都感兴趣的方式来达到最终教育的目的；在讲励志方面的思想政治内容时，就可以插入一些小视频、小短片等，结合本节课的内容来讲一下自己的观后感，这不比干巴巴地讲一些理论知识要有趣多了。

3. 换位思维方法

（1）换位思维的定义

这种方法在我们的生活中非常常见，就是在思考的时候，将自己放在他人的位置上，通过将自己代入他人的环境，来设身处地地思考，在教育行业中，这种方法也经常被使用。

每个人都是独立的个体，由于他们的知识体系和生活体验都各不相同，他们每个人的观察和想法也是不一样的。虽然在现状下，每个人的反应都是差不多的，但由于感官、思维方式的不同，导致他们所呈现出的结果还是有所不同。比如：视力好的人比视力差的人更容易看到不易察觉的细节；嗅觉好的人比嗅觉差的人更容易闻到一些特殊的气味；智商高的人比智商低的人更容易揭示出事物的本质等。

基于这种情况，一个人如果既从自己的视角去观察客体，又从他人的角度进行观察，那他对这个客体的把握会更加全面，特别是政治教育家在与他人交流的时候，如果全然站在自己的角度思考问题，那对方的一些想法可能会让他觉得非常荒谬，非常不可理解，但如果他站在对方的角度进行思考，他就会发现在这些学生的年纪里，他们所做的他们所说的，在他们所处的大环境与小环境里，就是可以理解的。因此教育者们应该改变一下自己的说话态度，不要总是以一个说教者的姿态进行交流，而是应该更柔和一些，这样的方式可能会改变一个走错方向的大学生，让他重回正确的道路上。

（2）换位思维的实质是人与人的感情的置换

这种方法是基于情感的角度发展起来的。想要去换位思考，你首先要面对自己的情感，对自己越坦承，就越能感知到别人的情感。其次，要了解对方的感受和需求，站在他们的立场去感知他们的需求。在感情方面，每个人天生就有一种敏感性，它能感知到别人的情感所在，如果你没有这种敏感性，那你就会感知不到。而在一个社交场合中，如果你缺失这种天性，那你就很难与人和睦相处，或许是对别人产生误解，或许是说话的时候不注意等，这些都会破坏你与他人的关系。而懂得换位思考的人，他就可以和旁人保持和谐共处的关系，在工作方面的选择也更多。无论是做销售，还是老师，心理咨询师等方面，他都可以通过感知别人的情感，来更好地完成工作。

（3）换位思维方法的显著特征

换位思维方法的显著特征就是站在对方的角度看问题，这样，我们能从另一个角度去了解问题，分析问题，才能更有效地解决问题。

做到以下这三点的话，可以让你更持久有效地使用这个方法。

第一点，自己不想做的事情，千万不能强求别人去做，要知道强扭的瓜不甜。

第二点，在说话做事的事情要考虑到别人，有些事情你可能并不着急，但如果别人着急的话，你也需要加快你的进度，想别人所想，急别人所急。只有这样，你们的思想才能融合到一起，产生共鸣。

第三点，施教的人想要别人信服自己的话，就需要让自己的言行高度结合，自己说的话就要去实现，不能言行不一致，却要求别人言行一致，只有自己做到了，别人才会肯定你，听从你。

从这里就可以看出，想要说服他人，就必须站在他人的角度进行思考，在了解自己需要的基础上，去感知他的心理，了解他的需求。只有这样，你才知道自己需要什么，自己可以放弃什么，只有当你了解自己也了解对方的时候，你才能站在不败之位，否则可能被说服的就是你自己。

以上这些方法，都可以作为教育者从事科研或是教学的方法，特别是最后提到的这一点非常重要。例如：当教育者要与问题学生进行交流的时候，如果不管什么原因直接给他一顿批，那这一定是一次失败的交流。在交流之前一定要先考虑学生存在问题的性质，要换位思考，要站在学生的角度去想想，想他为何会犯这样的错误，是偶然还是经常，是不得已还是其他原因，只有当你了解充分的时候，你的教育才会更有说服性。

第四节　高校思想政治教育创新思维模式的构建及其意义

一、高校思想政治教育创新思维模式的构建

（一）构建高校思想政治教育创新思维模式的历程

（1）构建该模式的原则就是体现出它的个性化。创新模式是各行各业都要遵循的模式，高校思想政治教育也不例外。但是高校思想政治教育创新思维模式需根据自身的特点，形成独特的个性，而它的集中表现就是高校思想政治教育的对象是高等学校的学生。

（2）将一般的思维模式融入思想政治教育的内容。高校思想政治教育创新思维模式的内容，既不是文学艺术方面的，也不是人文自然方面的，它主要反映的是我党的思想路线、政治路线方面的政治观、人生观、道德观、时局观等，由此形成了与其他模式不同的独特个性。

（3）将创新思维和政治教育核心融合到一起，组合成一个全新的创新思维模式。

（二）具体确定高校思想政治教育创新思维模式的基本模块

教育创新思维模式板块主要由以下两方面构成：

1.思维模式模块

参与思维模式的基本元素主要有：

（1）情感思维模块。

它在整个板块中担负起原动力的作用，当你对事业有了热情和爱，那你就有了信念，愿意去坚持，愿意去克服困难。

动作思维模式：识破并破解出对方在言行中隐藏的含义，也是自己通过动作去描述出不好表达出的暗示。

意象思维模式：帮助对方去整理一些碎片化的感知，将它们整合到一起，使它脱离客体后也依然可以在脑中形成形象。

形象思维模式：将抽象的概念转变成形象的，用来增强教育的生动性和具体性。

（2）理性思维模块。

用来运行创新思维，推导思维逻辑。

逻辑思维模式：严密创新思维推导的工具。

辩证思维模式：创新思维运行的驱动力，指引正确的方向。

立体思维模式：通过思维模式真实反映客体情况。

（3）创新思维板块。

思维的最高形态，具体实现创新思维的利器。

联想思维模式：根据事物的普遍联系，将看起来没有关系的思想联系到一起。

直觉思维模式：透过外观看本质，通过观察它的外部特征，了解到它的某个本质。

灵感思维模式：当你想了好久依旧想不出之后，突然灵感乍现。

2. 思想政治教育内容模块

总的来说，这种思想模块就是党的思想和政治路线，具体体现出了以下几个党的核心价值观。

（1）马克思主义世界观。也就是辩证法和历史唯物论，为了构建出新的创新模式所提供出的总体方法论，对世界的总体看法，决定着核心价值观的走向。

（2）马克思主义的政治观。马克思的政治观并不是一直都不变的，它会跟随着历史的变动而改变。在如今这个时代，我们就是要在马克思主义的指导下，共同建立起公平公正，和谐共处，共同富裕的中国特色社会主义。

（3）马克思主义的人生观。指应该怎么去规划自己的人生目标、道路、怎么做人等的问题，当一个人的人生观确定了，那他的其他很多观念也都确定了。

（4）马克思主义价值观。这其实是人生观在价值理念方面的延伸。当他确定好马克思主义人生观时，他也一定树立了为人民服务的价值观，凡是对国家、对民族、对人民带来利益的事，他就会乐意去做，把它做好，在做的过程中收获自己的利益和快乐。

二、高校思想政治教育创新思维模式的作用

（一）为思想政治教育开阔理论视野

从理论的角度来说，这种思维模式的构建可以开阔思想教育的视野，提供新的方法。由此，我们既可以从教育的内容和方法上进行提高，继续深入和实践，也可以将这种思维模式运用在探索和研究中，努力将正确的思维模式和运行规律给找出来，进而将这种方法运用到思想教育的过程中来。在教育的过程中，做到动之以情，晓之以理，用真情换真情，这样才能更有效更持久地做好自己的工作。只要我们一直坚持下去，沿着当前的道路不断深入下去，也许一门与政治教育相关的思维科学就会被大家共同建立起来，继续发光发热。以下是对这种模式的理论价值进行一个细致的分析，具体意义如下：

①为高校思想政治教育的内容与方法的不断变革，提高思想政治教育者的思维品质和教学艺术的水平提供了理论的支撑。

②为思想政治教育与思维科学的交叉发展提供思考与研究的方向。

③为思想政治教育者不断提高自己的科学水平找到了方向与具体的方法论。

（二）将"以人为本"理念融入思想政治教育中

从实践的角度出发，建立起这个模式可以有助于把以人为本的基本准则，真正贯彻到我们的思想教育中。这主要是因为，情感思维中的各种思维都在提醒着我们在做各种工作的时候，感性都要比理性先出发，比如：在讲课的时候需要满含激情；在和人聊天的时候需要充满人文关怀，不管做什么事情，都要用感情来开辟道路，用理性来照亮前方的路。当教育者与被教育者，也就是与学生之间相互信任，建立起感情后，那不管你说什么样的话，他都会相信，会认真倾听，而不是质疑、防备的姿态。即使你说的话有些不太合适，但只要双方是在平等的对话，他也会最终了解你的用心，而不会伤了彼此的感情，反而会让彼此之间的感情更加深刻。与此同时，理性的思维方式可以让我们在说话的时候显得更有技巧，让自己的逻辑更加清晰明确，让学生能更容易理解，也让我们更能说服他人。

将上述的模式在政治教育实践中的价值进行细化，具体的意义如下：

①情感思维十分重要，它可以推进思维创新的发展，有效地将"以人为本"贯彻到创新思维中，有助于教育的实践，克服在创新中只见物，不见人片面的思维。

②在思想政治教育的时候，善于使用创新思维的思维模式和方法，能够在学生听课、讨论、活动的时候，更容易抓住学生突然蹦出的灵感，有助于改进教学的内容和方法。

③掌握并使用创新思维模式，让教育者不断地提升自身的地位和水平，进而在实践的过程中不断尝试新的工作或教学。

除此之外，这种教育模式还需要思想教育持久的支撑，创新不仅是一个民族的灵魂，同样也是教育者们的灵魂！只有教育不断进行创新，才会有不断做好思想政治教育的永恒动力。

参考文献

[1] 白明政，张兴智．新时期高校思想政治教育教学研究 [M]．贵阳：贵州人民出版社，2006．

[2] 边和平．高校思想政治理论课教育教学论 [M]．徐州：中国矿业大学出版社，2014．

[3] 陈张承，魏茹冰，郎彩虹．新时期高校思想政治教育有效教学研究 [M]．北京：新华出版社，2016．

[4] 冯国芳．高校思想政治理论课教学育人论 [M]．上海：上海交通大学出版社，2014．

[5] 高姗姗．高校思想政治教育与文化融合研究 [M]．石家庄：河北人民出版社，2018．

[6] 顾海良，佘双好．高校思想政治理论课程教学改革研究 [M]．武汉：武汉大学出版社，2006．

[7] 顾钰民．高校思想政治理论课教学方法研究 [M]．上海：复旦大学出版社，2012．

[8] 韩玲玲，蒙良秋．构建高校思想政治教育创新模式研究 [M]．成都：电子科技大学出版社，2017．

[9] 何云峰，苏令银．高校思想政治理论课教学与学科发展研究 [M]．合肥：黄山书社，2009．

[10] 胡飒，奚冬梅．高校思想政治教育教学与实践研究 [M]．北京：光明日报出版社，2018．

[11] 季海菊．新媒体时代高校思想政治教育的解构与重塑 [M]．南京：东南大学出版社，2014．

[12] 李红冠，翟尧，孙智宏．高校思想政治教育 [M]．石家庄：河北人民出版社，2015．

[13] 李腊生，龚萱，闵杰等．高校思想政治理论课教学实效性研究 [M]．武汉：武汉大学出版社，2011．

[14] 李小红，杨柳．新时期高校思想政治教育与管理创新 [M]．北京：新华出版社，2015．

[15] 李小丽．微时代高校思想政治教育话语分析及发展前沿问题探究 [M]．北京：新华出版社，2017．

[16] 李雪萍．高校思想政治教育的理论与实践 [M]．北京：中央编译出版社，2016．

[17] 李宇卫．普通高校思想政治理论课实践教学概述 [M]．成都：西南交通大学出版社，2016．

[18] 刘秉亚."微时代"高校思想政治教育创新研究 [M]. 成都：西南交通大学出版社，2017.

[19] 罗莉，周婷，李文晋. 高校网络思想政治教育教学模式的构建研究 [M]. 成都：电子科技大学出版社，2015.

[20] 马进等. 高校思想政治理论课教学中的爱国主义教育研究 [M]. 兰州：甘肃民族出版社，2010.

[21] 毛文璐. 高校思想政治教育与当代大学生政治社会化研究 [M]. 长春：吉林人民出版社，2016.

[22] 聂彩林. 高校思想政治理论课教学艺术 [M]. 成都：电子科技大学出版社，2007.

[23] 申健. 高校思想政治理论课教学案例选析 [M]. 北京：知识产权出版社，2011.

[24] 史美青. 高校思想政治理论课教育教学若干问题研究 [M]. 西安：西北工业大学出版社，2013.

[25] 孙鸿达. 高校思想政治教育理论与实践研究 [M]. 北京：新华出版社，2015.

[26] 王恩江. 高校思想政治理论课教学实效性研究 [M]. 北京：九州出版社，2013.

[27] 王革. 新时期高校思想政治理论教育教学与研究 [M]. 咸阳：西北农林科技大学出版社，2008.

[28] 谢传仓. 高校思想政治教育社会实践教学探索 [M]. 沈阳：东北大学出版社，2016.

[29] 余虹，王东. 高校思想政治教育的几个热点问题研究 [M]. 成都：四川大学出版社，2014.

[30] 余勇. 高校思想政治理论课实践教学 实践与创新 [M]. 成都：电子科技大学出版社，2017.

[31] 臧宏玲. 高校思想政治教育前沿问题研究 [M]. 长春：吉林人民出版社，2017.

[32] 张加才. 高校思想政治理论课实践教学模式研究 [M]. 北京：中国民主法制出版社，2016.

[33] 张智强. 高校思想政治理论课讨论式教学研究 [M]. 上海：上海人民出版社，2012.